U0136108

# 佛教人性與療育觀

釋永東　著

- ■ 美國加州洛杉磯西來大學宗教哲學博士

- ■ 佛光山叢林學院講師

- ■ 佛光山禪學堂副堂主

- ■ 佛光山北美巡迴弘講師

- ■ 美國西來大學行政主任

- ■ 美國西來大學宗教學系專任助理教授

- ■ 現任佛光大學宗教學系專任助理教授

# ▶序

三年前，筆者才結束美國西來大學的教職，返回睽違十多年的台灣，任教於佛光大學宗教學系。對於台灣的人心社會和校園文化，相當好奇和關心。常思如何協助青年學子安住身心、健全思想等。再者，宗教是一種社會化的客觀存在，具有宗教觀念、宗教體驗、宗教行為、和宗教體制四項基本要素，基於上述理念，本書《佛教人性與療育觀》，收錄了四篇通過外審的論文，其中一篇為研討會論文，三篇為期刊論文：一、〈《勝鬘經》的生命教育意涵探討〉，二、〈佛教禪修戒毒實例之比較研究〉，三、〈佛教「供佛齋天」儀式的療育意涵探討〉，四、〈武則天與佛教互動關係之探討〉，分別從佛教經典、修持、儀式、和人物等四個面向，來探討佛教的人性和療育觀。本書的特色是理論與實務兼具，且運用了人文歷史和社會科學等多種研究方法，除了主要的文獻觀察分析外，並採用在美國和台灣的一些實地參與觀察、問卷調查和深度訪談等方法。

每篇論文皆有其撰寫的因緣，第一篇〈《勝鬘經》的生命教育意涵探討〉是2008年11月底台灣生命教育學會和台灣大學生命教育研發育成中心合辦的2008生命教育國際學術研討會甄選的論文，本論文是該研討會只三成通過外審的極少數論文之一。撰寫本篇論文，一方面因為西方學者認定「生命教育」創始於1979年在澳洲雪梨成立的「生命教育中心」(Life Education Center, LEC)，其最初設立宗旨在致力於「藥物濫用、暴力與愛滋病」的防制。然而台灣民間團體更早於1976年就從日本引進「生命教育」，但是一直難以成為主流教育的教材教法。這些年來，經台灣生命教育學會的努力，將「生命教育」的理論架構擴大為終極課題的探索與實踐、倫理思

考與反省、人格統整與靈性提升三大領域，並在台灣大力推動「生命教育」課程，和積極培訓高中種子教師等，已逐漸喚醒台灣社會和民眾覺悟到「生命教育」的重要性。

另一方面因為近幾年來，台灣「生命教育」的理論架構已趨成型，相關課程也愈來愈多采多姿，而在多樣化的「生命教育」課程中，常見到《勝鬘經》名列其中，卻未見過任何相關議題的研究。故本篇論文「《勝鬘經》的生命教育意涵探討」試圖從《勝鬘經》的如來藏在纏與出纏思想探討眾生本質平等的觀念；論述勝鬘十大受的生命教育意涵，並和生命教育三大領域做比較，以找出兩者之間的關係；再從本經章節內容的次第探究相關的生命目標，希冀證實《勝鬘經》所講述的內容就是圓滿生命教育的方法。同時為響應勝鬘夫人重視兒童教育的睿智，特闢一節陳述筆者與自己指導的研究生96學年第二學期在大學和小學同步實施的「禪偈與生命智慧」課程的成果，最後提出筆者對實施「生命教育」的三點建議。

第二篇〈佛教禪修戒毒實例之比較研究〉撰寫的遠因，基於筆者過去二十年的海外禪修教學經驗，近因則始於2004年筆者任教美國西來大學時，曾應邀至奧斯丁德州大學社工人員防治毒害研討會，以「佛教與戒毒」做了一場講演，當時筆者僅以佛教淺顯的五蘊身心關係來點出毒癮養成的關鍵所在，就深受與會西方學者和數百名社工人員的稱許，盛讚佛教教義的實用性，對於染上毒癮的根源居然能分析的如此精闢，這批與會人士都很希望能進一步獲得此方面更有參考價值的資料，此是筆者從事此篇研究論文的主要動機。

　　翌年2005年筆者在美國加州西來大學的國際學術會議上，有一位心理學教授Ming Lee發表了Buddhist Psychotherapeutic Approach to Depression in the Era of Economic Development (經濟成長時代的憂鬱症問題及佛教心理療癒法)，主張憂鬱症可以以佛教內觀禪法來治療，當場反駁聲四起，殊不知此動中禪法固然方便在生活中修持，但進入到第三個遍知智階段時，會產生對色身強烈的厭離感，甚至會有厭世自殺的衝動，怎麼適用在已有自殺傾向的憂鬱症患者呢？今日有些西方學者，極欲結合東西方的相關思想理論，尤其是佛教的禪修教理，其立義固然好，卻沒有足夠的認識和實際的經驗，即冒然提出是很危險的。此是筆者從事此篇研究論文的第二個動機。

　　此外，筆者2006年八月由美返台任教大學，擔任二十歲左右青少年學生的導師，眼見時下毒品對年輕一代的誘惑太大，如何戒毒固然急迫，然而防患染毒更為重要。為保護這些幼苗防範毒品進入校園，很有必要將禪修原理對戒毒運用做更具體實例的印證，此是筆者投入此研究的第三個動機。

　　值此科技時代，對於日益氾濫的吸毒問題，基督教一直以福音療法戒毒，而作為佛教理論與實踐的禪學，雖已有近兩千六百年的歷史，迄今運用於戒毒者的治療，卻不及基督教的具體成果。雖然國內外許多佛教或非佛教團體也很積極以禪修協助染毒者戒毒，雖然使用的禪法不同，但都有成功的實例。惟迄今未有學者將佛教禪修應用在戒毒的原理做系統的整理，而基督教已有一篇探討「福音戒毒」的碩士論文出書及晨曦出版社發行的數本相關著作等。筆者希望藉助這個研究所整理出來的禪修原理，再輔以台灣現有兩個禪修戒毒中心——台南監獄明德戒治中心和台東縣鹿鳴精舍——的實例佐證後，此套禪修原理不但適用在戒毒上，同理亦可用在治療及

防犯憂鬱症和躁鬱症等現代文明病，更進一布能運用在提升教育的成效上。此是筆者做此研究的第四個動機。

　　基於以上四個理由，筆者希冀能將中國佛教引以為傲的禪法，透過有效解決現代社會問題的若干功能，呈現於世，協助戒毒、造福群倫。本論文共分五章：第一章緒論；第二章毒品——回溯毒品的歷史，檢視吸毒者的藥癮成因，瞭解吸毒者的身心狀況，比較吸毒者與禪修者在腦中所產生的變化；第三章禪修的戒毒功能——考據禪法的演變，說明禪定對戒毒的功能，檢視禪修原理、方法，依據原始佛教經論，輔以現代腦神經科學，尋找染上毒癮的根源所在，並從探討禪修者的身心變化中，提出協助毒癮者杜絕毒害侵擾的有效方式；第四章戒毒實例和禪修原理比較——透過兩個戒毒中心的深度訪談和問卷調查的分析和比較，了解禪修對戒毒的運用現況及困境，輔以前述原理的分析比對，獲得原理與應用的具體例證，以達到協助戒毒、防犯染毒的根本目標，並提出建言；第五章結論。


　　第三篇〈佛教「供佛齋天」儀式的療育意涵探討〉撰寫動機來自於筆者多年參與美國洛杉磯西來寺每年農曆正月初九舉辦的「供佛齋天」的儀式，擔任引禮工作的實地參與觀察。原本農曆初九是「天公生」，在台灣農曆初九「拜天公」是普及民間的儀式。佛教徒不皈依諸天，且此「齋天」儀式並未出現在印度佛教任何經論中，為何台灣的佛寺在這一天也有「供佛齋天」的儀式？如今又傳到美國等西方國家。齋天儀式多在子時以後於佛寺大殿或法堂舉行，直到第二天中午午供送聖完才圓滿。儀式冗長且需要熬夜進行的「供佛齋天」為何如此深受華人佛教徒喜愛，且年復一年盛況有

增無減。它究竟有何歷史淵源，及實質意義和價值？在這些意義和價值中又包含了多少的身心療癒意涵和教化功能？迄今研究宗教儀式的學術論文實屬鳳毛麟角，尤其是佛教的「供佛齋天」，鮮少人談及。因此儘管此儀式於台灣社會中極為盛行，但仍僅限於佛寺的活動。

　　本論文分為六個章節，第一章緒言；第二章為「供佛齋天」的相關詞義釋義和實質意義探討，第三章檢視「供佛齋天」的起源和演變，追溯《金光明最勝王經》的齋天典故；第四章討論「供佛齋天」的儀式內容和進行方式；第五章藉由「供佛齋天」的儀式內容和進行方式，來探索此儀式所發揮的身心療癒和教育意涵；第六章總結前五章的結論。

　　第四篇〈武則天與佛教互動關係之探討〉撰寫因緣，來自於教授「中國佛教史」的課堂上，談到武則天竄改《大雲經》以正名其登基的天命說的合理性，為釐清史實而興起強烈的研究動機。再者，中國歷史上，武則天（627-705）是空前絕後的唯一女皇帝，其毀譽參半爭議性的一生，從22歲入住感業寺、《大雲經》預言其登基，到最後在陵墓上立了一塊無字碑，都和佛教緊扣在一起。而第一篇論文主角勝鬘夫人和武則天兩位湊巧都是女性王后，都熱衷佛法，積極護法，風評卻兩極。在學術界，從各個角度切入研究武則天的學者不乏其人，反而從佛教觀點來探討武則天卻鳳毛麟角。有些學者不認同武則天藉佛教來迷惑百姓、篡奪王位。但是為何是武則天運用此途徑，而不是其他人？武則天一定曾種下某些佛教因緣，導致她相信佛法，並以之來鞏固帝位，並以之治國。以上諸點更加催生本論文的面世。

　　本論文藉著彙整其一生與佛教互動的所有事實，透過五個章節，略述武則天的生平與佛教的最初因緣；武則天與法寶的關係：包括《大雲經》的懷疑為偽經釋疑和寫經造序；武則天與佛門僧伽的互動；武則天與佛寶的因緣以及晚年的去佛向道等，作全面的探討，找出其與佛教的始末因緣，及二者之間的互動關係和轉變：到底是武則天在護持佛教，還是在利用佛教？佛教對武則天是成就了她，抑或反成了她造惡的利器？

**釋永東**

於佛光德香樓
2009年3月

# ▶目　錄

# 第二篇 佛教禪修戒毒實例之比較研究

# 第三篇 佛教「供佛齋天」儀式的療育意涵之探討

# 第四篇 武則天與佛教互動關係之探討

# 《勝鬘經》的生命教育意涵探討

## 壹、前言

　　西方學者認定「生命教育」創始於1979年在澳洲雪梨成立的「生命教育中心」(Life Education Center, LEC)，其最初設立宗旨在致力於「藥物濫用、暴力與愛滋病」的防制。然而台灣民間團體更早於1976年就從日本引進「生命教育」，但是一直難以成為主流教育的教材教法。這些年來，經台灣生命教育學會的努力，將「生命教育」的理論架構擴大為終極課題的探索與實踐、倫理思考與反省、人格統整與靈性提升三大領域，並在台灣大力推動「生命教育」課程，和積極培訓高中種子教師等，已逐漸喚醒台灣社會和民眾覺悟到「生命教育」的重要性。在台灣開設「生命教育」課程一時蔚為風潮，甚至畢業後擔任「生命教育」的老師，也成了大學相關領域學生生涯規劃的首選。

　　由上述理論架構來看，「生命教育」的內容包含對人的生老病死的關懷、和身心靈淨化提昇的問題。近幾年來，其理論架構已趨成型，相關課程也愈來愈多采多姿，而在多樣化的「生命教育」課程中，常見到《勝鬘經》名列其中，卻未見任何研究論文（包括碩博士論文）做過相關議題深入的探討。比較多針對《勝鬘經》如來藏與生死議題、一乘思想、女性說法、和十大受等主題的相關研究。有關如來藏與生死議題的研究如友松圓諦編《勝鬘經》[1]、止湖著〈甚深如來藏——《勝鬘經》〉[2]、和鶴見良道的〈勝鬘經における二種生死義〉[3]。一乘思想的研究則有松本史朗著〈《勝鬘經》の一乘思想について〉[4]和Kiyota Minoru的 *Faith, Wisdom and Practice as Essential Elements of Ekayāna：a Prelude to and Investigation of Tathāgatagarbha Thought: An Exposition based upon the Śrīmālā-devīsi hanāda-sūtra and Shōmangyo-gisho.* [5]強調女性說法的論文有中村元著；前田專學監修的〈女人の說法—《勝

---

[1] 友松圓諦編，《勝鬘經》，《世界大思想全集. 51：佛典篇》，（日本東京：春秋社，1930）。

[2] 止湖著，〈甚深如來藏——《勝鬘經》〉，《法海慈航：佛教典籍・法系宗派》，（第一版。中國上海：上海古籍，2003）。

[3] 鶴見良道，「勝鬘經における二種生死義」，《駒澤大學大學院佛教學研究會年報》9號（1975年3月）：頁85-96。

[4] 松本史朗著，〈『勝鬘經』の一乘思想について〉，《緣起と空：如來藏思想批判》，（三版。日本東京都：大藏，1993）。

[5] Kiyota Minoru, Faith, Wisdom and Practice as Essential Elements of Ekayāna"：a Prelude to and Investigation of Tathāgatagarbha Thought: An Exposition based upon the Śrīmālā-devīsimhanāda-sūtra and Shōmangyo-gisho，《中川善教先生頌德記念論集：佛教と文化》，（1983）：頁15-46(L)。

鬘經》〉【6】和Diana M. Paul著A Female Buddha？：Introduction to Selection from The Sutra of Queen Srimala Who Had the Lion's Roar【7】兩篇。探討十大受的研究如水尾現誠的〈勝鬘經十大受の解釋〉【8】、金治勇的〈自覺と戒──勝鬘經十大受章における三聚淨戒の意味──〉【9】和平川彰著〈勝鬘經義疏より見た十大受三大願と如來藏〉【10】等。唯有水尾現誠的〈勝鬘經と社會倫理〉【11】和生命教育有交涉。然而，迄今仍未見直接探討《勝鬘經》的生命教育意涵的任何學術研究，因此本論文有研究的價值，並可彌補此研究領域的不足。

　　本論文以質性研究為主，採文獻觀察、參與觀察和問卷調查三種研究方法。專就《勝鬘經》，試圖從經文中的如來藏在纏與出纏

---

【6】 中村元著；前田專學監修，〈女人の說法─《勝鬘經》〉，《大乘の教え〈上〉：般若心經・法華經ほか》。（日本東京：岩波書店，2001）。

【7】 Diana M. Paul, Frances Wilson (Photographer). A Female Buddha？：Introduction to Selection from The Sutra of Queen Srimala Who Had the Lion's Roar。Women in Buddhism: Images of the Feminine in the Mahayana Tradition。（Berkeley, CA [US]：University of California Press，1985）：頁333。

【8】 水尾現誠，〈勝鬘經十大受の解釋〉，《宗教研究》230號=50卷3號（1976年12月）：頁162-163。

【9】 金治勇，〈自覺と戒──勝鬘經十大受章における三聚淨戒の意味──〉，《佛教における戒問題》，（日本京都市：平樂寺，1984）。

【10】 平川彰著，〈「勝鬘經義疏より見た十大受三大願と如來藏」〉，《平川彰著作集．第8卷：日本佛教と中國佛教》，（初版。日本東京都：春秋社，1991）。

【11】 水尾現誠，〈勝鬘經と社會倫理〉，《日本佛教學會年報》47號（1982年3月）：頁69-77。

思想探討眾生本質平等的觀念；論述勝鬘十大受的生命教育意涵，並和生命教育三大領域做比較，以找出兩者之間的關係；再從本經章節內容的次第探究相關的生命目標，希冀證實《勝鬘經》所講述的內容就是圓滿生命教育的方法。同時為響應勝鬘夫人重視兒童教育的睿智和本經主張對人的平等義，在本論文結尾特闢一節陳述筆者與自己指導的研究生本學期在大學和小學同步實施的「禪偈與生命智慧」課程的成果，最後提出筆者對實施「生命教育」的三點建議。

# 貳、 《勝鬘經》簡介

《勝鬘師子吼一乘大方便方廣經》(Śrimālāsijhanādasūtra) 別名《勝鬘經》、《師子吼經》、《勝鬘師子吼經》、《師子吼方廣經》、《勝鬘大方便廣經》，為真常妙有的大乘要典。包含了《法華》【12】、《涅槃》【13】、《楞伽》【14】等經的要義。

---

【12】本經說明佛方便分成三個而說三乘教，本來只有一個(一乘)；又說佛出現在世間，只是為了救度眾生這件事(一大事因緣)。姚秦·鳩摩羅什譯，《妙法蓮華經》，《大正藏》冊9，no.262。

【13】本經思想內容可大致歸納為如下三點：(一)佛身常住。主張佛陀身體的本質常住。(二)涅槃的常樂我淨。是說在超越無常世界的涅槃，才有常的世界。此世界同時具有樂、我、淨的性質。沒有離開了淨的常、樂、我。也沒有離開了樂的常我淨。遠離如是表現的一理想境即名為涅槃。如是，大涅槃並非指佛入滅之意，而是大我、如來的代名詞。此境界稱為常樂我淨，有此境界者稱為大涅槃，無此境界者稱為涅槃。(三)一切眾生悉有佛性（一闡提成佛）。本經所說明的甚深秘密之義，是一切眾生皆有成佛可能性的佛

　　"勝鬘" (Śrimālā) 是人名，中印度舍衛國波斯匿王、末利夫人的女兒，幼聰明通敏，長大後，為阿踰闍國友稱王的妃子。因受父母的薰陶而皈依佛法，敬禮讚歎如來，得當來作佛的授記。本經就是以她為因緣，把佛陀所說的道理記下來的。其後並對友稱王說大乘佛法，與王共同教化國中人民。

　　本經在中國前後有三譯：

　　一、北涼曇無讖(Dharmaraksa 385-433)於玄始年間(415-428年)，譯《勝鬘經》一卷。見隋開皇十七年(597年)費長房撰《歷代三寶記》，唐智昇《開元釋教錄》列入闕本，今已佚失。

　　二、劉宋元嘉十三年(436年)，求那跋陀羅 (Gunabhadra 394-468) 譯《勝鬘師子吼一乘大方便方廣經》。

　　三、唐玄宗先天二年(713年)，菩提流志(Bodhiruci 562-727 )譯〈勝鬘夫人會〉《大寶積經》(Mahāratnakūtasūtra)第四十八會。

　　其他尚有藏譯本、日譯本、英譯本、和梵文本，唯梵本不完整。以上漢譯本的二、三譯現在還存在，以求那跋陀羅的譯本流通最廣，本論文亦採用此譯本。今收錄于《高麗藏》第六冊、《磧砂藏》第六冊、《龍藏》第二十冊、《卍正藏》第九冊、《大正藏》第十二冊。

---

　　性之普遍性。根據此思想，完全與佛法無緣的極惡一闡提，也可能成佛。北梁，曇無讖譯，《大般涅槃經》，《大正藏》冊12，no. 374。

【14】本經是禪宗初祖菩提達磨傳授禪法所引用的經典。本經記錄大乘佛教多種重要教義，猶如一大集要的經典；又佛說無量法，唯明一心義，此經明諸法唯心，談到如來藏及藏識思想。唐・實叉難陀譯，《大乘入楞伽經》，《大正藏》冊16，no. 672。

# 參、由《勝鬘經》如來藏思想看生命意義

　　本經共有十五章，其中第十三章〈自性清淨章〉，指出我們的生死都是依著如來藏，我們的解脫也是依著如來藏。可見我們會繼續輪迴生死或者能否趣入涅槃解脫就看如來藏了。如來藏既然如此重要，什麼是如來藏？

　　如來藏(梵文tathagatagarbha)是tathagata與garbha的結合語，淵源於印度神教的神學。如來藏說的流行，是在大乘佛教後期(西元三世紀中)，由於部派佛教及初期大乘的某些思想，啟發了如來藏說，使如來與藏相結合而流傳起來。如來藏概念本是由《如來藏經》[15]最先提出的，但講的很籠統，且主要講的是所攝義，即如來藏眾生；強調一切眾生皆有如來藏性，這不過是將「一切眾生皆有佛性」或《華嚴經》[16]「清淨法身充遍全法界」換個說法而已。《勝鬘經》則全面論述了如來藏的所攝義、在纏義(即真如被客塵煩惱隱覆)、能攝義(即具足諸佛所有一切功德)。

　　下面將從染淨兩方面來探討如來藏到底蘊藏了什麼樣的生命教育意涵？對我們的生命又有何意義？

## 一、如來藏義──在纏與出纏

　　「在纏」指有煩惱束縛，「出纏」指涅槃解脫。此節要探討為

---

【15】東晉‧佛陀跋陀羅(Buddhabhadra, 359-429)譯於元熙二年(420年)，《大方等如來藏經》，《大正藏》冊16，no.666。

【16】唐‧實叉難陀譯，《大方廣佛華嚴經》，《大正藏》冊10，no.279。

什麼生死是依如來藏？又為什麼生死與如來藏，不可說一，也不可說異？既然生死是依如來藏，為何解脫也是依如來藏？

（一）為什麼生死是依如來藏？我們的生死流轉，即蘊處界流轉，生死法是無常、無我的。但剎那生滅的無常法，怎麼能前後延續？作業在現在，受果在未來，前不是後，後不是前，前後間有什麼連繫而成為生死輪迴呢？《勝鬘經》說：「生死者，依如來藏；以如來藏故說本際不可知。世尊。有如來藏故說生死。是名善說。」【17】真常唯心論者認為，生死死生依如來藏而有。如來藏是常住不變的平等法空性；如來「以如來藏」的離初後際，「故說本際不可知」。時間的最初為本際，如現生是從前生來的，前生又從前生來的，這樣一直推上去，生死的最初怎樣？佛常說，眾生無始以來，生死的本際不可知。求生死的最初邊際，是不可能的。這樣，生死依如來藏，如來藏常住，無本際可說，所以生死也就本際不可得。這樣，有如來藏故說有「生死」，生死是依如來藏的。【18】

（二）為什麼生死與如來藏是不一不異？上述生死雖依如來藏，但生死與如來藏，不可說一，也不可說異。為何不異？因為生和死只是我們眼耳鼻等六根的生起和壞滅的虛妄有為相而已，不變的體性實即是如來藏。但生死與如來藏又是不一，因為依如來藏有生死不是第一義諦，只是依世間法，隨世俗諦的「言說」而說「有死有生」。從世俗而顯第一義，說生死是如來藏；然從第一義說，「如

---

【17】《勝鬘師子吼一乘大方便方廣經》〈自性清淨章第十三〉《大正藏》冊
　　12，no.353，頁222中。

【18】印順，《勝鬘經講記》，新竹縣：正聞出版社，2000年，頁241-242。

來藏」是不生不滅，離生滅有為相的。【19】

　　(三)為何如來藏是解脫依？如來藏是真常本淨的，但無始以來，為「若離若脫若異一切煩惱藏所覆」【20】(或說「陰界入所覆」，「貪瞋癡所污」等)。這是說，有與如來藏不相合的有為雜染熏習，無始以來依如來藏而現有雜染生死。所以如來藏「離有為相」，而「變現諸趣，猶如伎兒」。所以人生才會充滿了各種苦。如來藏是真常清淨，所以《勝鬘經》云：「如來藏是依，是持，是建立。依如來藏故有生死，依如來藏證得涅槃。」【21】又云：「若無如來藏者，不得厭苦樂求涅槃。何以故？於此六識及心法智，此七法剎那不住，不種眾苦，不得厭苦樂求涅槃。」【22】生死繫縛和涅槃解脫，這都依如來藏而成立。假「若無如來藏」，眾生即「不得厭苦」，不得「樂求涅槃」。要解脫生死，必先知苦可厭。知三界生死苦可厭，這才希求安樂自在的涅槃。不知厭生死，即不會樂求涅槃。眾生在生死苦中求快樂，而有漏樂，實是行苦而不能知。知厭苦而不徹底，即不能徹底的樂求涅槃。厭苦心，樂求涅槃的心，這種動機的發生，不是沒有原因的，這都依如來藏而有的。生死流轉法，是蘊、處、界，依唯識說，即一切以心識為本。眾生的

---

【19】參閱印順，《勝鬘經講記》，頁242。

【20】《勝鬘師子吼一乘大方便方廣經》〈自性清淨章第十三〉《大正藏》冊12，no.353，頁222中。

【21】《勝鬘師子吼一乘大方便方廣經》〈自性清淨章第十三〉《大正藏》冊12，no.353，頁222中。

【22】《勝鬘師子吼一乘大方便方廣經》〈自性清淨章第十三〉《大正藏》冊12，no.353，頁222中。

有漏識有七：即眼耳鼻舌身意識等前六識和第七末那識，是剎那不住的，即念念生滅的。那麼眾生起善造惡，如何能保持善惡業因，而成為生起未來生死苦的因呢？所以，沒有如來藏，即「不種眾苦」，種下的苦種，即是招感三界生死的業；由善業感人天善果，惡業感三惡趣果。【23】前七識都是生滅不住的，這些善不善的業種，唯有種在如來藏，才能保持它不失。

由上可見，自性清淨，即此如來藏中法性圓明之體。無始以來性自圓滿，雖處染而不垢，雖修治而不淨。生死二法依如來藏，非如來藏有生有死。如來藏離有為相，常住不變，因此，如來藏是無邊功德所依止，能攝持一切功德而不失，一切佛法因此而得建立。所以，如來藏為依，有二種意義：生死雜染依于如來藏，清淨功德也依于如來藏。世間若無如來藏，眾生則不得厭苦，樂求涅槃。此自性清淨的如來藏，本是清淨的，而被客塵煩惱所污染。也就是淨心與客塵是同時並存的，但兩者性質不同，又是分離的，這是不思議如來境界，不是凡夫、聲聞、緣覺所能了知的。

本經凸出了如來藏的在纏義，在不改「向上門」的前提下強調了「向下門」，並有意識將二門有機的結合起來，從而為「一切眾生皆有佛性」的大乘旨議建立了較實在的理論。

如來藏思想，是大乘後期從初期大乘經典中，找出了它們基本的思想型態——發菩提心、修菩薩行而成佛。在後期大乘的《勝鬘

---

【23】參閱印順，《勝鬘經講記》，頁244-245。

經》、《究竟一乘寶性論》【24】和《大乘起信論》【25】中，發現有足以作為大乘發心形上基礎的「佛性清淨正因」和「真如熏習」的說法。

從心理學、宗教學和神話學的觀點來看，這種大乘發心的思想原型，正反應了人類普遍「渴望無限」、「追求超越」、「嚮往圓滿」的深層心理需求。而這種由避苦求樂之生命本能提升而成的最高心理需求，正是釋尊圓滿成佛的導因，也是世界各大宗教向上發展最主要的內在動力。

## 二、如來藏與佛性

「佛性」對一般佛教徒或非佛教徒都不陌生，但「如來藏」就不然。佛性和如來藏之間的關係常令一般人混淆不清，佛性和如來藏的發展，是由佛的性能或如來的秘藏等直喻，演變為佛性和如來藏等象徵性的隱喻。中國佛教佛性思想開始於東漢興平元年至建安四年 (194-199年)，早於如來藏思想在東晉興寧三年(365-384年)的出現。從本體論角度來看，佛性是不變的體，如來藏是我們的物質部份或是大腦的生理層面活動的用，如來藏思想是來自佛性的開展。

---

【24】後魏·勒那摩提譯，《究竟一乘寶性論》(Ratnagotra-vibhāgo Mahāyānottarat antraśāstra)，《大正藏》(四卷)冊31，no.1611。此經旨在論述如來藏自性清淨之教義。

【25】印度馬鳴菩薩造，南朝梁·真諦(499-569年)譯《大乘起信論》《大正藏》(四卷)冊32，no.1666。本論闡明如來藏緣起之旨，及菩薩、凡夫等發心修行之相，係從理論、實踐兩方面歸結大乘佛教之中心思想。

【26】

　　對於如來藏與佛性的關係，佛性論曾談到如來藏。單從「藏」字而論。謂藏有三種，即所攝藏，隱覆藏，能攝藏。

> 所攝藏者，約自性佛性而言。一切眾生，皆被如如境所攝。如如境者，諸法不二也。換句話說，一切眾生，皆被一真法界所攝。此即所謂如來藏眾生。隱覆藏者，如來性被煩惱所隱覆，令眾生不見。此即所謂眾生藏如來。能攝藏者，謂果地一切過恒沙功德，住應得性時，被如來藏攝之無餘。所攝藏是以實攝妄，隱覆藏是以妄攝實，能攝藏是以實攝實。如此論者，是單約藏字而論。真實如來藏心，即是眾生之佛性。我們的佛性被煩惱所纏不能自見，假名眾生而已。其實佛性常住，成佛時未得，為眾生時未失。故曰未成佛時本是佛，已成佛後還是佛。【27】

　　所以我們學佛，只是除去煩惱，令佛性圓顯而已，不是有甚麼可得。除些甚麼煩惱呢？除五欲則佛性可現，除五蓋則佛性可現，除十不善則佛性可現，除取相心則佛性可現，除我心則佛性可現。即此佛性，名如來藏性。

　　本經認為三乘之教歸於大乘的一乘，得一乘即得如來法身。眾生雖然被煩惱所纏，然其本性清淨無垢，與如來同等，所以皆

---

【26】 參閱筆者博士論文，〈菩提心探源及其在中國佛教的發展〉(The Origin of Bodhicitta and Its Development in Chinese Buddhism )美國University of the West, 2005. 5宗教學博士論文。pp.91-92。

【27】 釋智諭，《勝鬘師子吼一乘大方便方廣經講記》，北縣：西蓮淨苑，1991，頁133。

具有如來之性（佛性、如來藏）。且以如來藏為基礎，即使在生死輪迴的世界，也有獲得涅槃的可能。本經的一乘思想，是承繼《法華經》，而成為大乘佛教的重點所在。【28】又本經的特色是以在家女眾勝鬘夫人為說法者，因此與維摩居士所說的《維摩經》【29】，並為大乘佛教在家佛教的代表作。故本經由勝鬘夫人宣說如來藏思想，彰顯了人人的三點平等義特色： 1.如來藏不分出家與在家(勝鬘)、2. 如來藏無關男女相(勝鬘)的差異、 3. 如來藏無所謂老少(勝鬘)不同 ；也凸顯了一佛乘和如來藏的究竟法義，以及人要透過信願行來攝受正法。【30】對這些究竟的生命意義的認知，是當前提倡生命教育必備的要件。尤其人人本具如來藏，都有成為像佛陀一樣的萬能與智慧，讓我們的生命充滿了無限希望和可能，這就是生命教育最需灌輸落實的理念。

　　如來藏說，是以如來(佛)為重要主題。在佛教界，如來是釋迦等一切佛的德號。釋尊在世時，弟子們與如來共住，聽佛說法。佛與弟子們一起往來，一起飲食，談論，如來是那麼親切！自釋尊涅槃以後，如來不再見了，由於信仰及歸依的虔誠，永恆懷念，被解說為與如來藏為同一內容的法身，漸漸的在佛教界發展起來。佛將

---

【28】王海林，《勝鬘經》，《中國佛教經典寶藏》，北市：佛光文化事業有限公司，1997，頁8-9。

【29】本經係基於般若空之思想，以闡揚大乘菩薩之實踐道，說明在家家信徒應行之宗教德日。全經以在家居士維摩為中心人物，透過其與文殊師利等共論佛去之方式，以宣揚大乘佛教真理。姚秦・鳩摩羅什譯，《維摩詰所說經》(Vimalakīrti-nirdeśasūtra)，《大正藏》冊14，no.475。

【30】參閱印順，《勝鬘經講記》，頁1-6。

入涅槃，弟子們懊惱悵惘，覺得失去了依止的大師，所以佛開示大眾：只要佛弟子能如法修行，那麼佛的法身，就常在人間而不滅。因為有如法的修行者，就有如法的證見者，就有「見法即見佛」的法身呈現於弟子的智證中，即是『法身常在而不滅』(如沒有修證的，法身就不在人間了)。這一充滿策勵與希望的教授，勉勵大眾如法修行，比後代的法身常住說，似乎有意義得多！對目前盲然崇拜偶像、追求物質等社會風氣有導正提升的警世作用。

# 肆、勝鬘十大受與生命教育

　　勝鬘十大受是《勝鬘經》的重要內容，是勝鬘自誓受十種大戒。此十大受的內容為何？與生命教育有什麼關係？是本章主要要探討的。但在討論十大受前有需要先釐清生命教育的定義和內涵。

## 一、生命教育內涵與三大領域

　　生命教育即探究生命中最核心議題並引領學生邁向知行合一的教育，分而言之，這包含：引領學生進行終極課題與終極實踐的省思，以建構深刻的人生觀、宗教觀與生死觀；培養學生道德思考能力，並學習「態度必須公正，立場不必中立」的精神，來反省生命中之重大倫理議題；內化學生的人生觀與倫理價值觀，以統整其知情意行，提升其生命境界。

　　根據孫效智〈生命的教育理念與落實〉，生命教育的內涵包括三大領域摘錄如下，

### (一)終極課題的探索與實踐

－人生觀、生死觀、宗教觀之反省

－終極關懷、生死關懷、臨終關懷等之實踐

## (二)倫理思考與反省

－倫理本質的探索

－重大倫理議題的反省

## (三)人格統整與靈性提升

－知情意行的合一

－身心靈的統整與超升

為了有更明確的內容與勝鬘十大受做比較，下面將再逐項摘錄生命教育三大領域的內容明細，

1. 終極關懷與實踐(人生與宗教的省思)

\* 人生哲學課題[31]

・人生目標設定

・生命意義探索

・終極關懷的省思

\* 生死教育課題

・生死意義，互相發明

・死無常的省思

・死亡──最後成長階段

・臨終關懷

・安寧照顧──全人

---

【31】彭明輝文章／達賴喇嘛著作，孫效智，「宗教、道德與幸福的弔詭」，台北：立緒文化，2002。

‧全家全隊全程之安頓

＊宗教教育課題

‧信仰的重要性

‧什麼是宗教信仰

‧世界大宗教之智慧

‧正信與迷信

‧宗教包容與欣賞

‧信仰與理性之平衡

2. 生命實踐的省思，倫理反省

‧基本倫理教育的議題

＊為何道德？

＊善惡與規範的本質

＊道德判斷的所以然

＊自律與他律的分別

＊善惡的分辨

＊道德的主觀與客觀

＊道德原則之批判建構

＊意識型態與偏見

＊道德與幸福的關係

‧應用倫理教育的議題

＊生命醫學倫理

＊性愛婚姻與家庭

＊財物倫理

＊職場工作倫理

＊各種專業倫理

－醫師，護士，律師，工程師，會計師，心理諮商輔導

* 網路倫理

* 商業倫理

* 經濟倫理

* 運動倫理

* 動物倫理

* 媒體倫理

* 政治倫理

* 環境倫理

* 全球倫理

* 科技倫理

3.人格統整與靈性發展教育

* 人格統整教育

– 人格統整與知行合一的困難與途徑

* 心靈傷害與治癒

* 憤怒情緒的處理

* 情慾與理性的調和

– 傾聽、同理、欣賞與表達讚美的能力

– 道歉與寬恕的能力

– 真誠,謙遜,感恩,體貼與慈悲的能力

* 靈性發展教育

– 肯定自我、回歸真我、超越小我

– 身心靈的合一與提升

– 悲智雙運

– 自我實現與自我超越的交互為用

– 人與自然的融合

– 在神的氛圍與存在奧祕中的自覺與修行【32】

## 二、勝鬘十大受的生命教育內涵

　　《勝鬘經》〈十受章第二〉描述勝鬘夫人于佛前發願受持的十大受，此十大受是立誓即行，不像〈三願章第三〉所發的三願是遙期目的，需始終不渝。今分述如下，

　　(一)"我從今日，乃至菩提，於所受戒，不起犯心。"【33】這是受戒不犯：不忘承諾、不舍所願、不失道德、不違法制。

　　第一戒先總明除一切惡。勝鬘為表決定能持於戒，故曰我從今日乃至菩提，於所受戒不起犯心。先說此戒請佛證明。小乘戒戒身口七支，大乘戒戒身口意三業。故曰於所受戒不起犯心。犯心尚且不起，身口定無有犯。此一戒，力貫以下九戒。從今日乃至菩提，是言直至成佛，不犯於戒。【34】

　　不犯戒不僅能自我保護不造惡業，還能不害他人、不結惡緣，生命自然漸趨清淨。此第一受與「生命教育」第二大領域「倫理思考與反省」相呼應。

　　(二)"我從今日，乃至菩提，於諸尊者，不起慢心。"【35】這

---

【32】孫效智，〈歌詠生命的旋律—談高中生命的教育理念與落實〉，台北市麗山高中生命教育研習營，2006.5.22。

【33】《勝鬘師子吼一乘大方便方廣經》〈十受章第二〉《大正藏》冊12，no.353，頁217中。

【34】釋智諭，《勝鬘師子吼一乘大方便方廣經講記》，北縣：西蓮淨苑，1991，頁19-20。

【35】《勝鬘師子吼一乘大方便方廣經》〈十受章第二〉《大正藏》冊12，no.353，頁217中。

是尊長不慢：不見過失、不嫌落伍、不計斥責、不疑成就。此第二受與「生命教育」第三大領域「人格統整與靈性提升」相呼應。

（三）"我從今日，乃至菩提，于諸眾生，不起恚心。"【36】這是處眾不恚：不瞋人過、不恨人非、不念人異、不害人順。恚即瞋，相近者如忿、恨、害等，與慈悲心相反。菩薩以慈悲心為本，若以瞋心對眾生，缺乏慈悲，即失大乘與菩薩的意義。聲聞法的大患是貪心，心起貪染，就難於出離世間。大乘法的大患是瞋心，心起瞋恚，就不能攝受眾生。所以大乘法有忍波羅密多，以防治瞋心。此第三受與「生命教育」第三大領域「人格統整與靈性提升」相呼應。

（四）"我從今日，乃至菩提，於他身色及外眾具，不起嫉心。"【37】這是他有不妒：不妒人喜、不望人苦、不毀人譽、不謗人有。他色身：指眾生的身體健康，相好莊嚴。外眾具：指身外一切資生之具。見他功德成就，應起歡喜慶悅之心，不起嫉之心。第二戒是慈、悲二心。這一戒是喜心，下一戒是捨心。合而言之，則為四無量心。【38】此第四受與「生命教育」第三大領域「人格統整與靈性提升」相呼應。

---

【36】《勝鬘師子吼一乘大方便方廣經》〈十受章第二〉《大正藏》冊12，no.353，頁217中。

【37】《勝鬘師子吼一乘大方便方廣經》〈十受章第二〉《大正藏》冊12，no.353，頁217中下。

【38】釋智諭，《勝鬘師子吼一乘大方便方廣經講記》，北縣：西蓮淨苑，1991，頁20。

（五）"我從今日，乃至菩提，於內外法，不起慳心。"【39】這是內外不慳：不慳所有、不吝喜捨、不苦奉獻、不計所施。

內法：指自己的身體或佛法；外法：指身外的飲食衣服或世間學術技能。舉凡世出世法有人來求菩薩不應有慳吝不捨的心。於內外法不起慳心。此是捨無量心，於己之內外財，盡捨眾生，無有慳惜。【40】此第五受與「生命教育」第三大領域「人格統整與靈性提升」相呼應。

前四條於尊長起慢心，於一般眾生起恚心，於他人起嫉心，於己起慳心，屬攝律儀戒，前二為尊卑；後二為自他。若違犯即失菩薩戒。殺、盜、淫、妄等四根本戒，雖重要，但共二乘。此慢、恚、嫉、慳四心，為利益眾生最大障礙，為菩薩不共重戒。【41】

（六）"我從今日，乃至菩提，不自為己，受畜財物，凡有所受，悉為成熟貧苦眾生。"【42】這是成就眾生：財物佈施、授藝教導、方便協助、無畏成就。此第六受與「生命教育」第三大領域「人格統整與靈性提升」相呼應。

初發菩提心時，要有這樣的願心：凡屬於自己所有的一切，都隨眾生的需要施捨予他們，然而此種布施非一次做完就算。這些財

---

【39】《勝鬘師子吼一乘大方便方廣經》〈十受章第二〉《大正藏》冊12，no.353，頁217下。

【40】釋智諭，《勝鬘師子吼一乘大方便方廣經講記》，北縣：西蓮淨苑，1991，頁20。

【41】姚秦・鳩摩羅什譯，《梵網經》，《大正藏》冊24，no.1484，頁701上。

【42】《勝鬘師子吼一乘大方便方廣經》〈十受章第二〉《大正藏》冊12，no.353，頁217下。

物還是需要去經營它，發展它。但這是為眾生而經營，不再看做是自己的，自己僅是一管理者，自己僅保持適當的合理生活。菩薩布施波羅密多的真精神是社會主義心行的實踐。如比爾蓋茲。

(七)"我從今日，乃至菩提，不自為己行四攝法，為一切眾生故，以不愛染心，無厭足心、無罣礙心，攝受眾生。"【43】這是四攝度眾：舍愛為慈、離厭為親、去私為公、忘我為人。此第七受與「生命教育」第三大領域「人格統整與靈性提升」相呼應。

不自為己行四攝法，以之攝諸眾生。不自為己，是攝善歸他，非是攝善歸己。行四攝法，不為自求福報。而是欲令一切眾生，攝心歸道。【44】

四攝法者為(1)布施攝：先以布施令彼離苦，然後攝令向道。(2)愛語攝：軟語化他，真實無妄，說正法語。所有言說，無妄語、惡口、綺語、兩舌。(3)利行攝：凡有所行，皆有利於眾生。令眾生現前得利，後世得利，是為利行；現前不得利，後世得利，亦為利行；現前得利，後世不得利，不為利行；現前不得利，後世亦不得利，更不為利行。故化眾生離惡，化眾生集善，是為利行攝。(4)同事攝：於因中曰同行，於果中曰同事。此有二種，於因中則離惡同行，集善同行。於果則苦中同事，樂中同事。

菩薩以無所得為方便，行於四攝。知能攝所攝皆空，故無愛染心，無厭足心，無罣礙心而行之。以三心行四攝。無厭足心者，

---

【43】《勝鬘師子吼一乘大方便方廣經》〈十受章第二〉《大正藏》冊12，no.353，頁217下。

【44】釋智諭，《勝鬘師子吼一乘大方便方廣經講記》，北縣：西蓮淨苑，1991，頁21。

菩薩攝諸眾生，今世後世其願無窮。 無罣礙心者，菩薩以平等心行四攝法，平等怨親，不計順逆，故心無罣礙。以如此四攝法，攝受一切眾生歸向佛道。雖行於四攝，皆出於愛見之心。故曰以不愛染心。

（八）"我從今日，乃至菩提，若見孤獨、幽系、疾病，種種厄難，困苦眾生，終不暫捨，必欲安隱，以義饒益，令脫眾苦，然後乃捨。"【45】這是關護殘障：矜孤恤寡、幫助困厄、醫療疾病、助長心緒。此第八受與「生命教育」第一大領域「終極課題的探索與實踐」和第三大領域「人格統整與靈性提升」都有少許的交集。

這條戒仍是攝眾生戒。少而無父母曰孤，老而無子女曰獨。牢獄隔絕曰幽，杻械繩鎖加身曰繫。輕者曰疾，重者曰病。厄難即困厄。菩薩遇如是眾生，終不暫捨，必欲安隱。安隱者，指快樂，非「穩」。菩薩安隱眾生，欲令眾生離惑業苦，得解脫樂。以佛法饒益，於因不令起惑造業。於果不令墮諸苦道。如是饒益，則令一切眾生安隱。故曰令諸眾生，脫於眾苦，然後乃捨。

（九）"我從今日，乃至菩提，若見捕養眾惡律儀及諸犯戒，終不棄捨。我得力時，於彼彼處見此眾生，應折伏者而折伏之，應攝受者而攝受之。"【46】這是慈悲愛物：不捕不獵、不杖不殺、不盜不舍、不私不蓄。此第九受與「生命教育」第三大領域「人格統整與靈性提升」相呼應。

---

【45】《勝鬘師子吼一乘大方便方廣經》〈十受章第二〉《大正藏》冊12，no.353，頁217下。

【46】《勝鬘師子吼一乘大方便方廣經》〈十受章第二〉《大正藏》冊12，no.353，頁217下。

　　若捕養眾惡律儀，及諸犯戒，終不棄捨。捕養眾惡律儀，依《涅槃經》說有十六【47】、有說十二。十二者，屠、魁膾、養豬、養雞、捕魚、獵、網鳥、捕蛇、咒龍、獄吏賊、王家常差捕賊。

　　我得力時。菩薩受於王位時，則有大勢力。菩薩受於佛法，有大道力。如是二力，均曰得力。於二種眾生，施以折伏攝受二種方便，於難調眾生，則折伏之。於易調眾生，則攝受之。

　　(十)"我從今日，乃至菩提，攝受正法，終不忘失。"【48】這是不忘正法：明四諦法、發四弘願、行四無量、證四聖果。此第十受與「生命教育」第三大領域「人格統整與靈性提升」相呼應。

　　折伏攝受是方便，目的在令正法久住。若正法久住，則天人善道充滿，諸餘惡道減少。能於如來所轉法輪，而得隨轉。善道充滿，聖賢住世，故於佛正法輪，能隨順而轉。佛轉法輪是燃燈，隨轉法輪，是傳燈續明。如是方能令正法久住。

　　勝鬘言，我見如是大利，所以於諸眾生，救拔攝受不捨。攝受正法，終不忘失。 如果通論，以上九戒，目的均在攝受正法。攝受正法，即攝善法戒。

---

【47】一、為利養而飼養羔羊，肥而轉賣。二、為利養買羊而屠殺之。三、為利養而飼養豬豚，肥而轉賣。四、為利養買豬而屠殺之。五、飼養牛犢，肥而轉賣。六、為利養買牛而屠殺之。七、為利養而養雞，肥而轉賣。八、為利養買雞而屠殺之。九、釣魚。十、獵人。十一、劫奪。十二、魁膾（製作美食）。十三、網捕飛鳥。十四、兩舌，以離間語挑撥於人。十五、獄卒。十六、咒龍。《北本涅槃經》，《大正藏》冊12，no.374，頁538中。

【48】《勝鬘師子吼一乘大方便方廣經》〈十受章第二〉，《大正藏》冊12，no.353，頁217下。

如果簡邪顯正，則四諦十二因緣六度，皆是正法。如果貶小褒大，則攝受正法，獨顯六度。故經文云，忘失法者，則忘大乘。忘大乘者，則忘波羅蜜。進一步講，佛之正法，獨顯一乘。《法華經》云，唯有一佛乘，無二亦無三。故攝受正法，便導出下文的一乘教法。

吉藏大師將第一至五受擬配攝律儀戒，第六至九受擬配饒益眾生戒，第十受擬配攝善法戒。北魏昭法師《勝鬘經疏》將第一受擬配誓持，第二至五受擬配攝律儀戒，第六至九受擬配攝眾生戒，第十受擬配攝善法戒。【49】總括來說，這十弘誓可歸納為三聚淨戒。十受中前五戒是攝律儀戒，除一切惡。中四戒是攝眾生戒，度一切眾生。最後一戒是攝善法戒，攝受正法。菩薩戒不出此三聚，即攝律儀戒，攝眾生戒，攝善法戒。今勝鬘受此十大受，即三聚戒圓滿。

## 三、十大受與生命教育三大領域的關係

本經共十五章，內容是敘述勝鬘夫人由於其波斯匿王，母末利夫人的引導，聞法見佛而生信解，得到授記，即於佛前演說一乘、一諦、一依等大乘佛法。整部經藉著佛陀和勝鬘夫人兩位「生命教育」的實踐者和專家，教導我們如何透過信解行證成就佛道、圓滿我們的生命，其中勝鬘十大受更與「生命教育」三大領域的內涵互相呼應。經比較勝鬘十大受與「生命教育」三大領域之後，除了第一大受的「受戒不犯：不忘承諾、不舍所願、不失道德、不

---

違法制」相應於「生命教育」第二大領域的「倫理思考與反省」，第八大受的「關護殘障：矜孤恤寡、幫助困厄、醫療疾病、助長心緒。」相應於第一大領域的「終極課題的探索與實踐」外，其餘八大受，均相當於「生命教育」第三大領域的「人格統整與靈性提升」(見表1)。然而第八受除與「生命教育」第一大領域「終極課題的探索與實踐」相應外，也多少和第三大領域「人格統整與靈性提升」有交集。可見十大受與「生命教育」三大領域之間，沒有絕對的一對一相應關係。不過可斷定勝鬘十大受不只具足了「生命教育」三大領域的內涵，且以第三大領域「人格統整與靈性提升」為主要訴求，再度說明勝鬘十大受與圓滿生命教育有密不可分的關係。可見本經旨趣導向生命教育的終極圓滿，實是目前提倡「生命教育」很好的教材。

「生命教育」三大領域含蓋了對現世人生與來生的關懷，因此它不只是針對學生的學習，而是對全民的教育；它不只圍於學生時期的學習，而是終生的教育；它不只偏限於老師傳授學生單向的學習，而是師生共同學習成長的教育。且其根本在於如何讓人民擁有一個可落實、可看得到的希望與未來，而能活得更快樂，讓學生可以在升學之苦中看到人生的希望；讓貧困的老百姓在工作之苦中看到生活的希望，有了希望人生自然就會有目標，有目標生活就會過的有意義。《勝鬘經》認為三乘之教歸於大乘的一乘，得一乘即得如來法身。眾生雖然被煩惱所纏，然其本性清淨無垢，與如來同等，所以皆具有如來之性（佛性、如來藏）。且以如來藏為基礎，即使在生死輪迴的世界，也有獲得涅槃的可能。就提供了現世人生無限的希望、和有意義且究竟的人生目標。

**表1：生命教育三大領域與勝鬘十大受對照表**

| 生命教育 | | 十大受 | 吉藏大師 | 勝鬘經疏 |
|---|---|---|---|---|
| 第二大領域「倫理思考與反省」 | 1 | 我從今日，乃至菩提，於所受戒，不起犯心。 | 攝律儀戒 | 誓持 |
| 第三大領域「人格統整與靈性提升」 | 2 | 我從今日，乃至菩提，于諸尊者，不起慢心。 | 攝律儀戒 | 攝律儀戒 |
| 第三大領域「人格統整與靈性提升」 | 3 | 我從今日，乃至菩提，于諸眾生，不起恚心。 | 攝律儀戒 | 攝律儀戒 |
| 第三大領域「人格統整與靈性提升」 | 4 | 我從今日，乃至菩提，於他身色及外眾具，不起嫉心。 | 攝律儀戒 | 攝律儀戒 |
| 第三大領域「人格統整與靈性提升」 | 5 | 我從今日，乃至菩提，於內外法，不起慳心。 | 攝律儀戒 | 攝律儀 |
| 第三大領域「人格統整與靈性提升」 | 6 | 我從今日，乃至菩提，不自爲己，受畜財物，凡有所受，悉爲成熟貧苦眾生。 | 饒益眾生戒 | 攝眾生戒 |
| 第三大領域「人格統整與靈性提升」 | 7 | 我從今日，乃至菩提，不自爲己行四攝法，爲一切眾生故，以不愛染心，無厭足心、無罣礙心，攝受眾生。 | 饒益眾生戒 | 攝眾生戒 |
| 第一大領域「終極課題的探索與實踐」 | 8 | 我從今日，乃至菩提，若見孤獨、幽系、疾病，種種厄難，困苦眾生，終不暫舍，必欲安隱，以義饒益，令脫眾苦，然後乃舍。 | 饒益眾生戒 | 攝眾生戒 |
| 第三大領域「人格統整與靈性提升」 | 9 | 我從今日，乃至菩提，若見捕養眾惡律儀及諸犯戒，終不棄舍。我得力時，於彼彼處見此眾生，應折伏者而折伏之，應攝受者而攝受之。 | 饒益眾生戒 | 攝眾生戒 |
| 第三大領域「人格統整與靈性提升」 | 10 | 我從今日，乃至菩提，攝受正法，終不忘失。"這是不忘正法：明四諦法、發四弘願、行四無量、證四聖果。 | 攝善法戒 | 攝善法戒 |

# 伍、《勝鬘經》的生命目標

　　《勝鬘經》除了上面提到的如來藏思想和勝鬘十大受與「生命教育」息息相關外,其他各章亦蘊藏了豐富的「生命教育」意涵和啟示。下面將分兩個面向來處理,首先就《勝鬘經》逐章揭開其所隱含的「生命教育」意涵;再就各章節前後的排序探究其所蘊含圓滿「生命教育」修行之次第。

## 一、本經各章的生命教育意涵

　　本經是大乘如來藏系經典中的代表作之一。全經結構共分十五章,內容包括如來真實義功德、十受、三願、攝受、一乘、無邊聖諦、如來藏、法身、空義隱覆真實、一諦、一依、顛倒真實、自性清淨、真子、勝鬘等。各章內容到底提供我們多少「生命教育」的意涵?今分述如下:

　　(一)如來真實義功德章:本章首歎佛功德,述歸仰受記因由。說明波斯匿王及末利夫人受佛陀的教化,得佛法益,欲令其愛女也能見佛生信,於是派遣使者送信給女兒,略為讚歎如來的無量功德。勝鬘閱父母來信,歡喜頂受,生稀有心,說偈讚歎如來真實功德,並祈願即時得見佛陀,此念一生,佛陀應時現在其前,更於眾中為其授記,以此稱歎如來真實功德善根,當於無量阿僧祇劫天人之中為自在王,一切生處常得見佛,又複供養無量阿僧祇佛,過二萬阿僧祇劫,當得作佛,號普光如來。彼佛國土,無諸惡趣、老病衰惱。彼諸眾生,純一大乘,無量眾生諸天及人,願生彼國。【50】

---

【50】《勝鬘師子吼一乘大方便方廣經》〈如來真實義功德章第一〉,《大正藏》冊12,no.353,頁217上中。

　　本章提供了四項「生命教育」的啟示：(1) 歎佛功德；(2) 勝鬘蒙佛授記；(3) 供養無量阿僧祇佛；(4) 彼佛國土，無諸惡趣、老病衰惱。前三項相應於「生命教育」的第三大領域「人格統整與靈性提升」，最後一項屬於第二大領域「倫理思考與反省」。

　　(二)十受章：本章是勝鬘自誓受十種大戒。【51】小乘戒有定數，大乘戒無定數。所以大乘戒有十重四十八輕，或六重二十八輕。今勝鬘自受，有十大戒。大乘戒無簡眾，凡解法師語者，皆得受戒。小乘則有簡眾，天龍鬼畜不得受戒。小乘戒盡形壽，大乘戒直至成佛。故勝鬘所受戒，均曰我從今日乃至菩提。凡受戒者，須先受三歸。勝鬘既受歸依已，於是自誓受十種戒。戒是無上菩提本，勝鬘既蒙佛授記，當證菩提。故自誓受菩薩戒。本章主要說明勝鬘夫人于佛前發願受持的十大受，十大受已於前章討論過，故不再此贅述。

　　此章提醒我們「生命教育」是每個人生生世世永不中斷的職務，而且我們必需要自願去承擔這份職務。

　　(三)三願章：前章十大受，是立誓即行。今發三大願，是遙期目的，始終不渝。十受者有始，三願者有終。故此三願，可總攝十受。十受者是戒，三願者是乘。戒乘俱急，方能令法種增長。亦可說以發三大願故，方能化戒入乘。故有此三願章之來。所謂戒是無上菩提本，要須化戒入乘，方菩提之本。

　　文中第一願，是重在自利。故曰以此善根，於一切生得正法智。第二願是利他，故曰我得正法智已，以無厭心為眾生說。第三

---

【51】《勝鬘師子吼一乘大方便方廣經》〈十受章第二〉，《大正藏》冊12，
　　no.353，頁217中-218上。

大願攝受正法，是自他俱利。故若無如來真實功德，則發心無的。
若無十大受，則其行無始。若無三願，則其行難成。所以本經前三
章，是明其根本，以下諸章，方是勝鬘說法。勝鬘於佛前所發的三
大願，即：1. 以此善根，於一切生得正法智。2. 我得正法智已，以
無厭心為眾生說。3. 我于攝受正法，捨身命財，護持正法。【52】

　　這三大願，真實廣大，如同一切色，悉入空界中，菩薩恒沙
諸願，悉入此三大願中。也就是說，得正法智是大智能，為眾生說
是大慈悲，捨身命財護持正法是大勇大精進。此三大願是菩提心的
內容，所以能統攝菩薩的一切大願。大我生命的完成是自利利他的
完成，過程中需藉助不停地發願訂立各種短中長期不等的目標，與
「生命教育」的第三大領域「人格統整與靈性提升」契合。

　　(四)攝受章：即攝受正法章。自此章以下，即是勝鬘說法。 正
法是實相理。於實相理心領曰攝，行證曰受。 十受章是勝鬘受於大
戒，三願章是勝鬘發宏誓願。謂勝鬘承佛陀威神之力，說菩薩所有
恆沙諸願，皆入一大願中，這一大願也就是所謂攝受正法。攝受正
法，才是真實無異的大願。又以大雲、大水、大地、大寶等四種譬
喻說明攝受正法能出生無量福報、無量善根，出生一切世間安穩快
樂、如意自在及出世間安樂，能負起教化離善知識無聞非法眾生、
聲聞、緣覺、大乘等四種眾生的重任，普為眾生作不請之友，以大
悲心安慰眾生，哀滯眾生，為一切世間正法的生母，對無聞非法眾
生，授與人天功德善根；對求聲聞者，授聲聞乘；對求緣覺者，授
緣覺乘；求大乘者，授以大乘。得一切佛法，攝八萬四千法門。

【52】《勝鬘師子吼一乘大方便方廣經》〈三願章第三〉，《大正藏》冊12，
　　　no.353，頁218上。

【53】

又說攝受正法就是波羅蜜，也就是菩薩以佈施、持戒、忍辱、精進、禪定、智慧六波羅蜜去成熟眾生，建立正法。凡是行攝受正法的菩薩，必須施捨身、命、財三類，凡此菩薩為利益眾生而難行能行，則常為一切諸佛所授記，一切眾生所景仰。佛陀對勝鬘所說的攝受正法大精進力，起隨喜心，以大力士、牛王、須彌山王等三喻讚歎，並謂攝受正法的功德利益無量無邊，所以菩薩應該開示眾生，使得大利；教化眾生，使得大福；建立眾生，使得大果；而大眾應當歡喜修學。

本章主要教導「生命教育」的工作者應當學習善用譬喻的善巧方便智慧、有彈性知變化、教學技巧亦要創新活潑生動，正如《金剛經》所說：「法無定法。」【54】再者，上述四種譬喻也都和「生命教育」的第一大領域「終極課題的探索與實踐」與第三大領域「人格統整與靈性提升」相涉。

(五)一乘章：本章說一乘法是正法，【55】亦是本經宗旨。三乘歸於一乘，指人人皆有成佛的潛能和可能，因此要完全開發出來。相應於「生命教育」的第三大領域「人格統整與靈性提升」。

(六)無邊聖諦章：此無邊聖諦章，是講一乘理。分別佛陀與二

---

【53】《勝鬘師子吼一乘大方便方廣經》〈攝受章第四〉，《大正藏》冊12，no.353，頁218上-219中。

【54】姚秦‧鳩摩羅什譯，《金剛般若波羅蜜經》，《大正藏》冊，no.235，頁751中。

【55】《勝鬘師子吼一乘大方便方廣經》〈一乘章第五〉，《大正藏》冊12，no.353，頁219中-221上。

乘的聖諦是有所差別的。二乘的聖諦智，但斷四住地，不能斷無明住地，因此不能稱為第一義智，不是究竟智，是向阿耨多羅三藐三菩提智。如來所圓滿成就的是不思議空智，能斷一切煩惱藏，這就是第一義智，也就是聖諦。【56】本章探討第一義智真我的智慧，相應於「生命教育」的第三大領域「人格統整與靈性提升」。

(七)如來藏章：以如來藏，也就是佛性，來說明聖諦的體性。聖諦微細難知，非思量境界，是智者自覺自證所知，一切世間所不能信。【57】因為此聖諦是說那甚深如來之藏，而如來藏是如來境界，非一切聲聞、緣覺所知，所以聖諦也就甚深難知了。本章「聖諦微細難知，非思量境界，是智者自覺自證所知」告訴我們「生命教育」的實踐和完成要靠自己，且要透過信願行去自我開發，就像勝鬘第二及第三章自發十大近期願和長遠目標的三大願，生命教育要有目標、要有願力，才能恆常。

(八)法身章：其實法身即是如來藏，二者無異。何故將法身及如來藏分別說呢？原來法身被煩惱纏時，便名如來藏。如來藏出煩惱纏時，便名法身。法身隱，則名如來藏。如來藏顯，便名法身。【58】不論在纏出纏，如來藏與法身為一，同是不生不滅。此一法因煩惱纏，而得異名。如來藏時，名為佛性。佛性圓顯，則名法身。

---

【56】《勝鬘師子吼一乘大方便方廣經》〈無邊聖諦章第六〉，《大正藏》冊12，no.353，頁221上中。

【57】《勝鬘師子吼一乘大方便方廣經》〈如來藏章第七〉，《大正藏》冊12，no.353，頁221中。

【58】《勝鬘師子吼一乘大方便方廣經》〈法身章第八〉，《大正藏》冊12，no.353，頁221中下。

所以於眾生邊說，便名如來藏。於佛邊說，便名法身。眾生雖具佛性而不名佛者，以眾生為煩惱纏故。所以眾生皆有如來智慧德性，被煩惱所纏，不見而已。一旦煩惱除盡，佛性圓顯，便是天真之佛。

所以眾生若欲成佛，只要放下一切煩惱，莫起有所得心，便為佛。明白了此道理，便知道學佛首在斷煩惱。煩惱斷盡，於佛道上無有間隔，自然便證解脫道。我們精進學佛，精進斷一分煩惱，便證得一分解脫。此處「本體不變，施設種種名稱只為應不同根基方便說」提醒我們沉淪或解脫都依於如來藏，煩惱無異解脫，解脫不用另找。和「生命教育」人生與宗教的省思議題相應。

(九)空義隱覆真實章：這一章是接者上章最後一句「不離煩惱藏，名如來藏。」來的。所以如來藏章，法身章，空義隱覆真實章，脈絡是一貫的。虛妄之法，於情為有，於理則無。其道理便是緣起事相為假，而凡夫情執為實。智者則知緣起性空，故曰情有理無。理無者，是其空義，情有故隱覆真實佛性。故曰空義隱覆真實。說明理智一如。謂如來藏智就是如來空智，如來藏智與如來空智的理智一如，名為如來藏空智。【59】本章陳述在實施「生命教育」時，需要情理通達，才能理事無礙。和「生命教育」的第二大領域「倫理思考與反省」與第三大領域「人格統整與靈性提升」都有相應。

(十)一諦章：說明四諦歸於滅諦，滅諦是第一義。謂苦、集、滅、道四聖諦中，唯有滅諦是離有為相，是常住法，其餘三諦入有

---

【59】《勝鬘師子吼一乘大方便方廣經》〈空義隱覆真實章第九〉，《大正藏》冊12，no.353，頁221下。

為相，悉是無常，是虛妄法，非第一義諦。【60】本章陳述「生命教育」人生與宗教的省思。

(十一)一依章：本章是繼續講一滅諦。一滅諦是究竟依處，是畢竟空義，所謂畢竟空中建立一切法，一切法皆歸畢竟空。所以畢竟空為一切法作所依。故說此一依章。【61】此處說明苦滅諦離有為相，是常，非虛妄法，是第一義。闡釋離苦得樂是生命教育主要目標之一。

(十二)顛倒真實章：本章明生死依如來藏，一切染淨，皆依如來藏。若謂生死依如來藏，是為真實。若謂不依如來藏而有生死，是為顛倒。【62】一切染淨，皆依如來藏。因此，要提昇或墮落，要快樂或痛苦決定權在自己，都不離如來藏。與「生命教育」第三大領域「人格統整與靈性提升」相呼應。

(十三)自性清淨章： 自性清淨，即此如來藏中，法性圓明之體。無始以來性自圓滿，雖處染而不垢，雖修治而不淨，故曰自性清淨。謂生死二法依如來藏，非如來藏有生有死。如來藏離有為相，常住不變，因此，如來藏是無邊功德所依止，能攝持一切功德而不失，一切佛法因此而得建立。【63】所以，如來藏為依，有二種

---

【60】《勝鬘師子吼一乘大方便方廣經》〈一諦章第十〉，《大正藏》冊12，no.353，頁221下。

【61】《勝鬘師子吼一乘大方便方廣經》〈一依章第十一〉，《大正藏》冊12，no.353，頁221下-222上。

【62】《勝鬘師子吼一乘大方便方廣經》〈顛倒真實章第十二〉，《大正藏》冊12，no.353，頁222上中。

【63】《勝鬘師子吼一乘大方便方廣經》〈自性清淨章第十三〉，《大正藏》冊12，no.353，頁222中下。

意義：生死雜染依于如來藏，清淨功德也依于如來藏。世間若無如來藏，眾生則不得厭苦，樂求涅槃。此自性清淨的如來藏，本是清淨的，而被客塵煩惱所污染。也就是淨心與客塵是同時並存的，但兩者性質不同，又是分離的，這是不思議如來境界，不是凡夫、聲聞、緣覺所能了知的。上述指出如來藏是我們生死涅槃的根據，提供「生命教育」第一大領域「終極課題的探索與實踐」很好的觀念。

(十四)真子章：指能行一乘道者，是謂真子。謂隨順法智是由五種巧便觀成就而得，即：1.觀察施設根意解境界。2.觀察業報。3.觀察阿羅漢眼。4.觀察心自在樂、禪樂。5.觀察阿羅漢、辟支佛、大力菩薩聖自在神通。【64】

本章教導我們解脫方法依於明確的信心，再透過五種巧便觀，就可達到無疑證信。而於性淨塵染能夠究竟，就是入大乘道因。相應於「生命教育」第一大領域「終極課題的探索與實踐」的人生哲學領域。

(十五)勝鬘章：佛陀讚歎勝鬘於甚深法方便守護，降伏非法，善得其宜。【65】以上諸章在於勝鬘說法，第十五章係勝鬘護法。亦可以說以前諸章是正宗分， 此第十五章，是流通分。勝鬘說法完後的護法，相應於「生命教育」的第三大領域「人格統整與靈性提升」。

---

【64】《勝鬘師子吼一乘大方便方廣經》〈真子章第十四〉，《大正藏》冊12，no.353，頁222下。

【65】《勝鬘師子吼一乘大方便方廣經》〈勝鬘章第十五〉，《大正藏》冊12，no.353，頁222下-223中。

以上為本經正宗分，其流通分如次：1.勝鬘以法傳化流通：勝鬘向友稱王稱歎大乘，友稱王及舉國人民皆向大乘。2.佛陀付囑阿難及帝釋廣為流通。和「生命教育」種子教師的培養意義相同。

## 二、 從本經各章節次第看圓滿生命的步驟

上節已依序探討十五章《勝鬘經》各章的生命意涵，第一如來真實義功德章，勝鬘因贊歎如來真實功德蒙佛授記，以贊歎如來真實功德的善根，當於無量阿僧祇劫，生在天人之中為自在王，一切生處常得見佛現前讚歎和今天沒有兩樣。之後又再供養無量阿僧祇佛經過二萬阿僧祇劫的時間，當得作佛，號普光如來應正遍知。普光佛的國土，無諸惡趣(指畜生、惡鬼和地獄)老病衰惱不適意苦，也無不善的惡業道名。國內眾生色力壽命五欲眾具皆悉快樂勝於他化自在諸天。他們都是純一大乘，都是修習善根眾生所聚集。勝鬘夫人得受記時，當時無量眾生諸天及人願生普光佛國土的，亦都被世尊授記皆當往生。【66】

勝鬘夫人已被佛授記當來必定成佛，亦即將達到生命的究竟圓滿。成佛的過程雖然久遠，但絕不再退轉。在這長遠過程當中，勝鬘要做些什麼？什麼先？又什麼後？就是本經逐章要陳述的。

第二章十受章，勝鬘聽完授記後，在佛前恭敬而立受十大受。但受戒前，須先受三歸依，於是自己誓願受十種戒。【67】因為戒是

---

【66】《勝鬘師子吼一乘大方便方廣經》〈如來真實義功德章第一〉，《大正藏》冊12，no.353，頁217中。

【67】《勝鬘師子吼一乘大方便方廣經》〈十受章第二〉，《大正藏》冊12，no.353，頁217中。

無上菩提本,勝鬘既蒙佛授記,當證菩提。故自誓受菩薩戒。十大受,是立誓即行。今發三大願,是遙期目的,始終不渝。三大願,即:1.以此善根,於一切生得正法智。2.我得正法智已,以無厭心為眾生說。3.我于攝受正法,捨身命財,護持正法。十受者有始,三願者有終。故此三願,可總攝十受。十受者是戒,三願者是乘。戒乘俱急,方能令法種增長。亦可說以發三大願故,方能化戒入乘。故有此三願章之來。所謂戒是無上菩提本,要須化戒入乘,方菩提之本。

文中第一願,是重在自利。故曰以此善根,於一切生得正法智。第二願是利他,故曰我得正法智已,以無厭心為眾生說。第三大願攝受正法,是自他俱利。

然而若無如來真實功德,則發心無的。若無十大受,則其行無始。若無三願,則其行難成。

綜合上述,本經圓滿生命的步驟,先是勝鬘夫人經過皈依、受戒、發願的過程,即是信、願、行三根本步驟的前兩個信和願,接下來的行就是菩薩道的實踐了。因此勝鬘除如常贊歎如來真實功德外,並用二萬阿僧祇劫的時間供養無量阿僧祇佛,同時修持慈悲喜捨四無量心和六度四攝等種種菩薩法門,以備趣向涅槃一乘法。這過程不管先自利再利他,或先利他再自利,或同時自他兩利,最後必歸於成就佛道的一佛乘。因為眾生"如來藏心"是"心性本淨、客塵所染",人人都可成就圓滿生命的佛境界,關健在於我們信受否?本經各章節所示圓滿生命的步驟是目前推動生命教育者很好的參考。

# 陸、「生命教育」課程實例報導

「生命教育」內涵廣泛豐富，與我們的日常生活是不可分的，生活中那一樣不是生命教育的題材？如何活用這些教材可能會比對學生講授枯燥的「生命教育」概論來得有效。在此為了響應勝鬘夫人重視兒童教育，和學習佛教開悟禪師的智慧，96年度下學期特別帶領一位在小學任教的研究生，同步在佛光大學和宜蘭縣澳花國小開設「禪偈與生命智慧」課程，以兩百則佛光山大佛法語為教材，利用善巧活潑的教學方式，引導學生自發性地反觀自照，開啟生命智慧。略述如下，

## 一、「禪偈與生命智慧」大學與小學同步實驗報告

### (一)宜蘭縣佛光大學通識「禪偈與生命智慧」課程

「禪偈與生命智慧」是96-2學期通識選修課程，其教學目標有四點：1.認識禪哲學禪師與禪詩的起源和關係。2.學習禪宗詩偈與文學詩詞異同的比較。3.探討禪詩意境中隱含的人生生命智慧。4.學習如何落實禪詩智慧在日常生活中。

本課程一學期共計十八週，每週兩節課，來自各系大一或大二的男女學生共37位，其中男生25位、女生12位。37位學生平均分配為四組，以方便小組討論。教材以兩百則佛光山大佛法語為主，影片為輔。每個月最後一週的影片教學，由四組輪流推薦和租借，下一週則分組座談、口頭心得報告和分享。每月前兩週的「禪偈與生命智慧」課堂上，各選錄十首不同主題的禪偈，以不同的曲調(有時在課堂上當場請同學提供帶動唱)先唱(有時分組對唱或比賽)、再

解說作者和其時代背景以及詩意等、最後問題討論。期頭由筆者解說，期中考之後慢慢交由學生闡釋，再由筆者補充。電子檔的禪偈教材掛在學校數位平台上，上課前一週即開放供學生流覽，直到學期結束。

　　從學生選擇的三片充滿禪意和智慧的影帶—「無米樂」、「旅行者與魔術師」、和「佐賀的超級阿嬤」，加上學生課堂上的口頭報告和心得分享、課堂上的行為表現和期末的書面心得報告，可見每位學生對每首詩偈都各有領悟和受用。

　　此外，為評估此門課的學習成效，在期末筆者特別製作了一份問卷調查表讓學生填寫，引導學生做一學期來的課程回顧。全班37位學生共完成33份問卷，其中20位男生、13位女生。除了簡單基本資料外，共有七個問題(如附件一)。

　　本研究將回收之有效問卷樣本編碼後輸入電腦，以統計套裝軟體SPSS加以編製成表，並以下列統計方法進行分析的工作：1.以Cronbach $\alpha$ 來進行問卷的信度，檢證本研究的問卷是否有必要調整；2.次以變異數(anova)分析老師及學生對禪偈教學滿意度和開發生命智慧兩個構面的差異；3.用相關分析(correlation)理解兩個構面彼此間的關連。分別說明如下，

　　1、信度分析

　　本研究以Cronbach $\alpha$ 內部一致性分析檢定量表的信度，首先對本問卷兩個構面檢定其量表的信度。第一個構面為學生對禪偈教學的滿意度，第二個構面為禪偈教學對開發生命智慧的成效。

　　本問卷採量表形式，共分為「很滿意」、「滿意」、「沒意見」(普通)「不滿意」和「很不滿意」等五個尺度，給分的方式為「很滿意」（相當有幫助）給予五分，「滿意」（有幫助）給予四

分，「沒意見」(普通) 給予三分，「不滿意」(沒幫助) 給予二分，「很不滿意」（相當沒幫助）給予一分。由SPSS統計套裝軟體的信度分析後，各項目信度分析結果如下列表2。

表2：各項目信度分析結果總表

| 題號 | 題目內容 | 信度 |
|------|---------|------|
| 1 | 你喜歡「禪偈與生命智慧」這門課的教學方法嗎？ | .9472 |
| 2 | 你/妳覺得「禪偈與生命智慧」課程值得在學校繼續推廣嗎？ | .9377 |
| 3 | 你/妳能讀懂禪偈嗎？ | .9374 |
| 4 | 「禪偈與生命智慧」這門課，對你/妳有無影響？ | .9378 |
| 全量表 | | .9400 |

本研究採用Cronbach (1951)提出之信賴係數作為信度指標，根據學者Nunnally (1978)之建議，時代表低信度，$0.35 < \alpha < 0.7$代表中信度，則代表高信度。本研究問卷信度分析結果在各大構面部份皆大於0.7，故可判斷問卷內容之信度皆可接受。本研究構面之Cronbach's 係數彙整如下表3所示。

表3：各變項之Cronbach's a 係數彙整表

| 變項 | 變項之題目數 | Cronbach's a 係數 內部一致性係數 |
|------|------------|------|
| 禪偈教學滿意度 | 2 | .9424 |
| 禪偈開發生命智慧效果 | 2 | .9376 |
| 全體項目 | 4 | .9400 |

2、效度分析

本問卷內容的適切性在於理解禪偈教學開發生命智慧的成效，故本研究在設計問卷內容時，針對學生一學期十八週在課堂上學習的行為表現，再建構上述兩個構面及其相關問題，因此本問卷的內容效度具一定的水準，可以充分反映佛教禪偈教學協助大專學生開發生命智慧的適切性。

3、題目分析

題4.「宗教信仰」以佛教12人最多，道教4人次之，混合佛道信仰3人，民間信仰2人，基督教1人，無宗教信仰11人。以佛教信仰者學習本課程的意願最高，然後是沒有宗教信仰者，如表4所示。可見禪是超越宗教信仰的。

表4： 　　　　　　　　　4.宗教信仰

| 宗教別 | 佛教 | 道教 | 佛道不分 | 民間宗教 | 基督教 | 無 | 合計 |
|--------|------|------|----------|----------|--------|-----|------|
| 人數 | 12 | 4 | 3 | 2 | 1 | 11 | 33 |

4.宗教信仰

題6.「你/妳選修『禪偈與生命智慧』的動機或理由」為學分選修此門課者只有6位，其他都是基於興趣、探討生命意義、提昇心靈層次、開發生命智慧等動機選修此門課，如表5。

表5： 　　　6.選修「禪偈與生命智慧」的動機或理由

| 理由 | 為學分 | 追求生命智慧 | 嚮往禪詩意境 | 瞭解生命意義 | 提昇心靈層次 | 學做人 | 學不同東西 | 朋友介紹 | 本身佛教徒 | 母親唸佛 | 父親常吟詩 | 合計 |
|------|--------|------|------|------|------|------|------|------|------|------|------|------|
| 人數 | 7 | 8 | 8 | 5 | 6 | 1 | 1 | 1 | 1 | 1 | 1 | 40 |

6.選修「禪偈與生命智慧」的動機或理由

題7.「你/妳能讀懂禪偈嗎？」33位學生中有32位的回答均是「少許」，只有一位回答「能」，滿意度平均值4.03。由此不難窺知禪者悟道的詩偈是有一定的深度，現代年輕學子能有「少許」的意會已屬難得。

題8.「你喜歡『禪偈與生命智慧』這門課的教學方法嗎？」只有一位沒意見，其他32位都很喜歡上課朗誦唱詩、使用影片等活潑生動有趣的教學方式，特別能營造出輕鬆愉悅的學習氛圍，滿意度平均值4.03，學習效果奇佳，如表6。

表6：　8. 你喜歡這門課的教學方法嗎？

| 項目 | 吟唱禪詩 | 生動活潑有趣 | 輕鬆沒壓力 | 闡釋禪詩意境 | 禪意影片欣賞 | 能夠增長智慧 | 交流互動好 | 有創意 | 課程設計得好 | 解說生活化易懂 | 學生能表現自我 | 合計 |
|---|---|---|---|---|---|---|---|---|---|---|---|---|
| 人數 | 16 | 14 | 6 | 4 | 4 | 5 | 2 | 1 | 1 | 1 | 1 | 55 |

8.你喜歡這門課的教學方法嗎？

題9.「『禪偈與生命智慧』這門課，對你/妳有無影響？什麼影響？」33位學生都有受到正面的影響，如知善惡因果、瞭解生命意義、少欲惜福、放下隨緣、長養慈悲心、深化思想、比較快樂等

等，都是「生命教育」目標的訴求，滿意度平均值5.00。如表7。

表7：　　　　9.「禪偈與生命智慧」這門課對你有無影響？

| 影響項目 | 懂得做人處事的道理 | 較懂得放下隨緣 | 懂得禪在用心處 | 增長生命智慧 | 增加知識 | 將禪落實生活中 | 減少物質欲望 | 長養慈悲心 | 修身養性 | 瞭解生命意義 | 比較達觀快樂 | 深化思想 | 明白善惡因果關係 | 可以學佛 | 改善自己 | 懂得惜福 | 合計 |
|---|---|---|---|---|---|---|---|---|---|---|---|---|---|---|---|---|---|
| 人數 | 5 | 5 | 4 | 4 | 4 | 3 | 2 | 2 | 2 | 1 | 1 | 1 | 2 | 1 | 1 | 1 | 38 |

　　題10.「你/妳覺得『禪偈與生命智慧』課程值得在學校繼續推廣嗎？」有30位極力推薦繼續在大學推廣此門課，並建議戶外教學與大自然結合。此項滿意度平均值4.60。以上各題問卷的滿意度總平均值4.41整體反應都相當滿意。可見『禪偈與生命智慧』課程對大學生「生命教育」的成效是絕對肯定的，也值得積極去擴大推廣的。

## （二）宜蘭縣澳花國小四忠「大佛法語」教學

　　使用大佛法語做為國小學生彈性教育課程中的品德教育課程教材，其意義為希望能從佛教高僧大德的智慧禪偈中粹取精華，供學生於教育中閱讀，以培養健全的心靈。其應用目的為讓國小學生能提早認識禪宗所說的「清淨自性」，尋求自知之明，將來長大後能利用安身立命的本質，來提昇人類的心靈成長，使得個人能適應現

代及未來瞬息萬變的社會生活環境，【68】為國家社會的詳和貢獻一番個人心力。

為了確實達到國小學生的品格教育提升，針對大佛法語二百首偈語，選擇了十首做為彈性課程實施的具體教材，進行每週一節總共十節的教學課程。期望透過大佛法語的教學課程，啟發學生們的潛能，啟迪學生們的智慧，奠定日後良好品格的基礎。

實施大佛法語的學生對象基於地利、人力之便，以筆者指導的一位研究生所任教的宜蘭縣澳花國小的四年級忠班學生為研究對象，班上學生一共有十六個人，男生十三人，女生三人，在男女比例上明顯的男生較多，所以班上平時上課氣氛活潑好動。

在教學設計上，每一週的課程選擇一首大佛法語詩偈，先讓學生於星期一早自修抄寫配合插圖，再利用當週下課時間背誦，老師於星期四上課時，先講述禪宗或是作者小故事，並說明偈語涵意，接著針對本首偈語重點讓學生們綜合討論，經由學生省思與教師綜合歸納，最後再填寫大佛法語學習單，來讓學生獲得一完整的禪宗概念，並能應用到日常生活作息上。

在教學活動方式上，依據《禪宗淨觀覺行之心靈教育思想與實踐》論文中提及的詩作教學策略——採教師、作者、學生三合一思考方式；善用語言表達；採用心靈引導方式；以詩文禪意教學，化詩品為人品；致力開發學生的覺性等，在詩文禪意教學中融入心靈教育的方法。【69】

---

【68】嚴智權，〈國小學童實施生活禪教學對其生活適應影響之研究〉，回立屏東師範學院教育行政研究所碩士論文，2005年，頁48。

【69】林竺綾，〈禪宗淨觀覺行之心靈教育思想與實踐〉國立台灣師範大學教育研究所碩士論文，2001年，頁133-135。楊貴媛，〈佛光山大佛法語的教育意涵與運用〉佛光大學宗教學研究所碩士論文，2008年，頁101。

　　大佛法語應用在實際教學上，採用上述五大方式授課，講授時力求善用比興，運用創作力與聯想力，言語詼諧逗趣，讓學生能契機易懂，並因勢利導，以期讓學生真正領悟禪詩的奧妙，達到開發學生的覺性，化育學生的淑世理想。

　　經由為期十週的教學活動後，根據學生填寫的「大佛法語學習單」，並配合老師平時觀察學生行為的所得，做一綜合性的分析探討。

　　學習單的設計，力求內容充實化，版面美觀化的設計原則，希望藉由學習單的填寫，可以讓學生再復習本週的大佛法語，充實學生的學習課程，並體會其內容深意。

　　在這十週的教學觀察中，透過早自修的大佛法語抄寫背誦，讓學生學習安靜默寫，也由於教師作業的刻意安排，也大大改善了原本早自修吵雜的聲響，讓學生一到學校便學習到耐心與毅力。

　　在彈性課程的上課中，透過教師幽默的表達，講述禪宗小故事，學生們都津津有味的聽者，培養專注的學習力；透過師生共同討論大佛法語禪偈的意義，學生們更能深印在腦海中，培養良好的品性；透過老師在生活中的不斷提醒，學生們更能把禪偈的內涵運用在為人處事上，大大改善了學生的問題行為，大大提升了學生的禮貌，這些是大佛法語實施的具體成效。

　　最後，藉由學生學習單的填寫，讓學生加強復習大佛法語的詩偈，並強迫學生做更深層次的思考，透過自我反省來達到真正人格的成長。

## 二、研究發現與建議

　　教育的目的是在培養品德兼優的全人，但在現今的功利主義與文憑主義作祟下，大部分的教師與家長都只關注到課業的成績，而忽略了最重要的德育培養，期望透過大佛法語在學校的推廣，並廣納博雅、專精、通識等教育精華的全人教育，把教育的主體由課本回歸到人的身上，打破了昔日求學問的形而上迷思，而以「學作人」的生命落實為教育主旨。進到禪宗不受拘束的教學，以生命實踐為主軸的教育新紀元。

　　故建議應多加採擷各宗教的經典，或聖賢語錄如大佛法語等納入學校特色課程發展計畫中，小學階段是人一生中人格發展的核心時期，影響到日後的人格成長，若能在國小各年級的彈性課程中，選擇適合的大佛法語詩偈做為生命教育與品格教育的教材，對於孩子的心靈是有很大的幫助，也可以成為學校教育發展的特色課程。在踏入社會前的大學教育中，也可以達到再一次的耳提面命成效。

　　最後規納為下列三點建議，

　　(一)多採擷宗教經典聖哲語錄設計教材；

　　(二)宜以實用教學方式取代概論式說教；

　　(三)學校生命教育宜往下紮根愈早愈好。

# 柒、結論

本經是本活生生的「生命教育」教材，無論是經中的人、說的法、和人與法之間的關係，都展現出最究竟的生命意義、和最圓滿的生命目標。

本經提倡因有如來藏，三乘得導歸一佛乘，從心理學、宗教學和神話學的觀點來看，這種大乘發心的思想原型，正反應了人類普遍「渴望無限」、「追求超越」、「嚮往圓滿」的深層心理需求。而這種由避苦求樂之生命本能提升而成的最高心理需求，正是釋尊圓滿成佛的導因，也是世界各大宗教向上發展最主要的內在動力。

從本體論角度來看，佛性是不變的體，如來藏是我們的物質部份或是大腦的生理層面活動的用，如來藏思想是來自佛性的開展。又以女性勝鬘夫人為主角，因此更彰顯了生命的四點平等義特色：1.如來藏不分出家與在家(勝鬘)；2.如來藏無關男女相(勝鬘)的差異；3.如來藏無所謂老少(勝鬘)不同；4.如來藏沒有貧富貴賤分別。也凸顯了一佛乘和如來藏的三點究竟真實圓滿法義，即是一切眾生皆得成佛，這個佛的功德和智慧，還是所有眾生本來就具有的，成佛才是我們生命最究竟圓滿的目標。以及人要透過信願行來攝受一佛乘和如來藏等正法，使它們從自己的身心中實現出來，落實一切眾生平等具有究竟的如來藏，而完成究竟的如來功德，達到人人都成佛的大圓滿境界。本經如來藏一佛乘思想確實提供了我們現世人生無限的希望、努力的方向和有意義且究竟的人生目標。

勝鬘十大受三大願不只具足了「生命教育」三大領域的內涵，且以十大受為近期目標落實在生活中的修行，再配合三大願做為長遠的目標，都是圓滿生命過程中的人生規劃典範。再者，本經各章

的結構和內容就是在教導圓滿生命的實踐步驟，即皈依、受戒、發願、行菩薩道和成就佛果的過程，透過信、願、行，最後必歸於成就佛道的一佛乘。因為眾生"如來藏心"是 "心性本淨、客塵所染"，人人都可成就圓滿生命的佛境界，關健在於我們信受否？本經各章節所示圓滿生命的步驟是目前推動生命教育者很好的參考。

　　(本論文是2008年11月底台灣生命教育學會和台灣大學生命教育研發育成中心合辦的2008生命教育國際學術研討會甄選的論文，本論文是該研討會只三成通過外審的極少數論文之一。刊載於《2008生命教育國際學術研討會》頁99-135。)

# 參考書目：

## 一、原典

姚秦·鳩摩羅什譯，《金剛般若波羅蜜經》，《大正藏》冊，no. 235。

姚秦·鳩摩羅什譯，《妙法蓮華經》，《大正藏》冊9，no. 262。

唐·實叉難陀譯，《大方廣佛華嚴經》，《大正藏》冊10，no. 279。

唐·菩提流志譯，〈勝鬘夫人會〉《大寶積經》第四十八會，《大正藏》冊11，no. 310。

北涼·曇無讖譯，《大方廣三戒經》，《大正藏》冊11，no. 311。

劉宋·求那跋陀羅譯，《勝鬘師子吼一乘大方便方廣經》，《大正藏》冊12，no. 353。

北梁，曇無讖譯，《大般涅槃經》，《大正藏》冊12，no. 374。

姚秦·鳩摩羅什譯，《維摩詰所說經》，《大正藏》冊14，no. 475。

東晉·佛陀跋陀羅譯，《大方等如來藏經》，《大正藏》冊16，no. 666。

唐·實叉難陀譯，《大乘入楞伽經》，《大正藏》冊16，no. 672。

後魏·勒那摩提譯，《究竟一乘寶性論》，《大正藏》冊31，no.

1611。

印度馬鳴菩薩造，南朝梁・真諦(499-569年)譯《大乘起信論》《大正
　藏》冊32，no. 1666。

隋・吉藏撰，《勝鬘經寶窟》(六卷)，《大正藏》冊37，no.1744。

隋・費長房撰，《歷代三寶記》，《大正藏》冊49，no.2034。

唐・智昇撰，《開元釋教錄》，《大正藏》冊55，no.2154。

日本・聖德太子撰，《勝鬘經義疏》(一卷)，《大正藏》冊85，no.2185。
　作者不詳，《勝鬘義記》(一卷)，《大正藏》冊85，no. 2761。

北魏・昭法師，《勝鬘經疏》(一卷)，《大正藏》冊85，no.2762。

隋・慧遠撰，《勝鬘經義記》上卷（欠下卷）《卍新纂續藏經》冊19，
　no.351。唐・窺基說、義令記，《勝鬘經述記》《卍新纂續藏經》冊
　19，no. 352。

日本・聖德太子疏、唐・明空私鈔，《勝鬘經疏義私鈔》(六卷)《卍新
　纂續藏經》冊19，no. 353。

## 二・中文書籍

王海林，《勝鬘經》，《中國佛教經典寶藏》，北市：佛光文化事業有
　限公司，1997。

止湖著，〈甚深如來藏──《勝鬘經》〉，《法海慈航：佛教典籍・法
　系宗派》，第一版，中國上海：上海古籍，2003。

印順，《勝鬘經講記》，新竹縣：正聞出版社，2000。

釋智諭撰，《勝鬘師子吼一乘大方便方廣經講記》，北縣：西蓮淨苑，
　1991。

星雲，《佛光大辭典》，高市：佛光出版社，1988。

林竺綾，〈禪宗淨觀覺行之心靈教育思想與實踐〉國立台灣師範大學教
　育研究所碩士論文，2001年。

孫效智，〈歌詠生命的旋律─談高中生命的教育理念與落實〉，台北市
　麗山高中生命教育研習營，2006.5.22。

彭明輝文章 / 達賴喇嘛著作，孫效智，「宗教、道德與幸福的弔詭」，

台北：立緒文化，2002。

楊貴媛，〈佛光山大佛法語的教育意涵與運用〉佛光大學宗教學研究所
　　碩士論文，2008年。

嚴智權，〈國小學童實施生活禪教學對其生活適應影響之研究〉，回立
　　屏東師範學院教育行政研　究所碩士論文，2005年，頁48。

## 三、日文書籍和論文

中村元著；前田專學監修，〈女人の說法─『勝鬘經』〉，《大乘の
　　教え〈上〉：般若心經・法華經ほか》，日本東京：岩波書店，
　　2001。

友松圓諦編，《勝鬘經》，《世界大思想全集. 51：佛典篇》，日本東
　　京：春秋社，1930。

水尾現誠，〈勝鬘經と社會倫理〉，《日本佛教學會年報》47號（1982
　　年3月）：頁69-77。

水尾現誠，〈勝鬘經十大受の解釋〉，《宗教研究》230號=50卷3號
　　（1976年12月）：頁162-163。

平川彰著，〈勝鬘經義疏より見た十大受三大願と如來藏〉，《平川彰
　　著作集. 第8卷：日本佛教と中國佛教》，初版。日本東京都：春秋
　　社，1991。

古田和弘，「中國佛教における勝鬘經の受容と展開」，《奧田慈應先
　　生喜壽紀念『佛教思想論集』》，日本京都：平樂寺書店，1976。

古泉圓順，〈『勝鬘經』の受容〉，《論集日本佛教史. 1：飛鳥時
　　代》，日本：雄山閣，1989。

金治勇，〈自覺と戒──勝鬘經十大受章における三聚淨戒の意味─
　　─〉，《佛教 ゟ 戒 問題》，日本京都市：平樂寺，1984。

松本史朗著，〈『勝鬘經』の一乘思想について〉，《緣起と空：如來
　　藏思想批判》，三版。日本東京都：大藏，1993。

松本史朗著；蕭平，楊金萍譯，〈《勝鬘經》的一乘思想〉，《緣起與
　　空：如來藏思想批判》，香港：經要文化，2002。

鶴見良道，〈勝鬘經における二種生死義〉，《駒澤大學大學院佛教學
　研究會年報》9號（1975年3月）：頁85-96。

鶴見良道，〈勝鬘寶窟の染淨依持說：淨影寺慧遠(勝鬘義記)と比較
　しつつ〉，《駒澤大學佛教學部論集》6號（1975年10月）：頁
　134-140。

## 四、西文書籍

Kiyota Minoru。"Faith, Wisdom and Practice as Essential Elements of
　Ekayāna"：a Prelude to and Investigation of Tathāgatagarbha Thought: An
　Exposition based upon the Śrīmālā-devīsimhanāda-sūtra and Shōmangyo-
　gisho。《中川善教先生頌德記念論集：佛教と文化》。（1983）：
　頁15-46(L)。

Diana M. Paul, Frances Wilson (Photographer)。A Female Buddha?：
　Introduction to Selection from The Sutra of Queen Srimala Who Had the
　Lion's Roar」。《Women in Buddhism: Images of the Feminine in the
　Mahayana Tradition》。（Berkeley,CA [US]：University of California
　Press，1985）：頁333。

## 附錄一：佛光大學「禪偈與生命智慧」通識課程問卷調查表

（說明：下列個題請在適當的 □ 打勾及填寫）

1.姓名：＿＿＿＿＿＿＿＿＿　　2.性別：□（1）男 □（2）女

3.系所：＿＿＿＿＿＿＿＿＿　　4.學號：＿＿＿＿＿＿＿＿＿＿

5.宗教信仰：□（1）佛教　□（2）道教　□（3）基督教　□（4）天主教

□（5）回教 □（6）無 □（7）其它＿＿＿＿＿＿＿＿＿＿＿＿＿

6.你/妳選修「禪偈與生命智慧」的動機或理由＿＿＿＿＿＿＿＿＿＿＿

＿＿＿＿＿＿＿＿＿＿＿＿＿＿＿＿＿＿＿＿＿＿＿＿＿＿＿＿＿＿＿

7.你/妳能讀懂禪偈嗎？□（1）能　 □（2）少許　 □（3）沒意見

□（4）不能　 □（5）很不能。

為什麼？＿＿＿＿＿＿＿＿＿＿＿＿＿＿＿＿＿＿＿＿＿＿＿

8. 你喜歡「禪偈與生命智慧」這門課的教學方法嗎？□（1）很喜歡

□（2）喜歡　 □（3)沒有意見　 □（4）不喜歡　 □（5）很不喜歡。

理由＿＿＿＿＿＿＿＿＿＿＿＿＿＿＿＿＿＿＿＿＿＿＿＿＿

9.「禪偈與生命智慧」這門課，對你/妳有無影響？□（1）有

□（2）少許　□（3）沒意見　□（4）無。

什麼影響？＿＿＿＿＿＿＿＿＿＿＿＿＿＿＿＿＿＿＿＿＿＿

10.你/妳覺得「禪偈與生命智慧」課程值得在學校繼續推廣嗎？□（1）非常同意

□（2）同意　□（3）沒意見　□（4）不同意　□（5）很不同意 。

為什麼？＿＿＿＿＿＿＿＿＿＿＿＿＿＿＿＿＿＿＿＿＿＿＿

11. 其他建議＿＿＿＿＿＿＿＿＿＿＿＿＿＿＿＿＿＿＿＿＿＿＿

謝謝你/妳提供寶貴的意見！　　祝　禪悅法喜　智慧增長！ 97.6.11

# 我愛大佛語法

四年＿＿＿班＿＿＿號　姓名：＿＿＿＿＿＿＿＿＿

親愛的四忠寶貝：

在讀過了大佛法語禪詩後，是不是覺得很有趣啊？

相信對於大佛法語你也有了更深的了解與體會哦！

現在老師要你動腦想一想，好好回答以下的問題哦～～

◎今天我學到了那一首大佛法語啊？我會把它默寫出來哦！

◎這首大佛法語是在教我們什麼道理啊？寫出你的看法來！

◎我們在生活上要如何應用大佛法語教我們的智慧呢？
　舉例說說看哦！

◎你喜歡這首大佛法語嗎？寫出你對大佛法語的感覺與
　心得，可以加上畫圖。

老師評閱：

# 佛教禪修戒毒實例之比較研究

## 壹、緒論

　　廿一世紀的來臨，人類面對生活的能力應隨著科技與資訊的進步而提升，但社會型態的轉變，為人們所帶來的生活困境、心靈壓力等種種文明後遺症，卻是有增無減，其中尤以毒品對於身心靈之傷害最為巨大。從人類的經驗演進史可知，宗教對於社會與人心的功能，一直以來就不僅止於知識的傳播或信仰的崇拜，而是具有提昇生活內涵、建立生命價值、安頓人心與淨化社會的功能。

　　有鑑於，近來西方的社工人員極欲藉東方宗教的智慧協助其社會輔導工作；西方心理學學者則急於採用佛教禪修方法療治心靈疾病；在東方的台灣毒品氾濫對校園已造成極大的威脅；而佛教禪修對戒毒的運用卻遠不及基督教推行「福音戒毒」的積極，筆者特撰寫此論文，主要採質性研究的文獻觀察、問卷調查和半結構式的深度訪談為主。首先透過漢譯佛典的觀察與分析，歸納出各種禪修法門共通的原理，找出染上毒癮的根源。再由現代腦神經科學角度，來比對禪定和吸毒獲至的喜樂境界呈現的腦波狀態的異同。最後藉

助問卷調查表和深度訪談比較台灣兩處以佛教禪修方法戒毒中心的
實例——公辦民營的台南監獄明德戒治中心和私人經營的台東縣鹿
鳴精舍。以全面瞭解禪修理論對戒毒的應用和成效。希冀此套禪修
理論不祇適用在戒毒上，同理亦可用在治療及防犯憂鬱症和躁鬱症
等現代文明病，更進一步能用來提升教育的成效。

　　戒毒的探討是當前熱門的研究並被實驗的課題，且已行之多
年。不只各國政府積極在推動戒毒政策，亦不乏民間團體或個人的
參與投入，尤其是宗教團體。宗教團體從事有成效的戒煙，早在日
據初期即有記錄，如王世慶的〈日據初期臺灣之降筆會與戒煙運
動〉，從歷史文獻分析當年臺灣鸞堂對信徒戒除鴉片煙癮的效果，
發現宗教教誨對戒煙有相當顯著的影響，可惜在日據時代日本政府
礙於臺胞集會對政權可能的衝擊，及禁煙妨礙日本政府在台灣的財
政收入；而給予鸞堂相當大的打擊，禁止降筆會運用神明的靈威來
影響信徒中有吸鴉片煙癮者，並且取締降筆會鸞堂的宗教組織及其
活動。[1]

　　戒毒的相關研究，以基督教「福音療法」居多，鮮少佛教禪
修戒毒的有關研究。如吳浩兒(NG Ho-Yee)的碩士論文*From Coffin
to Heaven: A Psychological Study of Christian Conversion in Drug
Rehabilitation*（從棺材到天堂：論基督徒對話在戒毒作用的心理學研
究），目前尚未有中譯本。主要以道德、醫學、心理學、社會文化
等角度探討毒品，兼談基督教的戒毒「福音療法」。[2]安辰赫《藥
癮者的全人復原》探討「福音戒毒」的定義和其合法性問題？[3]其

[1] 王世慶(1986)，〈日據初期臺灣之降筆會與戒煙運動〉，《臺灣文獻》，
　　第37卷，第4期，頁11-135。

[2] NG H-Yee(2004), *From Coffin to Heaven: A Psychological Study of Christian
　　Conversion in DrugRehabilitation,* (台北：中大出版社。)

[3] 安辰赫(2002)，《藥癮者的全人復原》，(台北：晨曦出版社。)

他六本由基督教會發行的相關著作，也都在探討福音戒毒。如愛德華‧韋奇（Edward T. Welch）《成癮：墳墓中的宴會》【4】、戴文波特‧海恩斯（Devenport-Hines）著，鄭文翻譯的《毒品》【5】、大衛‧柯特萊特（David T Courtwright）《上癮五百年》【6】、劉民和‧莫少珍《愛的激勵—劉民和牧師的事奉動力》【7】、蔡佩真等《藥物濫用的生命輔導》【8】、和劉民和《福音戒毒的生命事奉》【9】。

　　戒毒的論文以行政院衛生署、法務部、教育部等政府有關單位委託研究其政策條例居多，其他相關論文可分為下列三個範疇，

　　一、監獄教誨成效研究：共有三篇論文，兩篇佛教教誨；一篇天主教會監牧工作。佛教教誨有張家麟〈宗教團體與監獄宗教教誨-對佛光山在明德戒治分監活動之實證分析〉針對佛光山在明德戒治分監以佛教系列解行課程協助戒毒的成效評估。本論文從實證的觀點理解宗教教誨的實際效果，是首先碰觸宗教團體在監獄矯治扮演的角色及功能。作者是真理大學宗教系副教授，和筆者相同的專業領域，研究對象相同，只是筆者多了台東鹿鳴精舍戒毒村。再者，此論文完成於民國90年，筆者則接續其研究，以近五年，尤其最近

---

【4】愛德華‧韋奇（Edward T. Welch）(2006)，《成癮：墳墓中的宴會》，(台北：華神出版社。)

【5】戴文波特‧海恩斯（Devenport -Hines）著(2003)，鄭文翻譯的《毒品》，(台北：時報出版社。)

【6】大衛‧柯特萊特（Courtwight，David T）(2002)，《上癮五百年》，(台北：立緒出版社。)

【7】劉民和‧莫少珍(2006)，《愛的激勵—劉民和牧師的事奉動力》，(台北：晨曦出版社。)

【8】蔡佩真等(2002)，《藥物濫用的生命輔導》，(台北：晨曦出版社。)

【9】劉民和(2001)，《福音戒毒的生命事奉》，(台北：晨曦出版社。)

完成及尚在勒戒的兩批學員為主。另外,其研究含蓋所有的佛教教誨,筆者則限在其中之一的禪修。最後,筆者還做了兩所戒毒村的比較。另一篇為釋慧寬在1996年發表的〈佛教對監獄教誨功能之研究—以台灣地區男性受刑人為考察對象〉論文,描述宗教團體直接在監所從事教化活動的事實及其影響。【10】天主教會監牧工作則為朱台芳在1992年的〈監牧關懷:對台灣天主教會監牧工作之研究與反省〉論文,直接以市民社會的角度切入監獄管理及矯治的研究。【11】

二、毒品認知與吸毒因素:亦有三篇代表性論文,程冠豪〈成年海洛因濫用者衝動性、用藥信念、用藥渴求與復發意向關係之研究〉,旨在探討成年海洛因濫用者之吸毒涉入程度、衝動性、用藥信念、用藥渴求與復發意向關係,以建構吸毒復發預測模式。【12】余睿羚〈台灣南部大學生使用搖頭丸心理因子探討〉整合社會學習理論和理性行為理論來探討效果預期、自我效能感、社會影響及意圖等認知因子,大學生使用搖頭丸之意圖與行為的預測力。【13】和詹德杰〈吸毒犯行認知基模之萃取研究〉企圖瞭解吸毒犯之基本特性,並將吸毒犯之吸毒歷程建立基本模式,以探究吸毒者在吸毒歷程中無法自拔的偏差認知。【14】

---

【10】釋慧寬(1996),〈佛教對監獄教誨功能之研究—以台灣地區男性受刑人為考察對象〉,《諦觀》,頁97-134。

【11】朱台芳(1992),〈監牧關懷:對台灣天主教會監牧工作之研究與反省〉,(台北:輔仁大學宗教研究所碩士論文。)

【12】程冠豪(2005),〈成年海洛因濫用者衝動性、用藥信念、用藥渴求與復發意向關係之研究〉,(嘉義縣:國立中正大學犯罪防治研究所碩士論文。)

【13】余睿羚(2005),〈台灣南部大學生使用搖頭丸心理因子探討〉,(台南市:國立成功大學行為醫學研究所碩士論文。)

【14】詹德杰(2002),〈吸毒犯行認知基模之萃取研究〉,(嘉義縣:國立中正犯罪防治研究所碩士論文。)

　　三、戒毒方法和政策：此類論文計有兩篇。入伍生（Ｔｅｒｒｙ Ｙｅｈ）〈科學家提出控制毒癮的新方法〉提出科學家的發現，以基因轉殖後的病毒為載體，將能產生古柯鹼抗體的基因送入老鼠免疫細胞中，透過免疫反應產生抗體與古柯鹼結合，以阻止古柯鹼分子通過血腦屏障進入腦中，可降低老鼠腦部對古柯鹼的亢奮反應。相關的研究已由美國斯克利普斯研究院（Ｓｃｒｉｐｐｓ　Ｒｅｓｅａｒｃｈ Ｉｎｓｔｉｔｕｔｅ）以科學家金正大（Ｋｉｍ　Ｊａｎｄａ）為首的研究小組在2006年發表於《國家科學院期刊》（*Proceedings of the National Academy of Sciences, PNAS 2006*）上。【15】和薛雅尹〈我國戒毒政策成效評估之研究〉以「過程評估」和「結果評估」兩種方式，評估毒品戒治實際實施情形。對於軍事化的管理，猶如受刑般的戒毒法，文中略有訾病。【16】

　　有關「腦波、禪定與吸毒」的相關文獻鳳毛麟角，僅有高德柏（Elkhonon Goldberg）著，洪蘭譯《大腦總指揮 The Executive Brain Frontal Lobes and the Civilized Mind》主要談到額葉如何指導我們進行複雜的心智過程、如何控制我們的判斷力與社會倫常行為。【17】此書對於本計劃探討染毒原因、禪修和吸毒情境腦波的比對，都有助益。至於論文，僅介紹兩篇比較接近本研究主題的論文，即盧茲（Ｌｕｔｚ）等〈禪修打坐可能增強腦功能〉報導科學實驗表明打坐不僅可能使人安靜，還有可能增強腦功能。和平時不進

【15】入伍生(Terry Yeh)(2006)，〈科學家提出控制毒癮的新方法〉，《國家科學院期刊》（*Proceedings of the National Academy of Sciences, PNAS*。

【16】薛雅尹(2003)，〈我國戒毒政策成效評估之研究〉，(花蓮縣：國立東華大學公共行政研究所碩士論文。)

【17】高德柏(Elkhonon Goldberg)著；洪蘭譯(200)，《大腦總指揮 *The Executive Brain Frontal Lobes and the Civilized Mind*》，(台北：遠流出版事業有限公司。)

行禪坐的人相比,佛教禪修可明顯改變腦活動和功能,這些變化和學習記憶以及情緒快樂有關。【18】成和平〈超心理科技之腦波與心靈改革〉測量額頭的腦波是非常重要的,因為這可與政府高唱的淨化心靈活動互相輝映:以科學來驗証心靈狀態。一般人的前額腦波屬於 β 波,一種快波。如果經過放鬆與專注的訓練後,將可轉變為較慢的 α 波。【19】藉此 α 波正可用來比對禪定和吸毒後的腦波。

戒毒中心戒毒成功的實例,目前以澳洲在戒毒方面做得最積極成功,實因澳洲在1979年於雪梨成立了「生命教育中心」,其設立宗旨即在致力於「藥物濫用、暴力與愛滋病」的防制。【20】其他如美國、印度、中國和台灣的官方和民間團體,也都很積極在推動禪修戒毒的政策,如本論文鎖定的兩處戒治中心、2003年在中國成立的戒毒談心屋、印度提哈監獄1993年起採取內觀禪法指導勒戒學員、1968年在美國設立的鳳凰之家和1997年在西雅圖成立的國王郡行為矯正中心,【21】 以及位於澳洲西岸1981年創立的史瑞尼屋計劃(Cyrenian House Programme)等。其實,早在1969年葛印卡即開始主動到監獄以內觀禪法協助戒毒。【22】

# 貳、毒品

---

【18】盧茲(Lutz )等(2005),〈禪修打坐可能增強腦功能〉,《PNAS》《美國科學院學報》。

【19】成和平(1998),〈超心理科技之腦波與心靈改革〉,台北:中華超心理學研究會,「超心理學術研討會」,1998年3月14日。

【20】劉易齋(2001),《生命學簡綱初探》(The Exploration of the Brief Outline of Life Philosophy Studies),(台北:高立圖書有限公司),頁64。

【21】「Changing from Inside」VCR。

【22】「牢觀 內觀」Doing Time, Doing Vipassana VCR。

有關毒品的定義、內含和歷史演變，略述如下，

# 一、毒品的歷史

毒品是人類將具有功能性的藥物任意使用。通常只是為了產生身體或心理上的娛樂目的而濫用藥物，而非用來作生理或心理治療之用，因此有人稱之為娛樂性藥物。許多原本用於醫學用途的「藥品」，若是過量使用或是經常吸食則被稱為「毒品」。毒品通常具有成癮性，身體對於毒品的劑量需求也會不斷提高，除了在吸食之後每每造成行為異常，過量毒品將造成死亡。另外，為免使濫用者錯誤以為這些毒品對身體的禍害較低，許多毒品在香港都被稱為精神科藥物。

國際上習慣將毒品稱為麻醉品、精神藥品的濫用，這其中不包括像乙醚這樣可導致人失去知覺的化學藥品以及砒霜、敵敵畏、氰化物等可直接導致人死亡的劇毒物質，而是特指出於「非醫療目的」而反覆連續使用、能夠產生「依賴性」（即成癮性）的藥品。【23】

早在新石器時代，人們就在小亞細亞及地中海東部山區發現了野生罌粟，青銅時代後期（約公元前1500年）傳入埃及，公元初傳入印度，6、7世紀傳入中國。從很早時候開始，人們就把罌粟視為一種治療疾病的藥品，具有一定的麻醉、積蓄毒素乃至造成依賴、病魔的作用，因而便有意識地進行少量的種植與生產。人們不僅種植、吸食鴉片，而且從仙人掌、天仙子、柳木、大麻、蘑菇中提取汁液，不過它們不是作為毒品，而是作為麻醉劑、宗教祭祀用品或驅邪治病。

---

【23】〈毒品〉，維基百科zh.wikipedia.org/wiki 2006年12月16日

現代的醫學技術證明，像仙人掌、古柯樹、大麻、天仙子這類植物的內部都含有或多或少的毒素，一旦進入人的體內，就會使人產生視聽上的幻覺，它甚至能讓一個身處沙漠中的旅行者聽見清泉流動，看見綠樹鮮花。俄國著名心理學家斯坦尼斯拉夫·格羅夫認為，古人飲食這些植物並不是由於無知而是在為他們自己的靈魂尋找歸宿超越，就像懺悔、祈禱、齋戒、沉思、靜默、打坐、隱居、禁欲一樣。【24】

毒品在二十一世紀的今天已氾濫全世界，據路透華盛頓2006/12/10電，刑事司法專家表示，嚴酷的判決、創紀錄的吸毒人數以及高犯罪率，使美國成為世界上囚犯最多、入獄率最高的國家。美國司法部11月30日公布的報告顯示，2005年底共有創紀錄的700萬美國人在押、處於緩刑期或假釋期，也就是平均每32個成年人中就有一個。其中在押犯共有220萬，以毒品犯為數眾多。

據蘇智良《中國毒品史》中統計鴉片戰爭前，中國吸食鴉片人口在200萬以上，十九世紀五十年代增至300萬人，後在洋烟和土烟的雙重熏染下連續攀升。到八十年代達到2000萬人，占中國人口的5%，1929—1934年間，中國毒禍空前，總計吸毒人口占全國總人口16.8%。【25】社會各個階層，從政府官員、軍警到商人，從富紳、販夫、妓女至閨中少女以及僧尼道士，均有吸食。

根據臺灣法務部的統計，民國86年的煙毒案件高達45935件，較民國85年劇增25%，而且累犯1900多人，較85年增加44%，顯示國

---

【24】參閱Hoodong互動百科，http://www.hoodong.com/wiki/200000684040，2006.12.20。

【25】蘇智良，1956年出生於上海，浙江嵊州市人。現任上海師範大學歷史系主任，教授，中國慰安婦問題研究中心主任，兼任上海史學會副會長、中國史學會理事、上海市中學歷史學教科書主編等職。主要從事中國近現代

內煙毒犯罪正高度成長。法務部的統計也發現，不僅是煙毒案件增多，查獲毒品數量也顯著增加。【26】

如今毒品種類之多，取得比過去方便。吸毒的次文化型態日新月異，現代年輕人不僅追求藥物所帶來的麻醉或亢奮，再加上與音樂、科技、燈光、服裝、跳舞等結合，用盡能夠刺激感官的各種方式，營造迷幻異域的所謂「搖頭文化」。這些吸毒者在使用毒品後的極度興奮下，性慾增強而任意妄為，以致失控地進行性行為，甚至會發生雜交或群交，因而愛滋容易在如此的性行為下擴散出去。根據93年4月台北市立性病防治所進行的問卷調查顯示，吸毒者服用搖頭丸後發生性關係，使用保險套的機率就大大降低。在93年所查破的三處轟趴事件中，發現參加者的愛滋盛行率高達50%。【27】

95年底，台北豪宅水耕大麻和影視界人士吸食大麻事件震驚全台，毒品的氾濫已不可等閒視之，應該積極去突破的時候了。

## 二、吸毒者的藥癮成因

所謂藥癮成因可從「藥物濫用」的三個重要概念來加以了解：

（一）「耐受性」：持續服用特定藥物，會增加對該藥物的耐受性，亦即人體對於該劑量的藥物不再感受藥效，或需要更高劑量才能達到相同的藥效。

---

史、社會史和上海史的教學與研究。其關於毒品史和"慰安婦"的研究數百次被《人民日報》、新華社、中央電視台、美聯社、路透社等國內外媒體報道。投入毒品研究已有十多年。

【26】 法務部(1997)，《犯罪狀況及其分析》，(台北：法務部犯罪問題研究中心。)

【27】 聯合新聞網 http://udn.com/NEWS/NATIONAL/NATS4/1799833.shtml，93.12.26。

　　(二)「倚賴性」：指人體只有服用藥物才能正常運行，不使用該藥物即出現生理上不適的現象(即所謂的「戒斷現象」)。

　　(三)「成癮性」：指用藥行為已經成為「不由自主」的動作，個人喪失自己限制攝取量的能力而無法自制。

　　研究證明，不同藥物的藥理特性對身體各個器官，有不同程度及性質的傷害，而值得注意的是，藥物成癮會導致腦功能及結構的重大改變。結構影響是指藥物使大腦皮質、組織等腦部結構產生病變；功能影響則是指藥物作用影響腦部功能，使個人的情緒、思考及行為舉止與一般正常人不一樣。

　　進一步研究發現，精神作用性藥物能夠對大腦掌管愉悅與快感的部位產生作用，使服用者產生愉悅的感覺。更重要的是，大腦會記得達到快感的化學藥物捷徑，個人即使是戒除之後，生活環境中的細微線索，例如看到相關景物或相連結的感覺，仍有可能觸發並活化當初使用該藥物的感覺，而有可能再次挑起個人對該藥物的渴望；這使得藥癮戒斷過程變的緩慢且易復發。因此，「藥物上癮」實際上可以視為是一種慢性的、易復發的腦部疾病，治療藥癮切勿急功近利而忽視了復發的危險，以及戒斷初期的復發徵兆。

　　而這個說明更可以根據生理學家巴佛洛夫(Pavlov)所提出的『制約學習』，他發現如果在給狗肉塊之前先呈現一個鈴聲，則經過幾次訓練之後，單獨搖鈴便能使狗產生流口水的反應，而這樣的學習便是心理學所謂的『制約學習』。以心理學的角度來看，藥物成癮主要導因於『制約學習』的結果。首先，毒品進入體內將直接作用於大腦中的某些神經細胞，若作用於『酬賞中樞』便產生欣快感；作用於『睡眠中樞』引起亢奮與失眠；作用於自主神經系統則引起心跳、血壓的改變。【28】這些改變是毒品產生的反射性反應，

---

【28】 巴佛洛夫著，閻坤譯(1998)，《制約反射》，(台北：桂冠)，頁35。

在此，稱這毒品為非條件化刺激，而其引發的反應即為非條件化反應。因此我國在針對戒毒者所實施的環境不能有效避免『制約學習』，如上述看到相關景物或相連結的感覺，一旦從戒毒所放回社會層面仍然會重踏再次吸毒的動機。

根據蔡德輝與楊士隆合著的《青少年吸毒問題與防治對策》【29】中認為青少年吸毒的成因至為複雜，並無法以單一因素加以解釋。而以哂希尼（Muisener）(1994) 所著Understanding and Treating Adolescent Substance Abuse 【30】一書採用科技整合之生物心理社會模型來詮釋青少年藥物濫用的問題(詳圖一)，提供了重要之參考。

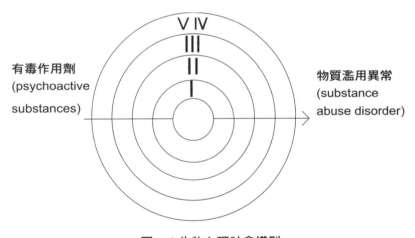

圖一：生物心理社會模型

---

【29】 蔡德輝與楊士隆(1997)，《青少年吸毒問題與防治對策》，(台北：五南)，頁20。

【30】 Muisner , Philips P. (1994) ,*Understanding and Treating Adolescent Substance Abuse , Sage Publications* , p.41。

　　此模型包含五個可能的因素層次即：生物因素、青少年心理發展變項、人際決定因素（家庭功能因素及同儕關係因素）、社區變項及社會變項。這些因素層次基本上是交互影響，而在此模型中，有毒作用劑貫穿了這五個因素層次，因此最後顯現出物質濫用異常即表現在所有的因素層次上。在此模型中較強調三個主要因素：青少年心理發展、家庭功能及同儕關係，此三因素在青少年物類濫用的臨床瞭解上是相當有用的。其中青少年的心理發展是中心因素，會不斷的與其他兩因素互動。

## 三、吸毒者與禪修者在腦中所產生的變化

　　腦是人身上最深奧難測的部位，但可以肯定的是無論思想產生的機制有多麼複雜，腦都不能脫離內部所產生的物質而存在，各種正常或不正常的渴望，無論成因如何，最後都是通過人腦裏某些物質的產生或消亡來實現。腦部釋放某些物質，讓人有愉快的感覺，認為這樣的事情值得再做；整個過程涉及腦的獎賞、愉悅、激勵等反應系統。而起作用的絕不僅是腦部的一兩個區域或一兩種物質，不同的刺激觸動不同的反應系統，它們彼此間有著錯綜複雜的關係。

　　而一種稱為多巴胺的重要物質必須被提及，它被認為與藥物成癮過程有密切相關。多巴胺是一種在神經細胞間傳遞信號的物質，影響著腦部控制運動、產生情感、感受愉悅與痛苦等許多過程。保持腦部的多巴胺含量適中，對人的身心健康極為重要，例如多巴胺太少會導致帕金森氏症，太多又可能導致精神分裂症。

　　多巴胺通過與多種受體蛋白質結合來起作用，平時腦部產生多巴胺、多巴胺與受體結合的過程是穩定平靜的。毒品刺激會使腦部釋放和累積出大量的多巴胺，受體蛋白質與多巴胺結合的速度也猛增，人便獲得異常強烈的愉悅感。但此時腦部的負荷也過重，會自動關閉一些受體來「拉閘限電」。等毒品的作用消退後，腦部正

常工作的受體減少，人的情緒比吸毒前更低落，於是進行下一次吸毒來獲得愉悅感的渴望也就越強烈。腦部的獎賞等反應系統本來是驅使我們去追求美好的事物，就這樣被毒品給劫持了。心理上對快感的渴望是驅使戒毒者複吸的重要動因，那麼如何不經由藥物控制而能使戒毒者腦部的多巴胺分泌含量適中，不會一而再的成癮上身呢？禪修功能即是最具有可能的辦法。如果我們透過有禪修經驗者的腦部所產生的變化，即可了解佛教禪修對改善戒毒者有重大的幫助。

　　根據權威科學雜誌《PNAS》（《美國科學院學報》）報導：科學實驗證實禪修靜坐不僅可使人安靜，還能增強腦部功能。盧茲（Lutz）等人在該學報上發表文章報導，和平時不進行禪坐的人相比，佛教禪修可明顯改變腦活動和功能，這些變化與學習記憶以及情緒快樂有關。他們以禪修組為八個藏傳佛教僧侶，平均年齡為49歲，學習禪修時間在15到40年之間，打坐總時間約為10,000到50,000小時；對照組十人為健康學生，過去從未打過坐，但在實驗前接受了一個星期的打坐訓練。研究者測量受試者禪坐前、禪坐時、以及禪坐後的腦波。禪坐時不要求注意任何物體或目標，要求心生愛和善的感情。他們發現兩組間有巨大差別，特別是g波的變化。g波參與注意力(集中)、記憶、學習，和意識形成等過程。八個僧侶在試驗前就表現出高強度的g波，這個差異在試驗(禪修)過程中明顯增強。研究者聲稱，禪修者的g波高得驚人，醫學史上從未報導過如此之高的g波。此外，這些僧侶腦部還有一些與情緒和諧快樂有關的區域也表現出較高的活性。研究者認為，僧侶在禪坐前腦部持續有如此高的腦波變化說明長期禪修打坐可能改變大腦，功能上的變化還不僅僅是如此。因此研究者肯定禪修造成了g波的改變。[31]

---

[31] Lutz A, Greischar LL, Rawlings NB, Richard M, Davidson RJ(2004). *Long-term meditators self-induce high-amplitude gamma synchrony during mental practice.* Proc Natl Acad Sci U. S. A. 2004, Nov 16;101(46):16369-73.

　　腦波與人的心理有密切的關係。醫學已經證實，腦部的各種活動，包括思想、情緒、慾望等，都是電流與化學反應呈現出來的，透過腦波儀可測量出波形圖。一般來說，所謂的 $\alpha$ 波，是一種慢波，有別於快速的 $\beta$ 波。目前世界各地的大醫院精神科中，都有運用激發 $\alpha$ 波的機器，來治療精神疾病，譬如焦慮、緊張、不安等。所以，$\alpha$ 波的確與心靈的舒緩有關聯。而真正重要的腦部區域是前額，額頭是腦部的思想區，與人格、情緒表現、專注力、理性、創意有著莫大的關聯，也是唯一與心靈改革有關係的區域。一般人的前額腦波屬於 $\beta$ 波，一種快波。如果經過放鬆與專注的訓練後，將可轉變為較慢的 $\alpha$ 波。簡單的說，放鬆與專注是 $\alpha$ 波的兩大條件。許多氣功師、禪修靜坐家、超能力者都能產生強大的 $\alpha$ 波，原因就在於它們善於掌握兩大要領：放鬆與專注。而內在的喜悅如何產生？更必須產生 $\alpha$、$\theta$ 腦波，以及並伴隨 $\beta$-endorphin 的分泌（多巴胺）才有可能。以腦波來解釋顯意識與潛意識：

　　　前額 $\beta$ 波（現代文明人類）13-30Hz
　　　↓
　　　$\alpha$ 波（放鬆、專注、平靜）8-13Hz
　　　↓
　　　$\theta$ 波（夢、潛意識）4-7Hz
　　　↓
　　　$\delta$ 波（溶入大自然、本體狀態）0.5-3Hz

　　由於現代文明充滿了競爭的緊張壓力，使人們前額的腦波（額掌管思考）幾乎完全呈現快速的 $\beta$ 波，只有在特殊的情形下，譬如放鬆、平靜、或專注的時候，才會轉變成較慢的 $\alpha$ 波。而 $\theta$ 波，一般人只出現於潛睡期，有時與夢相連，因此與潛意識有關。$\delta$ 波是熟睡波，想要在清醒時出現，必然腦中一片空白，而禪修靜坐者可以

做到。【32】

　　2003年11月9日自由時報「寰宇探索」版，羅彥傑編譯的〈心靈冥想科學家預言健康新趨勢〉文中報導，美國知名的分子生物學家、同時是「人體基因計畫」的主持人藍德，於2003年9月中旬，於美國麻省理工學院舉辦的一場，集著名科學家與佛教學者於一堂的會議上篤定地預言冥想將成為健康的新趨勢。文中還表示，該場會議中，在哈佛大學受過訓練的神經科學家大衛森，當場展示了一位佛教僧侶的腦部掃描圖，這名僧侶能夠藉由一種名為「慈悲冥想」的技巧來讓其左額葉前部皮質(職司正面情緒)的活動量超過正常水準。大衛森並告訴與會的達賴喇嘛，他觀察、研究那些工作非常緊張的人，發現這些非佛教徒在學習「專注」技巧八週後，有助於製造正面情緒的左額葉前部皮質也是愈來愈活躍。可見得冥想對於增加人們的正面情緒有極大的幫助，十分適用於時常被壓力逼得喘不過氣、不由自主地陷入憂鬱的人，甚至是戒毒病患。

# 參、禪修的戒毒功能

　　如前所述，禪修影響人的腦波，也和毒癮養成的制約學習有密切關係，何謂禪修？有何戒毒功能？

## 一、禪法的演變

　　佛教傳到中國後，天台宗繼承了印度傳統的定學，並著書給予更詳細的說明，禪宗則更進一步主張行住坐臥都是禪(Chan)，傳到

---

【32】成和平(1998)，〈超心理科技之腦波與心靈改革〉，(台北：中華超心理學研究會。) http://www.thinkerstar.com/psi/spt_essays/cheng.html

日本稱為Ｚｅｎ，傳到越南稱為Ｔｈｉèｎ，傳到韓國稱為Ｓｅｏｎ，二十世紀中葉傳到歐美，不到半個世紀習禪已蔚為風潮。除佛教以外，禪修亦是大部份宗教，如道教、印度教、基督教、天主教、耆那教等宗教主要的修持法，雖然各宗教有不同的禪修方法，但其原理和體證的禪定境界應是大同小異，只是用詞有異而已。

佛教雖然產生於印度，其教主釋迦牟尼也是因禪修而證悟成佛，但禪修法門是在佛教傳到中國後，經過中國有修有證的祖師大德們，融會貫通後著書立說開創了天台宗和禪宗，使得禪修方法、過程和境界的次第明白，因此得以在世界各地大放異彩。後來相關著作論述陸續面世，如今更是不計其數，然而有關禪修和戒毒也是近幾十年才有的研究，但只限於特定某一個禪法的原理描述而已。

佛陀傳授的修行法門不外乎禪修，即是止和觀，止為梵語śamatha（奢摩他） vipaśyana（毘婆舍那）之譯：止息一切外境與妄念，而貫注於特定之對象（止），並生起正智慧以觀此一對象（觀），稱為止觀，即指定、慧二法。如七佛通偈說：

「諸惡莫作，眾善奉行，自淨其意，是諸佛教。」[33]

諸惡莫作名為止，眾善奉行名為觀，自淨其意即是止觀圓熟不二的工夫，此指合法。止觀說：「止觀總持，匹收諸法。」[34]即止觀法門總攝一切的佛法，為修行人提綱契領，立見速成的入手處。這話怎麼說？因為：

「止能寂諸法，如灸病得穴，眾患皆除；觀能照理，如得珠玉，眾寶皆獲。」[35]（止觀）止，就像醫方一樣，依病尋方，依

---

[33] 《增一阿含經》卷一阿難所引大正大藏經(以下簡稱《大正藏》)冊2，第125號，頁549中。

南傳《法句經》〈佛陀品〉(Buddhavagga)第183偈頌。

[34] 《摩訶止觀》卷三下，《大正藏》冊46，第1911號，頁29中。

[35] 《摩訶止觀》卷三下，《大正藏》冊46，第1911號，頁29中下。

方配藥，必然藥到病除。又如從身體的某一穴道加以艾灸，就能治癒種種疾病。至於觀，好比那「暗室中燈，照物立明」【36】，一切的佛法寶藏均宛然呈現。所以說止觀是一切宗門和教門實踐佛理的共法，是修行教學上最直捷簡便，最易得益的上上法。整個修學佛法的過程，從最初的一念始覺，了知自心逐漸轉染成淨，逐漸遠離幻化虛妄，成為清淨圓覺自在無礙的境界。這些過程，即是止觀的全部內容。

　　釋尊最先提出「安般守意」禪法，「安般」是「安那般那」的簡寫，Ānāpāna的音譯，原意是「出息入息」或呼吸的意思。「守意」的原文是Smrti，後來譯為「持念」。現代英譯為Mindfulness。此禪法可見於後漢安世高(譯經活動在公元148-170年間)所譯的《佛說大安般守意經》、《陰持入經》、《佛說禪行三十七品經》、《禪行法想經》和《道地經》等，【37】迄今南傳上座部的僧人，仍以這種細數呼吸次數的方法，作為入禪的基本技巧。【38】據《高僧傳》記載：「自遺教東移，禪道亦授。先是世高、法護譯出禪經」【39】安世高於東漢桓帝建和二年(148)，經西域諸國而至洛陽，從事翻譯工作，最早譯出的即是《佛說大安般守意經》(Ānāpānasatisutta)，【40】亦可見於南傳巴利《中阿含》(Majjhima Nikāya)118經。

　　此經以六事對治六情的浮躁不安，對治的過程是通過四禪。六事指數息、相隨、止、觀、還、淨，【41】此六事到了唐朝天台宗

---

【36】　《摩訶止觀》，《大正藏》冊46，第1911號，頁14中。

【37】　《大正藏》冊15，第602至605號：第607號。

【38】　冉雲華著(1990)，《中國禪學研究論集》，(台北：東初出版社)頁5。

【39】　《高僧傳》，《大正藏》卷五十，第2059號，頁400中。

【40】　《佛光大辭典》(高雄：佛光出版社，1988年)，頁2394。

【41】　《佛說大安般守意經》，《大正藏》冊15，第603號，頁163上。

立名為六妙門，【42】認為此禪門，前三門屬定，後三門屬慧，依此定、慧，即可獲得真正的菩提。依冉雲華《中國禪學研究論集》，認為此處所言「四禪」，和後來佛教所傳的「四靜慮」不同。「四靜慮」指的是坐禪的四種境界；早期所謂「四禪」是指坐禪的方法和成果。【43】筆者認為二者差異不大，成果是藉由證入的禪定境界來檢驗的。如此經提到：初禪的成果是「寂無他念、怕然若死」；二禪的成果是「垢濁消滅、心稍清淨」；三禪的成果是「三毒四走、五陰六冥、諸穢滅矣」；四禪的成果是「得安般行者、厥心即明」。【44】得到「安般心明」又能怎樣？據安世高的再傳弟子康僧會(?-280)【45】，在〈安般守意經序〉中說：「舉明所觀，無幽不睹。往無數劫、方來之事。人物所更，現在諸剎…大彌八極、細貫毛釐。制天地、住壽命、猛神德、壞天兵、動三千、移諸剎。八不思議，非梵所測。神德無限，六行之由也」【46】此段描寫，已見禪定的功能。這就是為什麼禪定通見於印度宗教史中，為各時代重要修行法之一。佛陀亦以禪定為最主要之行法，其本人不僅依四禪法成道，世壽已了最後的涅槃，亦依四禪法而成之。

　　稍後，法護(Dharmaraksa 265-313)所譯的《身觀經》觀自身九孔惡病、常不淨常流的「不淨觀」以對治貪愛心，【47】亦可見於

---

【42】　見《六妙法門》，《大正藏》冊46，第1917號。

【43】　冉雲華著(1990)，《中國禪學研究論集》，頁6。

【44】　《陰持入經》，《大正藏》冊15，第603號，頁173上。

【45】　《佛說大安般守意經》，《大正藏》冊15，第603號，頁163中。

【46】　《佛說大安般守意經》，《大正藏》冊15，第603號，頁163中；《中國禪學研究論集》頁7。

【47】　《身觀經》，《大正藏》冊15，第612號，頁242上下。

南傳巴利《雜阿含》119經。《法觀經》以「數息」、「三定」、「觀自身」、「觀他身」到「道有四要」，[48]《修行道地經》進一步到觀五蘊(陰)，即色、受、想、行、識。經中〈五陰成敗品〉對肉身、心意的毀敗和煩惱，一層再一層的加以分析，[49]筆者將試著由此對五陰的分析法，來探究初嘗毒品和養成毒癮直接與身心的那些部份有關？

　　之後，各種禪法藉著經典漢譯陸續被介紹到中土，好比四念處禪法(即是目前在世界各地盛行的內觀禪)，先後出現在東晉瞿曇僧伽提婆於400年左右譯出的中阿含二十四《念處經》(Satipatthānasutta)和後秦佛陀耶舍與竺佛念於408年譯出的長阿含卷十《三聚經》等，[50]亦可見於南傳巴利《大念處經》(Mahāsatipatthānasutta)。[51]此禪法除觀身外，更進一步觀受、觀心到觀法，不僅可於坐中修習，更適合在日常生活的行住坐臥動中修學。另外，為息滅我們不同煩惱的五停心觀——對治貪欲心的不淨觀(梵asubha-smrti)、對治瞋恚煩惱的慈悲觀(梵maitrismrti)、對治愚痴煩惱的緣起觀(梵idampratyayata-pratityasamutpada-smrti)、對治我執之障的界分別觀(梵dhatuprabheda-smrti)和對治散亂心的數息觀(梵anapana-smrti)，亦出現在北涼曇無讖(Dhamaksema)於414至426年間翻譯的《菩薩地持經》(Bodhisattva-

---

[48]　《法觀經》，《大正藏》冊15，第611號，頁240中~242上。

[49]　《修行道地經》，《大正藏》冊15，第606號，頁188上下。

[50]　《念處經》，《大正藏》冊1，第26號，頁421上；第1號，頁1。其他尚有《增一阿含經》卷十一、《坐禪三昧經》卷下、《大智度論》卷十九、《瑜伽師地論》卷二十九、三十、《四念處》卷一、卷三、《大乘義章》卷十六末、《俱舍論》〈光記卷〉二十三。

[51]　The Digha Nikaya XXII 頁322~342。

bhūmisutra)卷三〈力種性品〉【52】等經論【53】中。

　　到了唐朝，禪宗成立後，就相繼出現了達摩祖師禪、默照禪、公案話頭禪等更多樣化的禪法，這些禪法由印度傳統盤坐修定明心，漸漸轉向強調在生活中的見性開慧。禪(梵文dhyana；巴利文jhana)在印度佛教有之，而禪法和禪宗只有在中國土壤上產生。然而不管禪者使用上述那一種禪法，必依據根本禪定來開展見到諸法實相的智慧，就是所謂的「止」和「觀」。

## 二、禪修對戒毒的功能

　　禪修的目的在修定開慧，定為前導，慧為目的。此二者在戒毒過程中能發揮什麼樣的功能？略述如下，

### (一) 禪定的戒毒功能

　　此節主要探討由禪修所獲得的九住心和四禪八定對戒毒的功能？

　　1. 九住心的戒毒功能

　　禪修戒毒者修禪定時，需先令心不散亂而專注在一個所緣境直到自在的過程分為九種心，【54】第一內住的練習有助於戒毒者恢

---

【52】　《菩薩地持經》，《大正藏》冊30，第1581號，頁902下~906上。

【53】　《俱舍論》卷二十二、卷二十九、《大毘婆裟論》卷四十、《瑜伽師地論》卷二十六、《順正理論》卷五十九、《大乘阿毘達磨雜集論》卷十一、《大乘義章》卷十二、《摩訶止觀》卷七之二。

【54】　《瑜伽師地論》，《大正藏》冊30，第1579號，頁450下~451上。《大乘莊嚴經論》卷七，《大正藏》冊31，第1604號，頁624下。《瑜伽論記》卷四十八，《大正藏》冊41，第1828號，頁463中。

復身心健康。第二等住階段是戒毒者與毒癮不斷在拔河的拉鋸戰，為了對治強烈的毒癮，禪修戒毒者在此階段，即使想用意念和培養專注力來戰勝毒癮，但是身心都還做不了主，因此會覺得很辛苦。在第三安住階段，戒毒者藉著逐漸培養的專注力，不斷地對抗自己的毒癮，雖然仍敵不過毒癮的強勢，但已慢慢覺照到毒癮竄起的念頭。到了第四近住階段，在平常生活中已較能專心於每件經手的事務。到第五調順心，即不為外境十相【55】所惑，較有定力降伏煩惱，當然透過眼、耳、鼻、舌、身來誘惑人的毒品，此時已不再產生吸引力了。在第六寂靜階段，戒毒者定力增強，精神較清明，心變得更敏銳，已比較能戰勝毒癮。到了第七最極寂靜階段，戒毒者一有想吸毒的念頭生起，立即能察覺不接受並立即排除這個念頭。到第八專注一趣時，已不用努力，可以完全自然地作意。禪修戒毒者達此階段，已不用刻意練習專注，心自然保持在專注的狀態下。第八專注一趣是發展專注到最高極限，九住等持已不必藉助憶念或作意而能任運等持其心，此時禪修戒毒者已能完全戰勝毒癮了。

2.四禪八定的戒毒功能

更進一步的禪定，佛教把它分為四禪八定，對治戒毒的功能如下，

(1)初禪：禪修者即將得初禪定時，在不覺有身體存在的空寂心中漸漸還覺有身，輕如雲影，此時上界之極微入於欲界之極微，二者交替，地水火風狂亂發動，身體會發生動、癢、輕、重、冷、暖、澀、滑等八種觸，或更微細的十六種觸。入此禪有尋思、伺思察、喜、【56】定的幾種功法。【57】禪修戒毒者此時不覺有受制於毒癮

---

【55】 十相為色、聲、香、味、觸、貪、嗔、痴、男相和女相。

【56】 此禪的喜，身有八觸而覺樂，超過欲界所感覺之樂。

【57】 《釋禪波羅密次第法門》，《大正藏》冊46，第1916號，頁510上中。

的色身，即使有也如雲影。

（2）二禪：二禪有內淨、喜、樂、定四種功法。心更明淨，出現更深刻的喜。心豁然明亮，心身自然輕快無比。以受蘊為主，僅有意識無前五識，惟有喜捨二受與意識相應，無眼耳…故無樂受。【58】禪修戒毒者進入了二禪的境界，直接接觸毒品生起吸毒欲望的眼、耳、鼻、舌、身等五根和五識已無作用。

（3）三禪：出現捨、念、慧、樂、定五種功法。【59】此境界以受蘊為主要的我。僅有意識無前五識，惟有樂捨二受與意識相應。【60】到了三禪天當然經由六根而生的吸毒欲望絕不會再現，何況再往上更高層次的禪定呢？

（4）四禪：有捨、念清淨、不苦不樂、定四種功德。【61】入四禪，心如明鏡。【62】經由六根而生的吸毒欲望絕不再現。

再往上無色界的空處定、識處定、無所有處定和非想非非想處定，心念明淨，進入已離無所有的念想，非常微細，非現代一般習禪者容易証得，已不再受毒癮干擾，故不在此贅言。

從以上四禪八定修行的心理狀態看，是由淺入深的入靜法，也是運用意識的過程。四禪為入靜四個層次，從入靜而覺察體內的氣的流行，於是出現八觸。到了入定後的四個層次，這時已無任何雜

---

【58】《釋禪波羅密次第法門》，《大正藏》冊46，第1916號，頁512下。

【59】捨，指捨離二禪中心愛喜的紛擾；念，指自然能以正念覺照，守護所得定；慧，指能以合宜的方法調心，離貪著於禪定之樂等過失；樂，指綿綿之樂，從內心而發，心樂美妙，不言可喻。

【60】《釋禪波羅密次第法門》，《大正藏》冊46，第1916號，頁514上。

【61】捨，指捨離樂的擾動，這是四禪之特徵，故稱捨俱禪；念清淨，指心離諸念，而明照無垢；不苦不樂，指超越苦與樂兩種不寂靜境界；定，比前三禪的定心更寂靜，因心極靜而覺呼吸出入隨之而斷的感覺。

【62】《釋禪波羅密次第法門》，《大正藏》冊46，第1916號，頁515中。

念，全心注於空。但又不是完全之空，尚需回過來察照（觀）自己的心識。當然也有少數入定非常深入者出現全然的一念不起，腦中全無興奮灶時，則息停心止而進入了冬眠態。

未進入初禪的戒毒者過去常為毒癮欲火所燒，進入初禪時，如人入清涼池，但這種感覺發生時，與在欲界的身體六根產生的感覺是不同的，此時粗糙的眼根和舌根的作用已減少，甚至不再作用。而這兩根都是觸發吸毒的主因，到了初禪就能直接斷除這兩項最先納受毒品誘惑的根了。到了更深禪定的二禪境界，直接接觸毒品生起吸毒欲望的眼、耳、鼻、舌、身等五根和五識已無作用。遑論三禪以上及四無色定的功力就更沒有毒品的危害可言了。

## （二）觀慧的戒毒功能

釋迦牟尼佛未証悟宇宙真理前，曾修證過上述四禪八定，達到最高禪定的滅受想盡定，當時雖然精進禪修到瘦骨嶙峋但還是無法證悟成佛，後來透過禪定力夜睹星辰，而豁然開悟。上述諸禪定雖已能對治毒癮，但恐怕無法完全斷除毒癮，所以在出監或離開戒毒中心後的再犯率居高不下，也是教誨師們耗費最大心力去追蹤防患的一環。主要原因有二：一是禪定的養成需要長期天天定時定量的靜中養成再輔以動中的磨練，一般戒毒時間多則兩年，少則數月不等，無法真正長養出深厚的禪定功夫；二是禪修開發出的禪定固然有利於毒癮的對治，但出監後重回到物欲橫流的社會，這些定力的保任可能經不起時間的考驗。故在禪定開發出來後，應改以禪觀法引導勒戒者開發能透視毒品實相的智慧，才能徹底根除毒癮。

所以大部分的禪修法門都包括了發定開慧的止觀修持法，好比被視為根本禪法的六妙門——數、隨、止、觀、還、淨，前三門屬「止」門，以修定為主；後三門就屬於「觀」門，以開慧為主。而近年來極為盛行被視為中階禪法的內觀禪，就以開發十六階智為主，但不意味著此禪法無需修止，祇是此禪法串聯動中不斷生滅的剎那定來觀照身心世界的變化。被視為高階禪法的中國般若禪則藉

著明心來開啟見到諸法實相的智慧。此種澈見吸毒者、毒品和吸毒這件事是因緣聚合，實無真實自體，自然能完全擺脫貪愛毒品的執取和束縛。分述如下：

1.「內觀禪」的十六階智

「內觀禪」能產生十六階智，依《清淨道論》【63】對此十六智的說明，可運用在戒毒者的情況如下，

(1)名色分別智：此智讓禪修戒毒者體會到當下吸毒的身心是不斷生滅沒有實相的。【64】

(2)把握因緣智：禪修戒毒者體會到第一階智時，如果他持續在當下觀照身心，他將體會有很多種色身和很多種心，並且觀照的時候，不會將兩者混淆在一起。例如，以前吸毒的色身痛時，他注意到痛，但他只知道是吸毒的色身痛，並沒有體會到這個苦是心受。但現在他不但知道吸毒的色身痛而且體會到心受知色身痛。毒癮生起時的身心痛苦和兩者之間的關係，是戒毒者很好的觀照。

(3)遍知智：在前一階智，禪修戒毒者只體會到身心的生起，還沒體會身心的滅－由於身迅速不斷的生滅，戒毒者對於見到生滅現象的智慧還很弱。如果戒毒者繼續保持在當下觀照身心，他很快就可以見到生滅的身心，但這時候的智慧還不足以見到相續的空檔。還無法見到生滅的身心。但他可以瞭解吸毒身心的三法印。【65】

(4)生滅隨觀智：此智是體會吸毒身心的生滅並且相續的感覺（妄執身心為相續的錯覺），現在看起來事實上是身心生滅的分離現

---

【63】 佛音論師，《清淨道論》(Visuddhimagga)，《南傳大藏經》冊62-64。

【64】 參閱《大念住經》，《南傳大藏經》，《長阿含》第22經(DN22)。

【65】 諸行無常、諸法無我和涅槃寂靜等三項根本佛法。此三項義理可用以印證各種說法之是否正確，故稱三法印。

象－在(修慧)當下。此智可以清楚地見到身心的三法印，而見三法印可以消除心中潛伏的煩惱，也就是愛、我(「我」的錯覺)、邪見和顛倒妄想。達到此階段的智慧，戒毒者可發現吸毒這個身心是不斷生滅，沒有實體可言。

(5)壞隨觀智：此智是只見到滅去的身心所產生的智慧，戒毒者會見到內心、外緣崩壞的五蘊。例如坐的色身為所知，是滅去的；而能知坐的色身之心，本身也是滅去的。戒毒者會明顯覺知到染有毒癮不斷生滅身心的滅去。

(6)怖畏現起智：此智中，戒毒者體會到身心是有害的智慧生起了，因為體會到身心一直是迅速生滅的－這令戒毒者畏懼和恐怖。此時戒毒者對於毒品滿足毒癮的身心樂受不再有樂趣可言。

(7)過患隨觀智：此智將身心視為危險、威脅之源。從第一階智到此智，每一階智都引發至下一階智的生起，而每一階智的感受都逐漸增強。戒毒者認知身心是過患的，而覺得如果沒有身心是最好的。在此智中，戒毒者體會到身心或五蘊是實相(非男、非女)，但這種實相卻是一種過患。此智有很強的智慧可以防止對毒品的貪愛等在心中產生顛倒妄想。

(8)厭離隨觀智：此智令戒毒者生起對身心(五蘊)厭離的感覺，這是由於上一階智觀察身心過患的結果，但這種厭離不是瞋心而是智慧。這種情形導致不想再出生於任何「有」之中，即使是一國之尊的總統，或億萬富翁，或者對毒品的貪愛。達到此階段，毒癮就不再危害，且能完全斷除。

(9)欲解脫智：第七階智體會身心的危險和過患，第八階智生起了厭離，現在戒毒者對於身心已經充滿了一種求解脫的樂欲；就像被關在監牢裏的人，無時無刻不想逃跑一樣。這個階段產生的智慧令戒毒者極欲脫離自己內心的牢關，不需再有教誨師，也絕不會再吸毒了。

(10)審察隨觀智：在前幾個階智中，由起怖畏知過患而生厭

離，再導致欲從身心解脫出來。此智，由於欲求身心解脫的結果，激發戒毒者想找出一條解脫的路－但還不知道怎麼做，只是體會到身心中的三法印，而生起一種強烈欲求脫離身心的感覺。這種想解脫的欲求起源於前三階智，這三個階智加在一起引發一種非常清楚而猛利的般若智慧和想要斷除吸毒煩惱的欲求並設法尋求一條解脫之道：一條可以脫離生死輪迴而伸展到未來的道路。達到此智慧階段，戒毒者不但防非止惡念頭非常強烈，再繼續觀照下去，也可以慢慢步上成賢成聖的境界了。

(11)行舍智：此智引發戒毒者對身心吸毒習氣的冷漠，再也不會對身心產生執著和貪戀。戒毒者能以智慧體會到身心是空的、非男、非女的時候，不會再對吸毒的身心產生興趣了。同樣地，覺得世界也是空的，因此對身心無愛憎之念。此智是世間範圍內最高的觀智，可以使修行者成為一個聖者。戒毒者能藉著內觀禪法修到此階智，已可以做為其他戒毒者的楷模，現身說法了。

(12)隨順智：此智是一個完整的智慧，可以幫助戒毒者體證四聖諦。【66】此智是由前面幾個階智引發而生起的，而此階智慧的猛利比前幾智更具足信心、更加精進、更有念住、更具慧解－因為它體證了苦諦和集諦。內觀的作用是從第一階智開始，逐漸斷惑至第十二階智為止。但此智仍屬於世間智的作用。隨順智以三法印為所緣，體證了前二個聖諦（苦和集），自此以後就不再以身心為所緣，也是最後一個觀智。戒毒者修到此階智，身心無礙，即將進入寂靜無為的階段。

接著下來的(13) 種姓智、(14)道智、(15)果智和(16)思惟反射智等最後四智尚可引導戒毒者由世間凡夫轉為聖人。可見禪修有了定之後，起觀開發智慧是很重要的，不只可完全斷除毒癮，還可以成為聖賢。

---

【66】 四聖諦指苦、集、滅、道四種正確無誤之真理。

2.「般若禪法」的頓悟見性

般若禪法指中國禪宗提倡重視「般若」的禪法,「般若」是觀一切法皆「空無自性」的智慧,透過對一切生滅法「無自性」的觀照,而見不生不滅的真實法性或實相。因此,中國禪是以禪定的修持為基礎,進一步修得無邊無凝的空性智慧,就如《六祖壇經》中所講的:即定之時慧在定,即慧之時定在慧。【67】禪的本質,不可言說,說出口的,已不是「禪」的本身。然而,禪的理趣,為化度有情,則可方便權說。

東方禪學,是一門至高無上的「心智科學」。習禪則是一項具高度價值的「淨化學習」。因為「禪修」能徹底改善、轉化人類受物慾薰染的心靈,及人為生活習慣所框縛的負面因果現象。長久禪修,不但能逐步淨除「生活欲望」的毒癮,與掙脫「思想概念」的制約,且能得大自在解脫。

以上三種代表性禪法都以修慧為圓滿。然而,有些人藉助興奮劑或刺激物來開發直觀,薩滿教傳統以興奮劑做為儀式的代理、有些美國本地人強調抽含有煙草、鼠尾草或其它植物的煙管、有些印度傳統使用印度大麻、東亞傳統則喝茶、中東和許多西方宗教喝咖啡幫助禪修。1960年代,來自東方的禪修和麥角酸二乙銨 (LSD) 的迷幻藥普遍被使用,他們認為二者都可以達到相同的精神訴求。然而,真正熟悉東方傳統禪修和使用過麥角酸二乙銨的人均極力反對此種看法,正如德洛浦(de Ropp)在《主人的遊戲》(The Master Game)書中說,要完全神志清醒,在開始時也許可以暫時藉助藥物,但想超越就非需要瑜伽或禪修不可。【68】

---

【67】 慧能述,法海集,元代宗寶編,《六祖大師法寶壇經》,《大正藏》冊48,no.2008,頁352下。

【68】 De Ropp, Robert S(1968). *The Master Game: Pathways to Higher Consciousness Beyond the Drug Experience*. New York: Delacorte Press.

## 三、由五蘊身心看毒癮產生的根源

　　人是五蘊聚合體，此聚合體是成佛做主的主體，亦是吸毒後產生毒癮的主體。要戒毒當然也要從此五蘊聚合體下手。可是人的提昇或沉淪就在這五蘊，因為五蘊是構成世間的基本質料。

　　五蘊的蘊(梵語Skandha)，是積聚意，意指積此五聚，可以成就我人的身心，這也是構成世間的物質現象和精神作用的五類因素，包含毒品和吸毒、染毒等都不離這五類因素。又作五受陰，陰是賊害的意思，指此五者能賊害我人的性德，毒品就是透過這五者逐漸摧殘我們的生命。

　　五蘊是色、受、想、行、和識蘊五者的總名。色蘊是構成物質世界的基本質料，受、想、行、識四蘊，是構成有情精神作用的質料。五蘊是聚合主觀、客觀於一體的「法」的世界。(一)色蘊：色蘊的色，相當於物質的概念。「色蘊」就是物質現象的積聚、物質性的存在。它有形體、佔有空間，且會「變壞」。色不是獨立的個體，而是由地、水、火、風四大積聚而成。四大組成了有情的肉體──眼、耳、鼻、舌、身五種感覺器官，同時也組成了感覺的對象──色、聲、香、味、觸的外境，就是世間一切的物質現象。【69】即眼見毒品、耳聞毒名、鼻嗅毒味、舌嘗毒味、和身觸毒品等五種接觸都是染毒的最初觸因。如果沒有下列受蘊的助緣，即使我們的五官同時都接觸到毒品了，也起不了作用。

　　(二)受蘊：受是有情精神作用的一種，是心理的一種感受作用──是把感覺和感情合而為一的感受。亦即根、境、識三者和合而生觸，而領納觸的感覺的即是受。受有三種，即苦受、樂受、捨受。對於吸毒者，很能重覆體驗到毒癮來時身心所受煎熬的苦，和

<hr>

【69】　于凌波(2001)，《大乘廣五蘊論講記》，(高雄：淨宗學會)，頁7。

吸毒後暫時滿足毒癮的極樂，相形之下不苦不樂的捨受就比較不易覺察。此種苦、樂、捨受，與現代心理學感情上的受有些不同。現代心理學的感情作用，是主客觀對立的存在，而受蘊的受，以佛教無我的教義來說，是泯滅主客觀——或主客二觀尚未出現以前的「法」的領域，此際不唯是感覺的受，而是思想本身的受。因為在五蘊的領域中，知覺、感情、和思維之間，是不能截然劃分的。【70】(三)想蘊：想是「知覺」或「表象」的意思，以現代觀念來說，即相當於攝取表象，形成語言概念的精神活動。不過原始佛教的法義，想蘊的取像，不是心、境對立的像，而是包括著知覺、觀念、思想和表象(包括著知覺表象和記憶表象)等心境融合的像。因為取的不是外界的像反映於內心，而是萬象形成之「像」，必須依於此「存在的根本依」。這裡點出一項很重要的觀念，置身外境的「毒品」是否有存在的意義，完全依於「吸毒者本人」。(四)行蘊：在攝取表現，形成語言概念的精神活動之後，需再藉助「行蘊」的造作行為。有了吸毒的欲望或意念，是否真付諸吸毒的行為就看此蘊了。行蘊的「行」在經典中解釋成「造作」，也解釋成「行為」，特別是指思想中決定、和支配人的行為的因素，如目的、籌劃、決斷等心理趨向，一般稱此為意志者。【71】此處的行蘊有盲目行動反應的趨勢。

　　(五)識蘊：識是透過對象的分析與分類而生起的一種了別作用，即是意識。所以識指一切活動賴以發生的精神主體。早期佛教分識為六種，即眼、耳、鼻、舌、身、意六識，以了別色、聲、香、味、觸、法六境。到大乘佛教時代，在六識後建立末那識、阿賴耶識，發展為八識。前五識各了別自身界內的外境，意識則了別

---

【70】　于凌波(2001)，《大乘廣五蘊論講記》，頁9。

【71】　于凌波(2001)，《大乘廣五蘊論講記》，頁10-11。

萬象的差別相──萬象的「自相」與「共相」，即單獨的形相，與他物比較的形相。世間萬象差別相即是由於識的了別而有的，此即是「別知相」。識的本身是「法」的範疇，萬象是被覺、被受、被想、被行、被識的存在，同樣毒品是萬象之一，毒品是被覺、被受、被想、被行、被識的存在。離開五蘊，就沒有萬象沒有毒品可言。

　　《唯識三十論》又將識名為「心」，【72】說明其為虛妄之理由，同時由因、果兩面加以分析。在此已使用阿賴耶識的文字，阿賴耶識是整個世界的因。對此，在其果之現象世界轉出而作用的識共有七種，即眼、耳、鼻、舌、身、意等六識與第七的自我意識的末那，稱為七轉識。加上阿賴耶識就有八識。阿賴耶是「藏」義，為收納過去行為之習慣性之義，此習慣性同時又能成為未來行為的種子。阿賴耶識是意識底下的心的作用，但在意識之上，作用於現實的現象世界的心，卻是由此種子生，而轉出七種識。【73】從唯識學的角度討論識，不止有認識的作用，而且有心理上的執取的意味，所謂「情識」，特別是第八阿賴耶識的下意識的執取，【74】所以一旦染上毒癮，便會演變成一種盲目的執取，且愈植愈深，形成根深柢固的毒癮而不易斷除。

　　由上述說明，可知五蘊就是我們的身心，身只佔五蘊的一蘊，其餘心的部分佔了四蘊，可見心的重要，這也是為何說佛教是個修心的宗教，而習禪修定的「定學」又稱為「心學」。識蘊是心接收

---

【72】　世親造，唐玄奘譯，《唯識三十論頌》，《大正藏》冊31，no.1586，頁60下。

【73】　參閱楊白衣(1978)，〈三性論〉，《佛光學報》，第三期，民國67年8月，頁22。

【74】　吳汝鈞(2002)，《唯識現象學(一)》，台灣學生書局印行，頁IX。

的部分，是一種未辨別的覺察或認知的作用，純粹只將身心外境所發生的任何現象及接受到的任何訊息予以接收。辨別這些外境和接受到的訊息就要靠想蘊了，想蘊職司辨別識蘊所接受下來的任何東西，將它輸入原始資料，予以分辨、命名、歸類，並做出正面或負面的評價。事實上，每當接受到任何訊息，感受立刻生起。它是一個訊號，表示某件事正在發生，只好不對訊息加以評價，感受就會保持中性。但是一旦對輸入的資料賦予價值判斷，感受即起，此感受即是受蘊。之後就是習性反應的行蘊，其他感官接收到訊息後，也生起同樣的運作過程，由識蘊、想蘊、受蘊到行蘊，此四種心的運作，遠比組成物質實相的粒子變化得快。如表1說明五蘊與十二因緣的關係，

表1：五蘊與十二因緣的關係表

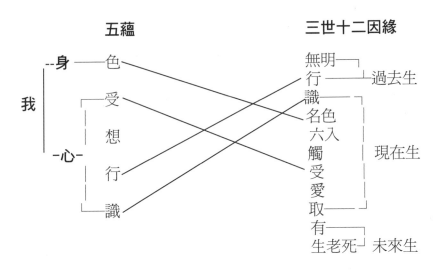

五蘊是組成我們一期生命的身與心，然而我們的習性反應卻會生生世世伴隨著我們，由上述三世十二因緣的兩重三世關係可窺

知。在三世十二因緣的循環鍊中，習性反應是此十二因緣的第二因緣「行」，是識生起現形的先決條件。在十二因緣中，「行」會再度出現在「受」的後面——「愛」，即是貪愛瞋恨的習性反應，再發展成執取，又成了新的身心活動的推動力了。在心的四蘊中，識蘊、想蘊、受蘊三者是被動的，而行蘊就會將被動轉為主動，這就是一切苦的起因，也是染毒的根源，如果此生不下定決心戒毒，來生很容易受到深植心識中吸毒習性的牽動而再度染毒。此種習性反應累積愈多，性能愈加增強，久了易積非成是，形成主導我們生命的盲目的吸毒習性反應。會讓我們有身不由己、做不了主的無力感。

# 肆、戒毒實例和禪修原理比較

本論文選定的兩處戒毒中心為台南監獄明德戒治中心和台東縣鹿鳴精舍。【75】兩者均由出家法師帶領，前者主要以佛教傳統內觀禪法為主；後者則以般若禪法協助戒毒，並藉助溫泉拍打功減輕毒癮發作時的痛苦。

根據張家麟於民國90年所做的〈宗教團體與監獄宗教教誨-對佛光山在明德戒治分監活動之實證分析〉研究，已證實台南明德戒治分監宗教團體的宗教教誨活動，有助於煙毒犯的勒戒。其研究的宗教教誨只針對佛光山團體在台南明德戒治分監所做的宗教教誨，且內容包括法師開示、宗教課程、法師全天候在戒毒村中、佛教團體與受刑人諮商、宗教專題演講、法師與受刑人聊天、宗教儀式(禮佛)和禪坐等。本研究縮小宗教教誨的內容，集中在佛教禪修的戒毒

---

【75】　前者地址：台南縣山上鄉玉峰村新里山莊1-2號。後者地址：台東縣卑南鄉鳴峰村鹿鳴橋7號。

成效，研究問卷對象則擴大為兩個戒毒中心，以利理解兩處戒毒中心人員下列四項認知的比較分析和探討。

1. 管理者、禪修指導者及勒戒者對佛教禪修方法滿意度的實況及其差異。

2. 管理者(教誨師)、禪修指導者及勒戒者對禪修戒毒效果滿意度的實況及其差異。

3. 使用禪修方法與戒毒成效的實況及其差異。

4. 管理方法的差異對戒毒成效的影響。

## 一、信度和效度

### (一)信度

1. 概念說明

本研究田野調查涉及的主要概念為「管理者/主持人」、「禪修指導者」及「勒戒者」、「佛教禪修」、「戒毒成效」及「滿意度」（或幫助度）等。

「管理者/主持人」：意指在明德戒治分監的分監長、教誨師、戒護人員、行政人員，和鹿鳴精舍的住持。「禪修指導者」：指經常在明德戒治分監或鹿鳴精舍從事禪修指導活動的宗教團體教誨師、法師或義工成員，勒戒者稱其為老師。「勒戒者」：指在明德戒治分監「自費勒戒煙毒者」及「犯人」，或居住在鹿鳴精舍的戒毒者。「戒毒成效」：此概念操作化為禪修活動對勒戒者戒毒的影響。

2. 分析方法

本研究將回收之有效樣本編碼後輸入電腦，以統計套裝軟體SPSS加以編製成表，並以下列統計方法進行分析的工作：(1)以Cronbach $\alpha$ 來進行問卷的信度，檢證本研究的問卷(附錄2)是否有必要調整；(2)次以變異數(anova)分析管理者或禪修指導者及勒戒者

在兩個構面(禪修滿意度和禪修的戒毒效果)的差異；(3)就問卷調查中各問題的平均值比較兩個戒毒中心的戒毒成效理解禪修方法和戒毒效果彼此間的關連。【76】

3. 信度分析

本研究以Cronbach α內部一致性分析檢定量表的信度，首先對本問卷兩個構面檢定其量表的信度。第一個構面為勒戒者對佛教禪修的滿意度，第二個構面為佛教禪修對勒戒者的戒毒成效。

本問卷採量表形式，共分為「非常滿意」、「很滿意」、「滿意」、「尚可」、「不滿意」等五個尺度，給分的方式分別為五分、四分、三分、二分和一分。由SPSS統計套裝軟體的信度分析後，各項目信度分析結果如表2。

本研究採用Cronbach (1951)提出之信賴係數作為信度指標，根據學者Nunnally (1978)之建議，α<0.35時代表低信度，0.35<α<0.7代表中信度，α<20.7則代表高信度。問卷信度分析結果在各大構面部份皆大於0.7，故可判斷問卷內容之信度皆可接受。本研究構面之Cronbach's α係數彙整如表3所示。

## (二)、效度分析

本問卷內容的適切性在於理解佛教禪修協助戒毒的成效，故本研究在設計問卷內容時，除了先閱讀相關宗教團體在監獄教化活動的論文外，並透過電話和實地面對面與兩處戒毒中心的管理員(負責人)、和禪修指導者(教誨師)作深度訪談，對佛教團體在監獄和戒毒中心的禪修活動有所理解之後，再建構上述兩個構面及其相關問題，因此本問卷的內容效度具一定的水準，可以充分反映佛教禪修在監獄或民間戒毒中心協助戒毒的適切性。最後並對兩處戒毒問卷

---

【76】 張家麟(2002)，〈宗教團體宗教團體與監獄宗教教誨-對佛光山在明德戒治分監活動之實證分析〉，《普門學報》第12期，頁8-9。

**表2：各項目信度分析結果總表**

| 題號 | 題目內容 | 信度 |
|---|---|---|
| 1 | 您能接受戒毒中心指導的禪修戒毒方法 | .9373 |
| 2 | 禪修幫助你鎮靜和增強專注力 | .9377 |
| 3 | 禪修練習越多越能增長你的專注力 | .9377 |
| 4 | 禪修培養的專注力讓您較能掌握自己的情緒 | .9378 |
| 5 | 禪修使你較能集中注意力較少受外境干擾 | .9393 |
| 6 | 禪修改善您的身心健康狀況 | .9383 |
| 7 | 您能完全配合戒毒中心的作息時間 | .9385 |
| 8 | 戒毒或放棄戒毒的矛盾心情一直困擾著你 | .9385 |
| 9 | 禪修對斷除毒癮有絕對的影響力 | .9346 |
| 10 | 禪修戒毒的成效和使用的禪修方法有關 | .9342 |
| 11 | 戒毒期間禪修專注力減少毒癮發作的頻率 | .9353 |
| 12 | 禪修產生的專注力降低毒癮發作時的痛苦 | .9344 |
| 13 | 禪修養成的專注力能減低您吸毒的欲望 | .9350 |
| 14 | 禪修的淨心和專注令您對吸毒生起慚愧心 | .9355 |
| 15 | 禪修的清靜心和專注力能增強您戒毒的決心 | .9346 |
| 16 | 個人強烈戒毒慾望會影響禪修戒毒的成效 | .9373 |
| 17 | 染毒年齡愈早需花更多時間心力來禪修戒毒 | .9413 |
| 18 | 施用的毒品愈強禪修戒毒需要的時間就愈長 | .9379 |
| 19 | 染毒時間越久禪修戒毒需要的時間就越長 | .9412 |
| 20 | 親友的鼓勵支持有益於禪修戒毒的成效 | .9412 |
| 21 | 您出獄(所)後禪修可以協助抵抗毒品的誘惑 | .9351 |
| 全量表 | | .9403 |

**表3：各變項之Cronbach's $\alpha$ 係數彙整表**

| 變項 | 變項之題目數 | Cronbach's $\alpha$ 係數<br>內部一致性係數 |
|---|---|---|
| 禪修滿意度 | 6 | .8407 |
| 禪修戒毒效果 | 15 | .9254 |
| 全體項目 | 21 | .9403 |

做分析比較，更進一步瞭解禪修方法與戒毒成效的關係和差異。

## 台南明德戒治分監和台東鹿鳴精舍禪法和戒毒成效比較

### 一、台南明德戒治分監

　　座落台南縣山上鄉的台南監獄明德戒治分監，位於偏僻的山中，由十多棟小木屋所組成，環境優美，收容台南地區男性毒品犯。只有盧興國教誨師一人負責行政工作，平常靠佛光山法師和國際佛光會義工協助佛教禪修等教誨課程。自民國84年迄今，已勒戒1100人。目前有39位勒戒學員，是盧興國就台南以南監獄中第三種判刑入監【77】且有強烈戒毒欲望學員中挑選出來，輔以密集佛教禪修等教誨課程，以協助勒戒學員能有效戒毒。

#### （一）禪修戒毒方法

　　該監目前使用內觀禪法協助勒戒學員戒毒。所謂內觀禪就是四念處禪法，一般在修五停心觀得定後，以所得的定力去觀察身、受、心、法，能對治四種顛倒【78】的錯認和執著，修得無漏清淨智慧。此種禪觀練習時間久了，不但能累積剎那定，還能開啟照見諸法實相的智慧，看透毒品和吸毒這件事都是沒有自性，只是虛幻暫存的假像而已，毒癮就無以為害了。為有效達到此種動中禪的戒毒

---

【77】　戒治所勒戒分三等級：1.觀察勒戒；2強制勒戒；3.判刑入監。台南監獄明德戒治中心的對象均屬判刑入監，有一定的刑期，刑期滿了才可以離開，反之亦有較長時間來戒毒。

【78】　四種顛倒即是：淨—清淨的淨，樂—以苦為樂，常—永恒的常，我—我為中心。

成效，明德戒治分監除了透過靜坐、跑香、立香等方式，引導勒戒
學員隨時觀察自身的各種身心、情緒變化外，並規劃亭園造景美化
環境等課程，及提供了一片約有二畝半的農地，供學員栽植蔬果、
接近自然，藉著一次次的收成獲得成就感、提昇自我的肯定。該監
引導的內觀禪法即是傳統的四念處禪法，唯後者是為追求解脫生死
而修；此處則用來協助戒毒用。

　　張家麟的研究發現該監的各種佛教教誨活動中，學員對禪坐的
滿意度最低如下，

　　1. 佛光山宗教團體與受刑人諮商3.99，

　　2. 法師與受刑人聊天3.98，

　　3. 法師開示3.96，

　　4. 宗教專題演講3.87，

　　5. 宗教儀式（禮佛）3.86，

　　6. 法師全天候在戒毒村中3.82，

　　7. 宗教課程內容3.78，

　　8. 禪坐3.28。[79]

　　筆者請教該監盧興國，獲悉該分監在成立之初，由於戒毒對象
均為強制勒戒累犯，剛開始常有違規行為發生，均被施以數個鐘頭
靜坐的處罰，形成戒毒學員對禪坐的抗拒。此種處罰方式如今已廢
止。

## （二）、戒毒實例調查分析

　　本論文只針對禪修戒毒者，因此問卷對象只限明德戒治分監以
佛教禪修戒毒的學員、執行人員、與輔導人員。接受問卷調查的學
員有四十人，實收四十份；執行人員二人，實收二份；輔導人員二

[79] 張家麟(2002)，〈宗教團體與監獄宗教教誨-對佛光山在明德戒治分監活動
　　之實證分析〉，頁14。

人，實收二份。滿意度分析如下，

　1. 禪修方法滿意度的平均數分析

　　明德戒治分監以佛教禪修協助戒毒滿意度的分數，分成五個等級，非常滿意為五分，很滿意為四分，滿意為三分，尚可為二分，不滿意為一分。該監負責管理人員、教誨師、和禪修指導者對於以佛教禪修協助戒毒的滿意度為3.5分。勒戒學員對於六題相關禪修戒毒方法的滿意度平均值為3.796，前組人員對該監使用的禪修方法滿意度略低於勒戒學員的滿意度，但兩方的平均值介於很滿意四分與滿意三分之間。可證明生活化的「內觀禪法」被該監用來協助戒毒是受到歡迎的。

　　2. 佛教禪修戒毒成效滿意度的平均數分析

　　該監管理人員、教誨師、和禪修指導者對於以佛教禪修協助戒毒成效的滿意度平均值為4。從勒戒學員問卷調查結果整體來看，該監的禪修戒毒成效滿意度，得到頗高的分數，總平均值為3.491，介於四分的很滿意和三分的滿意之間，但3.491顯然低於執行人員對戒毒成效的滿意度4。其中對於「親友的鼓勵支持有益於禪修戒毒的成效」和「您能完全配合戒毒中心的作息時間」的滿意度同為3.85最高值，可見該監突破傳統監獄形態以小木屋營造人性化的家庭氛圍和每棟小木屋安排一位佛光會義工輔導的方式，對勒戒學員的戒毒成效產生了加分效果。其次「禪修的清靜心和專注力能增強您戒毒的決心」的滿意度3.75，及其他相關項目的滿意度都介於「很滿意」四分與「滿意」三分之間，在在說明以「內觀禪法」協助戒毒成效是受到肯定的。

　　從上述兩組勒戒學員問卷調查結果整體來看，宗教團體在監獄使用的禪修方法和禪修戒毒成效滿意度，得到頗高的分數，總平均值為3.58，介於四分的很滿意和三分的滿意之間。

　　但戒毒成效不是一時的，而需考量出監後的再犯率，張家麟曾對該監從民國84年到89年戒治分監受刑人的再犯率做過研究，根據

官方資料顯現台南戒治分監犯人出獄後再回到監獄的比率遠低於其他監獄，從民國84年到89年戒治分監受刑人的再犯率約20％，其他監獄在此時間的再犯率約50％，比較之下戒治分監設立以來到現在為止所投入的宗教教誨活動雖然沒有達到百分之百的戒毒效果，但也比其他監獄好了許多。

之後，該監盧興國96年曾做過五年追蹤該監於民國92年迄96年間勒戒學員回監比例有逐年下降的現象，戒治成效評估平均30.4%的吸食毒品再犯率。此項追蹤依據出監六個月內、六個月以上未滿一年、一年以上未滿兩年、兩年以上未滿三年、三年以上未滿四年和四年以上未滿五年等六個時段，來統計再犯人數和比例(附錄三)。自民國92年迄95年間再犯率以出監一年至兩年之間吸毒再犯率達到顛峰，92年度17位，93年度9位，94年度11位，95年度7位。過此顛峰期，再犯率就明顯下降。96年度有100位出監，迄今仍未滿兩年，故尚無法追蹤出其顛峰期的再犯人數，不過從出監六個月內和六個月以上未滿一年兩階段的再犯人數分別為1和2位，與出監人數100位為過去幾年兩倍以上來做比較，顯然這一、兩年，明德戒治分監改以內觀禪法協助戒毒成效卓越。

盧興國表示，明德戒治分監和一般戒毒村不同，不僅是生理上的毒癮要克服，分監更著重心理層面，如果心理上仍依賴毒品帶來的快感，那麼戒毒其實一點效用也沒有。勒戒者在風光明媚的戒毒村中，獲得大自然的滋潤，有助於他們安定心神，反觀自省，相信比高壓管理來得更有效。迄今禪修戒治成效良好，計劃推廣到基督教福音戒毒班，97年將擴大範圍含蓋嘉義地區。【80】

## 二、台東縣鹿鳴精舍

---

【80】盧興國，「禪修戒毒成效」，電話訪談，96年12月30日(星期日)10：40pm～11：20pm。

　　座落台東縣卑南鄉鳴峰村鹿鳴橋7號紅葉溫泉旁的鹿鳴精舍，民國86年迄今從事戒毒輔導已有十一年歷史，協助過兩百位男性戒毒實例。住持如覺法師畢業於花蓮力行佛學院，擅長中醫藥術和佛教禪修，曾擔任法務部(88.1.11)和東成技能訓練所(89.7.7.聘書)的榮譽教誨師、以及武陵監獄教化指導委員會委員(89.3.1~90.2.26)。目前有五位男性戒毒學員，其他尚有男女僧眾各一位協助三餐烹調等事務工作。

## (一)禪修戒毒方法

　　十一年來，如覺法師嘗試過多種禪修方法，如達摩易經功等，目前主要以中國般若禪法的農禪生活，輔以水療溫泉拍打法引導戒毒。般若禪的開發是佛教傳到中國後，天台宗繼承了印度傳統的定學，禪宗則更進一步主張行住坐臥都是禪。最初中國禪宗初祖菩提達摩是依止《楞伽經》弘揚楞伽禪，仍不離印度定學，傳二祖慧可、三祖僧燦、四祖道信、至五祖弘忍的早期，都還是發揚楞伽禪，然而到了六祖慧能卻因聽聞《金剛般若波羅蜜經》中的「應無所住而生其心」豁然開悟後，即完全改為依止《金剛經》發揚般若禪。般若禪以無相為體、無住為本、無念為宗，既然空為萬物之本，遍一切處，故一切本自解脫，不需方便即可解脫。因此中國禪宗般若禪法強調行、住、坐、臥都是禪。故該精舍的戒毒學員完全仿傚禪宗古德，就是在日常作務中修，正如如覺法師表示：

　　禪修方法的關鍵需打通任督二脈，體內就不會積毒，才易輔導思考。真搞懂了，沒毒可戒，沒毒需要戒，目前五位學員過著簡單(睡通舖)自力耕生的農禪生活，每天24小時都在禪觀訓練，自製梅精出售。星期天自由時間。正準備結集十多年來的輔導戒毒經驗出版《本土(自己色身)戒毒》一書。[81]

---

[81] 釋如覺，「禪修戒毒成效」，電話訪談，96年1月5日(星期六)5：35pm～5：55pm。

　　筆者繼於97年1月25日親訪鹿鳴精舍，很訝異於五位男性戒毒學員的自發性。鹿鳴精舍共有五個分散的據點，設備極為簡陋，分別提供學員早晚課誦禪修、三餐、農禪和晚上睡覺用，卻沒有任何的結果。完全免費，學員皆能依照星期一至星期六，每天早上6:00起床、6:30-7:30早課禪修、7:30-8:00早齋、8:00-11:30農禪、11:30-13:00用餐、午休、13:00-17:00農禪、17:00-18:30盥洗、用餐、19:00-21:30晚課禪修、22:00就寢等一成不變的作息表行事（星期日自由時間），待人亦極為熱誠。為籌建一座較有規模且更適合戒毒的場所，住持常外出弘法化緣，故授權予學員自治。由於使用土法提鍊農禪自產的梅精和蘿蔔精，日夜都無法息火，故二十四小時都要輪流專注的搖拌和照顧。然而過去亦有學員因不耐枯躁而離開的。

## （二）鹿鳴精舍戒毒實例調查分析

　　鹿鳴精舍所使用的問卷調查內容與明德戒治分監的同一式。調查對象，分為住持（本身既是禪修戒毒的執行人亦是輔導人）和學員兩種。接受問卷調查的學員有五人，實收三份；執行人員兼輔導者一人，實收一份。透過問卷調查表瞭解戒毒學員均為佛教徒，除了兩位五十歲以上小學教育程度的學員外，其餘皆為三十多歲高中程度未婚，染毒歷史都在五年以上。都是因個人因素如好奇、時髦、刺激、自卑、事業失敗、缺乏自信等而吸毒，一致認定吸毒殘害身心健康至極，因此都是自願來參與戒毒，也都能接受法師指導的般若禪戒毒法。只有年紀最大的林姓學員已是第五次戒毒外，其餘都是第一次戒毒。五次進出戒毒所的林學員都因本身意志不堅，再度受朋友和環境所影響，每次戒毒之間只隔半年到一年的時間。依該精舍對於佛教禪修方法的滿意度和佛教禪修戒毒成效滿意度的平均數分析如下，

　　1.佛教禪修方法滿意度的平均數分析

　　問卷調查題目的五個等級分數與台南明德戒治分監完全一樣，
該舍負責人兼禪修指導者對於以佛教禪修戒毒的滿意度為4。戒毒學
員對於六題相關禪修戒毒方法的滿意度平均值為3.72，如「戒毒中
心指導的禪修戒毒方法」和「能完全配合戒毒中心的作息時間」滿
意度均為4.33，可見中國禪宗運用農禪生活的般若禪法協助戒毒是
很受歡迎的。但和住持4分的滿意度是有些微落差的。對於禪修方
法的高滿意度導致「禪修改善身心健康狀況」也得到4.33的高滿意
度。雖然該精舍住持兼禪修指導者對該中心使用的禪修方法滿意度
高於戒毒學員的滿意度，但兩方的平均值均介於很滿意四分與滿意
三分之間。可見農禪生活的「般若禪法」被鹿鳴精舍用來協助戒毒
是被接受的。

　　2. 佛教禪修戒毒成效滿意度的平均數分析

　　該精舍負責人兼禪修指導者對於佛教禪修戒毒成效的滿意度為
4，由於人力經費短缺，該精舍十一年來在輔導戒毒上只問耕耘，無
力做再犯率的追蹤，如果真做出再犯的實際比率，可能會影響住持
對禪修戒毒成效的滿意度。戒毒學員對於相關禪修戒毒成效的滿意
度總平均值為3.397，如「您能完全配合戒毒中心的作息時間」為
4.33很滿意、「親友的鼓勵支持有益於禪修戒毒的成效」為4.00很
滿意，可見小精舍營造的家庭氛圍和一起從事農禪自製梅精等團隊
分工方式，對勒戒學員有如一家人彼此能互相鼓勵。學員對禪修戒
毒成效滿意度3.397和該舍住持滿意度4有段落差。然而「戒毒或放
棄戒毒的矛盾心情一直困擾著你」也居高不下4.00，是否太開放沒
有結界的戒毒環境，易造成學員常受到外來誘惑而引發放棄戒毒的
念頭？另外，「禪修產生的專注力降低毒癮發作時的痛苦」2.66，
般若禪不強調盤腿打座，主張行住坐臥都是禪，以致於靜中修定的
養成不夠，無法以專注的禪定來降低毒癮發作時的痛苦，所以需藉
助溫泉拍打法來舒緩毒癮發作時的痛苦。

　　從上述兩組勒戒學員問卷調查結果整體來看，鹿鳴精舍的禪修
方法和禪修戒毒成效滿意度，得到頗高的分數，總平均值為3.489，

亦介於四分的很滿意和三分的滿意之間。

## 三、兩處戒毒中心戒毒成效問卷的差異比較

　　以上分別闡述了台南明德戒治分監和台東鹿鳴精舍戒毒學員對禪修方法和禪修戒毒成效滿意度的分析，接著要從五個面向來比較兩處戒毒成效的差異。

　　(一)從設備和組織來看，明德戒治分監是所公辦民營的勒戒中心，佔地廣大設備齊全、人力和財力資源充足、配有專業管理警衛人員；鹿鳴精舍戒毒村是私人經營，用地零散分佈五處、設備簡陋、人力和財力充份不足，需仰賴銷售自製梅精和蘿蔔精維生、未有任何警衛及管理人員，由戒毒學員中遴選一位負責帶領。

　　(二)從戒毒歷史和經驗來看，明德戒治分監自民國84年迄今，有十三年戒毒輔導經驗，已勒戒1100人；鹿鳴精舍自民國86年迄今有十一年戒毒輔導歷史，協助過200位男性戒毒實例。前者戒毒中心的成立雖只比後者早了兩年，但戒毒人數卻是後者的5.5倍。

　　(三)從戒毒對象的性質來看，明德戒治分監戒毒學員39人都屬被勒戒對象，根據問卷調查統計：接受第一次勒戒學員佔28.2%、第二次勒戒學員佔17.94%、第三次勒戒學員佔35.89%、五次以上勒戒學員佔17.94%；鹿鳴精舍戒毒學員5人都屬自發性戒毒，問卷調查統計：只有一位戒毒者已有五次以上的戒毒經驗，其他都是第一次參與戒毒。

　　(四)從人事制度來看，明德戒治分監擁有一位專職教誨師，並委託佛光山法師每週定期的禪修指導和佛光會幹部二十四小時的諮商教誨；鹿鳴精舍戒毒村只由住持法師一人負責禪修指導及佛教教誨的課程。

　　(五)從禪法和課程來看，明德戒治分監使用內觀禪，輔以農禪生活和作務，每天有固定一至二個小時的靜坐，再以靜中養成的功夫在動中磨練，以三週為一期的密集課程設計，結合禮佛、誦經、

演講和諮商等宗教課程，戒毒成效滿意度較高；鹿鳴精舍戒毒村運用中國禪宗農禪生活以開發般若智慧的禪法戒毒，主要以心經為主，每天早晚有靜坐，但時間較短，沒有其他輔助課程。

　　兩個戒毒村的體制、型態、大小、和禪法都不同，而兩處負責管理人員（教誨師）和禪修指導者對於使用佛教禪修協助戒毒的滿意度如表4所示，台東鹿鳴精舍4，顯然高於台南明德戒治分監的3.5，

　　甚且台南明德戒治分監勒戒學員對禪修方法的滿意度3.796也高出管理人員（教誨師）和禪修指導者的滿意度3.5，這點和張家麟〈宗教團體與監獄宗教教誨-對佛光山在明德戒治分監活動之實證分析〉一文中的結果相反。該文從管理者的角度觀察禪坐的滿意度為3.93，受刑人對禪修的滿意度只有2.99。又認為對受刑人而言，禪坐是如同「懲罰」，連動也不能動的坐在那裏，彷彿如坐針氈，故對此宗教教誨活動滿意度相對的最低，如表3所示。

　　上述極大的轉變更證明自民國90年迄今，明德戒治分監在禪修協助戒毒方面的努力，已深被勒戒學員所接受。不過該監管理及禪修指導者兩項的總平值為3.75，還是高於勒戒學員的3.58。而禪修戒毒成效的滿意度明德戒治分監和鹿鳴精舍戒毒村均為4。戒毒學員對禪修方法的滿意度明德戒治分監為3.796，高於鹿鳴精舍戒毒村的3.72；戒毒成效問卷調查滿意度明德戒治分監為3.491，亦高於鹿鳴精舍戒毒村的3.397。明德戒治分監與鹿鳴精舍戒毒村對於自己使用的禪法都很有信心，但鹿鳴精舍對於禪修戒毒成效的滿意度就差了些。學員對禪修方法和戒毒成效的滿意度都是明德戒治分監稍高於

**表4：台南明德外監和台東鹿鳴精舍禪修戒毒成效滿意度平均值總表**

| 滿意度 | 台南明德監治 | | 台東鹿鳴精舍 | |
| --- | --- | --- | --- | --- |
| | 管理禪修指導者 | 勒戒學員 | 禪修指導者 | 戒毒學員 |
| 禪修方法 | 3.5 | 3.796 | 4 | 3.72 |
| 禪修戒毒成效 | 4 | 3.491 | 4 | 3.397 |
| 總平均值 | 3.75 | 3.58 | 4 | 3.489 |

鹿鳴精舍戒毒村。如表5所示，

　　由表5台南明德外監和台東鹿鳴精舍戒毒成效對照表，綜合其同異點如下，

**表5：明德外監和鹿鳴精舍學員禪修方法和戒毒成效滿意度平均值對照表**

| 題號 | 問卷題目內容 | 明德外監平均數 | 鹿鳴精舍平均數 |
|---|---|---|---|
| 一 | 禪修方法滿意度的平均數比對 | 3.796 | 3.72 |
| 1 | 您能接受戒毒中心指導的禪修戒毒方法 | 3.750 | 4.33 |
| 2 | 禪修幫助你鎮靜和增強專注力 | 3.825 | 3.00 |
| 3 | 禪修練習越多越能增長你的專注力 | 3.950 | 3.66 |
| 4 | 禪修培養的專注力讓您較能掌握自己的情緒 | 3.700 | 3.33 |
| 5 | 禪修使你較能集中注意力較少受外境干擾 | 3.650 | 3.66 |
| 6 | 禪修改善您的身心健康狀況 | 3.900 | 4.33 |
| 二 | 佛教禪修戒毒成效滿意度的平均數分析 | 3.491 | 3.397 |
| 7 | 您能完全配合戒毒中心的作息時間 | 3.850 | 4.33 |
| 8 | 戒毒或放棄戒毒的矛盾心情一直困擾著你 | 3.200 | 4.00 |
| 9 | 禪修對斷除毒癮有絕對的影響力 | 3.375 | 3.66 |
| 10 | 禪修戒毒的成效和使用的禪修方法有關 | 3.450 | 3.00 |
| 11 | 戒毒期間禪修專注力減少毒癮發作的頻率 | 3.250 | 3.00 |
| 12 | 禪修產生的專注力降低毒癮發作時的痛苦 | 3.225 | 2.66 |
| 13 | 禪修養成的專注力能減低您吸毒的欲望 | 3.375 | 3.33 |
| 14 | 禪修的淨心和專注令您對吸毒生起慚愧心 | 3.600 | 3.00 |
| 15 | 禪修的清靜心和專注力能增強您戒毒的決心 | 3.725 | 3.66 |
| 16 | 個人強烈戒毒慾望會影響禪修戒毒的成效 | 3.675 | 3.66 |
| 17 | 染毒年齡愈早需花更多時間心力來禪修戒毒 | 3.550 | 3.00 |
| 18 | 施用的毒品愈強禪修戒毒需要的時間就愈長 | 3.425 | 3.00 |
| 19 | 染毒時間越久禪修戒毒需要的時間就越長 | 3.300 | 3.00 |
| 20 | 親友的鼓勵支持有益於禪修戒毒的成效 | 3.850 | 4.00 |
| 21 | 您出獄(所)後禪修可以協助抵抗毒品的誘惑 | 3.550 | 3.66 |
| | 全量表 | 3.5798 | 3.489 |

### (一)兩處戒毒中心戒毒成效相同點

1. 兩處戒毒中心負責管理人員(教誨師)和禪修指導者對佛教禪修戒毒的滿意度均為4,都高於學員的滿意度。可見上述管理執行者對佛教禪修協助戒毒確實懷有信心、理想和期待。

2. 兩處戒毒學員對於第6和10兩個問題滿意度極高,

(6)禪修改善您的身心健康狀況(3.90/4.33)和(20)親友的鼓勵支持有益於禪修戒毒的成效(3.85/4.00)。可見運用禪修戒毒,是有利身心健康;二所戒毒村採用家庭型態的共住、營造家的氛圍和宗教教誨是有助於戒毒的成效。

3. 兩處戒毒學員對於第5、13和16三個問題有相近的滿意度,平均值差都在0.05以下,(5)禪修使你較能集中注意力較少受外境干擾(3.65/3.66)、(13)禪修養成的專注力能減低您吸毒的欲望(3.375/3.33)、(16)個人強烈戒毒欲望會影響禪修戒毒的成效(3.675/3.66)。雖然台南明德外監使用內觀禪戒毒、台東鹿鳴精舍使用般若禪戒毒,兩者的禪法都重在動中的禪觀,故有殊途同歸之效。

### (二)兩處戒毒中心戒毒成效相異點

兩處戒毒中心戒毒學員問卷調查結果差異處多於相似點,其差異可分為兩組說明如下,

1. 台南明德外監管理執行和禪修指導者對於禪修戒毒的滿意度低於台東鹿鳴精舍

台南明德外監負責管理人員(教誨師)和禪修指導者對於佛教禪修戒毒的滿意度3.5,不但低於台東鹿鳴精舍4,亦低於該監勒戒學員的3.796。而台東鹿鳴精舍4不但超過台南明德外監3.5,亦高出精舍戒毒學員的3.72。筆者認為此項差異主要在台東鹿鳴精舍管理者和禪修指導者同為住持本人,對指導的般若禪法相當熟悉且有體驗;相反地,般若禪法的理論較高深,不見得適用每位戒毒者的根

基，導致戒毒學員對禪修有較低的滿意度。而台南明德外監負責管理人員(教誨師)不同於禪修指導者，不熟稔佛教的禪修方法，故協助戒毒的滿意度台南明德外監3.5中，兩位管理人員(教誨師)滿意值為3，而兩位禪修指導者均為4，和張家麟的研究發現符合。

2.台東鹿鳴精舍戒毒成效五項問卷題目的滿意度高於台南明德外監台東鹿鳴精舍。第7、8、9、20和21等五項有關戒毒成效的滿意度高於台南明德外監：

(7)您能完全配合戒毒中心的作息時間 (4.33 > 3.85)
(8)戒毒或放棄戒毒的矛盾心情一直困擾著你 (4.00 > 3.20)
(9)禪修對斷除毒癮有絕對的影響力 (3.66 > 3.375)
(20)親友的鼓勵支持有益於禪修戒毒的成效 (4.00 > 3.85)
(21)您出獄(所)後禪修可以協助抵抗毒品的誘惑(3.66 > 3.55)

台東鹿鳴精舍戒毒村完全沒有深鎖的鐵門和圍牆，更沒有配備槍隻的警衛，雖然都養有狼犬，但鹿鳴精舍養狗目的是防宵小，而台南明德外監養狗是防勒戒學員越獄，鹿鳴精舍充分授權予學員自治管理，活動空間比較開放，所以在「您能完全配合戒毒中心的作息時間」滿意度平均值高達4.33；台南明德外監則為3.67。然而因為活動空間比較開放，直接接觸外來誘惑的機會相形就多，以致於鹿鳴精舍戒毒學員的「戒毒或放棄戒毒的矛盾心情一直困擾著你」問題的平均值4.00就居高不下，遠超過台南明德外監的3.20，可見設結界令學員遠離吸毒販毒的環境是有其必要。不過對於「禪修對斷除毒癮有絕對的影響力」的滿意度，鹿鳴精舍戒毒村為3.66，超過台南明德外監的3.375。

3.台南明德外監戒毒成效十項問卷題目滿意度高於台東鹿鳴精舍

台南明德外監勒戒學員對第2、3、4三項有關禪修方法的滿意度，和第10、11、12、14、17、18和19等七項有關戒毒成效的滿意

度都高出台東鹿鳴精舍許多：

　　(2)禪修幫助你鎮靜和增強專注力（3.825 ＞ 3.00）

　　(3)禪修練習越多越能增長你的專注力（3.95 ＞ 3.66）

　　(4)禪修培養的專注力讓您較能掌握自己的情緒　（3.70 ＞ 3.33）

　　(10)禪修戒毒的成效和使用的禪修方法有關（3.45 ＞ 3.00）

　　(11)戒毒期間禪修專注力減少毒癮發作的頻率（3.25 ＞ 3.00）

　　(12)禪修產生的專注力降低毒癮發作時的痛苦（3.225 ＞ 2.66 ）

　　(14)修的淨心和專注令您對吸毒生起慚愧心（3.60 ＞ 3.00）

　　(17)染毒年齡愈早需花更多時間心力來禪修戒毒　（3.55 ＞ 3.00）

　　(18)施用的毒品愈強禪修戒毒需要的時間就愈長　（3.425 ＞ 3.00）

　　(19)染毒時間愈久禪修戒毒需要的時間就越長（3.30 ＞ 3.00）

　　台南明德外監的戒毒成效問卷「禪修幫助你鎮靜和增強專注力」滿意度3.825，高出鹿鳴精舍的3.00，可見鹿鳴精舍利用自給自足農禪的般若禪法，立意雖高但沒有靜中養成的定力如何明心？又如何看住念頭？要在作務中起觀來見毒品的無自性就更不容易了。而台南明德外監使用內觀禪，每天有一兩個小時的靜坐，產生的專注力的滿意度3.95高出鹿鳴精舍3.66，且令勒戒學員較易看見並掌握自己的情緒，所以滿意度3.70，比鹿鳴精舍的3.33高。內觀禪往內觀照自身的身、受、心、法，較易令勒戒者對吸毒生起慚愧心，故滿意度3.60，高出鹿鳴精舍的3.00。慚愧心是棄惡從善的內在樞紐，所以台南明德外監對「禪修戒毒的成效和使用的禪修方法有關」滿意度3.45，鹿鳴精舍只有3.00。同樣地，台南明德外監對「戒毒期間禪修專注力減少毒癮發作的頻率」和「禪修產生的專注力降低毒癮發作時的痛苦」的認同度分別為3.25和3.225，雖然都不是很高，但都高於鹿鳴精舍的3.00和2.66。此兩個問卷項目都需依

賴靜坐養成的專注力和禪定力才能對治。鹿鳴精舍在後者「禪修產生的專注力降低毒癮發作時的痛苦」的認同度只有2.66的低指數，因此需藉溫泉拍打法減輕毒癮發作時的痛苦。其他「染毒年齡愈早需花更多時間心力來禪修戒毒」、「施用的毒品愈強禪修戒毒需要的時間就愈長」和「染毒時間愈久禪修戒毒需要的時間就愈長」鹿鳴精舍戒毒學員的同意度都是3.00，台南明德外監分別為3.55，3.425，和3.30。可能鹿鳴精舍僅有五位戒毒學員，年齡介於30-60之間，開始吸毒年齡為30-40之間，吸毒歷史4-10年以上，有新進者不熟悉禪修方法，故對於上述問題較不肯定。

## 四、禪修理論與戒毒運用困難突破的三項考量方向

以上為台南明德外監教誨師、毒品勒戒者與台東鹿鳴精舍禪修指導者、戒毒學員的問卷調查比較說明，如何將禪修原理充分運用在戒毒成效上，有三項考量建言如下。

### (一)從戒毒政策對我國注重「生命教育」的省思

根據薛雅尹〈我國戒毒政策成效評估之研究〉[82]的碩士論文報告，從民國87年我國公佈實施的「毒品危害防制條例」是將毒品犯視為「犯人兼病人」所採取的實施原則，薛氏在研究的評論中發現：受戒治人大部分不認同戒毒政策的改變，因為在監執行的方式脫離不了軍事化的管理，猶如受刑，並非在戒毒，台南明德外監已針對此項逐步在調整試驗中，如小木屋的設立、神職人員和志工

---

[82] 薛雅尹(2001)，〈我國戒毒政策成效評估之研究〉，(國立東華大學公共行政研究所碩士論文)，全國博碩論文資訊網 http://etds.ncl.edu.tw/theabs/index.jsp

二十四小時的進住並提供各種宗教教誨課程。其次執行人員認為空有制度的實施，卻未給予政策資源的配合，如人力的缺乏、專業的嚴重不足、經費的欠缺、軟硬體設備的匱乏，皆使得戒毒工作無法有效施展。那麼如何更具有人性化的戒毒政策，是否應該重新建構與反省呢？

中國文化自古儒、釋、道三大哲學思想體系即非常注重「生命教育」。生命教育的內涵在學理上應涵蓋人生與宗教哲學、基本與應用倫理學以及人格統整與情緒教育三個領域。因此要讓人們遠離毒品，就要給他們一個正向而積極的生命起點。而反生命行為的真正制止並不在於一味的防毒、監測，打擊犯罪或通報系統的建立，而在於根本的防患未然。防患未然之道在於建立正面的人生觀以及家庭社會的互助與互愛。所以，真正的生命教育應從家庭、學校、社會各方面著手，甚至更應藉助正確宗教信仰來幫助青少年從小開始探索與認識生命的意義、尊重與珍惜生命的價值，熱愛並發展每個人獨特的生命價值觀，並將自己的生命與天地人之間建立美好的共融共住的關係。

近年來，隨著分子生物學、基因工程、腦成像技術的發展，越來越多的證據證明，藥物濫用是一種疾病，是一種返復發作和伴有多種行為障礙的大腦疾病，一旦罹患，即成頑症，根治十分困難，以致戒毒者的再犯率高達95％以上。而在腦功能障礙的基礎上，藥物濫用者為獲得毒品鋌而走險，出現一系列偏常和越軌行為，單純的藥物治療並不能改變吸毒者的不良行為，而目前國內採用的強制戒毒並不等同於戒毒康復治療，真正意義上的康復治療應由受過專業訓練的人員對吸毒者進行心理治療、行為矯正、情緒控制訓練、思維方式訓練、重返社會的生活和社會技能訓練、職業培訓和人生觀教育等。而前述佛教的禪修內涵其實就已具有「生命教育」與科學證明的說服證據。

## （二）有關宗教戒治模式之展望

民國84年起台南監獄附設「戒治分監」，開始試辦未來戒治處所採用之處遇方式，以作為辦理戒治業務之基礎，試圖尋找建立一種屬於監獄內適用的戒治處遇模式。期間該分監除了提供治戒過程中需用的硬體設備如：教室、佛堂、球場、農場、習藝場、輔導室、個別談話、視聽教室、團康中心等，更安排心理復健與生活輔導，內容包括體能訓練、技能訓練、宗教教誨、經驗分享、自我肯定訓練…等十二項內容。在民國84年9月「吸毒犯戒治成效評估報告」顯示，其在戒治課程及處遇措施上，不管戒毒者、家屬以及管教人員均一致表示相當高的比例，並且戒毒者亦顯示高度配合追蹤連繫之意願，辦理成效良好。【83】本論文所做佛教禪修在台南戒治分監的戒毒成效問卷調查和該監盧教誨師96年統計過去五年逐次遞減的再犯率，都證實佛教教誨課程是有助於戒毒。所以未來佛教在面對社會戒毒的服務工作中，如何提出最完善的「生命教育」之實施課程，是一項重大任務與使命。而當今台灣佛教界在不斷提倡人間佛教與宗教的全球倫理中，如何以佛法中的禪修功能對治現今人類心靈枯萎之病，更是當急要務。所以以佛教的禪修功能來幫助戒毒者實施根治毒癮與心靈改革是必須去加強推動與策劃的，從本國台灣做起進而影響全球之整體戒毒運動，以為未來的人類創造優質與良美的遺傳基因。

## (三)宗教教誨課程專業人士素養的提昇

無論從理論或實務操作上，均能證明佛教禪修協助戒毒的明顯功效。然而禪修牽涉到我人的身心世界和三界六道轉化的依報環境，極為深細難知。毒癮又深藏在我們的心識底蘊，若非確實對禪修有親身的實證，單靠禪修的理論知識來指導戒毒，恐學員易有無

---

【83】 薛雅尹(2003)，〈我國戒毒政策成效評估之研究〉，頁29-32。

法超越的瓶頸、指導者也會有挫折感的打擊，效果反而不彰。因此，若能由政府有計劃地輔導培訓有意從事戒毒工作者，成為有專業實務經驗合格的宗教教誨師，兼能執行精確的成效評估和再犯率調查技巧。對於民間戒毒團體，政府若能在財力人力技術上提供協助，必能擴大政府與民間團體的合作，創造更有規模和制度的戒毒村。在戒毒時間上，若能延長勒戒時間，才能培養戒毒學員有足夠的定力和智慧，擁有全新的人生重新去面對社會。如此方能達到戒毒最高成效，將再犯率減到最低。否則一再入監出監反造成更大的社會成本。

# 伍、結論

禪修就是修止和觀，修止得禪定、修觀得智慧，依定開慧。禪定和智慧都有深淺，依禪修者努力程度而定。禪定通見於印度宗教史中，為各時代重要修行法之一。禪修戒毒從最初散亂心到最後的專注自在的過程需經歷九種心，從內住、等住、安住、到近住等前四住，已能收攝奔馳不停追逐外境毒品的心念，到第五調順心，即不為外在毒品所惑，較有定力降伏因毒癮帶來的煩惱，當然透過眼、耳、鼻、舌、身來誘惑人的毒品，此時已不再產生吸引力了。進入第六寂靜時，內心動吸毒的念頭能速止息，雖然不為毒品外相所惑，仍有內在的毒癮，但易見吸毒的習氣種子。到了第七最極寂靜，持續不懈，定力益增，自主情緒的能力增強，坐中能斷除貪欲、憂戚、昏沉等。當貪愛毒品的心生起時，能速予除滅。第八專注一趣已沒有昏沈、掉舉，能無間自然地作意，已不用努力，可以完全自然地作意。第九住等持即禪定的情況，沒有雜念，作意已能任運，禪定自在。此時已由靜心達到淨心，內在的毒癮不再現起。

更進一步，禪定加深，可證入初禪、二禪、三禪、四禪、空處定、識處定、無所有處定和非想非非想處定等四禪八定。在證入二

禪時，眼、耳、鼻、舌、身等會令吸毒者眼見、耳聞、鼻嗅、舌嘗和身觸而引發吸毒欲望的前五識已停止作用。再繼續深入禪定開啟智慧，達到沒有誘人的毒品、沒有吸毒的人、亦沒有吸毒這件事的三輪體空，在日常生活中運作的是如如不動的平常心。

本論文第二部分台南監獄明德戒治中心和台東鹿鳴精舍兩處戒毒中心所做問卷調查和深度訪談，發現不論以內觀禪或般若禪協助戒毒，都能引發定慧力量，達到很好的戒毒成效。唯需政府和民間團體通力合作，提昇戒毒村的硬體設備、課程規劃、人員管理、師資培訓、成效評估等，以發揮禪修戒毒更大的功用。既然根深柢固的毒癮能藉著禪修有效地對治和斷除，同樣原理相信也能夠適用在憂鬱症和燥鬱症的療癒，更進一步用來促進教育成效。

（本論文2008/12/17《新世紀宗教研究》期刊審查通過，預計今年底以專載出刊。）

# 參考書目：

## （一）中文原典

*Ānāpānasatisutta*南傳巴利《中阿含》(Majjhima Nikaya)118經。

Mahasatipatthanasutta南傳巴利《雜阿含》(Samyutta Nikaya)119經。

《大念住經》，南傳巴利，《長阿含》(Digha Nikaya)22經。

佛音論師，《清淨道論》(Visuddhimagga)，《南傳大藏經》冊62-64。

東晉・瞿曇僧伽提婆譯，《念處經》，《中阿含經》，《大正藏》冊1，第26號。

東晉・瞿曇僧伽提婆譯，《增一阿含經》，《大正藏》冊2，第125號。

後漢・支婁迦讖譯，《般舟三昧經》，《大正藏》冊13，第417號。

後漢・安世高譯，《佛說大安般守意經》，《大正藏》冊15，第602號。

後漢・安世高譯，《陰持入經》，《大正藏》冊15，第603號。

後漢・安世高譯，《佛說禪行三十七品經》，《大正藏》冊15，第604號。

後漢・安世高譯，《禪行法想經》，《大正藏》冊15，第605號。

西晉・竺法護譯，《修行道地經》，《大正藏》冊15，第606號。

後漢・安世高譯，《道地經》，《大正藏》冊15，第607號。

後漢・支曜譯，《小道地經》，《大正藏》冊15，第608號。

西晉・竺法護譯，《法觀經》，《大正藏》冊15，第611號。

西晉・竺法護譯，《身觀經》，《大正藏》冊15，第612號。

姚秦・鳩摩羅什譯，《禪秘要法經》，《大正藏》冊15，第613號。

姚秦・鳩摩羅什譯，《坐禪三昧經》，《大正藏》冊15，第614號。

姚秦・鳩摩羅什譯，《禪法要解》，《大正藏》冊15，第616號。

劉宋・曇摩蜜多譯，《五門禪經要用法》，《大正藏》冊15，第619號。

後漢・安世高譯，《佛說佛印三昧經》，《大正藏》冊15，第621號。

唐・般刺蜜帝譯，《大佛頂如來密因修證了義諸菩薩萬行首楞嚴經》冊19，第945號。

姚秦・鳩摩羅什譯，《大智度論》卷十九，《大正藏》冊25，第1509號。

唐・玄奘譯，《阿毘達磨大毘婆裟論》卷四十，《大正藏》冊27，第

1545號。

唐・玄奘譯，《阿毘達磨俱舍論》，《大正藏》冊29，第1558號。

唐・玄奘譯，《阿毘達磨順正理論》卷五十九，《大正藏》冊29，第1562號。

唐・玄奘譯，《瑜伽師地論》卷二十九、三十，《大正藏》冊30，第1579號。

北涼・曇無讖譯，《菩薩地持經》，《大正藏》冊30，第1581號。

唐・波羅頗蜜多羅譯，《大乘莊嚴經論》，《大正藏》（卷7），冊31，第1604號。

唐・玄奘譯，《大乘阿毘達磨雜集論》卷十一，《大正藏》冊31，第1606號。

安慧菩薩造，唐・地婆訶羅譯，《大乘廣五蘊論》，《大正藏》冊31，第1613號。

唐・道倫集撰，《瑜伽論記》，(48卷)，《大正藏》冊41，第1828號。

隋・慧遠撰，《大乘義章》卷十六末，《大正藏》冊44，第1851號。

隋・智顗說，《摩訶止觀》，《大正藏》冊46，第1911號。

隋・智顗說，《釋禪波羅蜜次第法門》，《大正藏》冊46，第1916號。

隋・智顗說，《六妙法門》，《大正藏》冊46，第1917號。

隋・智顗說，《四念處》，《大正藏》冊46，第1918號。

慧能述，法海集，元代宗寶編，《六祖大師法寶壇經》，《大正藏》冊48，第2008號。

梁・慧皎撰，《高僧傳》，《大正藏》冊50，第2059號。

玄奘譯，《唯識三十論約意》，《卍新纂續藏經》冊51，第827號，頁3。

## (二)中文書籍

愛德華・韋奇(Edward T. Welch)(2006)，《成癮：墳墓中的宴會》，台北：華神。

戴文波特・海恩斯(Devenport-Hines, Richard)，鄭文譯，(2003)，《毒品》，台北：時報。

大衛・柯特萊特(Courtwright, David T(2002)，《上癮五百年》，台

　　北：立緒。

于凌波，《大乘廣五蘊論講記》，高雄：淨宗學會，2001年。

巴佛洛夫著，閻坤譯(1998)，《制約反射》，台北：桂冠。

冉雲華(1990)，《中國禪學研究論集》，台北：東初出版社。

安辰赫(2002)，《藥癮者的全人復原》，台北：晨曦。

吳汝鈞，《唯識現象學(一)》，台灣學生書局印行，2002年，頁IX。

蔡百銓譯，JS Kruger G J A Lubbe H C Steyn合著(2000)，《比較宗教》
　　*The Human Search for Meaning*，國立編譯館。

慈怡主編(1988)，《佛光大辭典》，高雄：佛光出版社。

法務部(1997)，《犯罪狀況及其分析》，台北：法務部犯罪問題研究中心。

蔡佩真等(2002)，《藥物濫用的生命輔導》，台北：晨曦。

蔡德輝與楊士隆(1997)，《青少年吸毒問題與防治對策》，台北：五南。

劉民和‧莫少珍(2006)，《愛的激勵—劉民和牧師的事奉動力》，台
　　北：晨曦。

劉民和(2001)，《福音戒毒的生命事奉》，台北：晨曦。

劉易齋(2001)，《生命學簡綱初探》(*The Exploration of the Brief Outline
　　of Life Philosophy Studies*)，台北：高立圖書有限公司。

蘇智良(1997)，《中國毒品史》，上海：上海人民出版社。

蘇智良(1998)，《禁毒全書》，上海：上海人民出版社。

(高德柏)著；洪蘭譯(2004)，《大腦總指揮 The Executive Brain Frontal
　　Lobes and the Civilized Mind》，台北：遠流出版事業有限公司。

## （三）中文論文

王世慶(1986)，〈日據初期臺灣之降筆會與戒煙運動〉，《臺灣文
　　獻》，第37卷，第4期，頁11-135。

朱台芳(1992)，〈監牧關懷：對台灣天主教會監牧工作之研究與反
　　省〉，台北：輔仁大學宗教研究所碩士論文。

成和平(1998)，〈超心理科技之腦波與心靈改革〉，台北：中華超心理
　　學研究會。http://www.thinkerstar.com/psi/spt_essays/cheng.html

余睿羚(2005)，〈台灣南部大學生使用搖頭丸心理因子探討〉，台南

市：國立成功大學行為醫學研究所碩士論文。

程冠豪(2005)，〈成年海洛因濫用者衝動性、用藥信念、用藥渴求與復發意向關係之研究〉，國立中正大學犯罪防治研究所碩士論文。

楊白衣(1978)，〈三性論〉，《佛光學報》，第三期，頁22。

張家麟(2002)，〈宗教團體宗教團體與監獄宗教教誨-對佛光山在明德戒治分監活動之實證分析〉，《普門學報》第12期，頁8-9。

詹德杰(2002)，〈吸毒犯行認知基模之萃取研究〉，嘉義縣：國立中正犯罪防治研究所碩士論文。

薛雅尹(2003)，〈我國戒毒政策成效評估之研究〉，花蓮縣：國立東華大學公共行政研究所碩士論文。

釋慧　(1995)，〈佛教對監獄教誨功能之研究─以台灣地區男性受刑人為考察對象〉，《諦觀》80期，頁97-134。

(盧茲)等(2005)，〈禪修打坐可能增強腦功能〉，《PNAS》《美國科學院學報》。

(入伍生)(2006)，〈科學家提出控制毒癮的新方法〉，《國家科學院期刊》（*Proceedings of the National Academy of Sciences, PNAS*。

## (四)西文書籍、論文

Lutz A, Greischar LL, Rawlings NB, Richard M, Davidson RJ(2004). *Long-term meditators self-induce high-amplitude gamma synchrony during mental practice.* Proc Natl Acad Sci U. S. A. 2004, Nov 16;101(46):16369-73.

Muisner , Philips P(1994).Understanding and Treating Adolescent Substance Abuse , Sage Publications.

NG Ho-Yee.(2004). *From Coffin to Heaven: A Psychological Study of Christian Conversion in Drug Rehabilitation.*

Robert S. de Ropp, Iven Lourie(1968), (*The Master Game: Pathways to Higher Consciousness*), New York: Delacorte Press.

Robak, R.(1991), A primer for today's substance abuse counselor. Lexington, MA : Lexington Books.

## （五）網站

維基百科〈毒品〉zh.wikipedia.org/wiki，2006年12月16日

Hoodong互動百科，http://www.hoodong.com/wiki/200000684040，
　2006.12.20。

聯合新聞網 http://udn.com/NEWS/NATIONAL/NATS4/1799833.shtml，
　93.12.

法務部〈台灣台南監獄〉，http://www.tpt.moj.gov.tw/B200/cb200B.htm，
　1996：7-9

全國博碩論文資訊網 http://etds.ncl.edu.tw/theabs/index.jsp

## （六）記錄片

「牢觀 內觀」Doing Time, Doing Vipassana VCR。

「Changing from Inside」VCR。

# 附錄一：執行人員禪修戒毒成效問卷調查表

（說明：下列各題請在適當的□打勾及說明）

一、您執行過禪修戒毒嗎？□是　□否

二、您使用何種禪法？＿＿＿＿＿＿＿＿＿＿＿＿＿＿＿＿＿＿＿＿

三、您認為禪修戒毒成效好嗎？□好　□不好

理由＿＿＿＿＿＿＿＿＿＿＿＿＿＿＿＿＿＿＿＿＿＿＿＿＿＿＿＿＿

四、您以禪修指導過多少勒戒者？□男＿＿人　□女＿＿人

五、您每天指導戒毒者幾個小時的禪修？＿＿＿＿＿＿＿＿＿＿＿＿＿

六、在指導戒毒者禪修過程中您是否曾遇到任何困難？□有　□無

說明＿＿＿＿＿＿＿＿＿＿＿＿＿＿＿＿＿＿＿＿＿＿＿＿＿＿＿＿＿

七、禪修戒毒者再次進入接受勒戒的比例：＿＿＿＿＿＿＿＿＿＿＿＿

八、禪修戒毒者再次進入接受勒戒的男女比例：＿＿＿＿＿＿＿＿＿＿

九、禪修戒毒者再次進入接受勒戒的原因：＿＿＿＿＿＿＿＿＿＿＿＿

十、您認同民間參與禪修戒毒輔導？　□認同　□不認同

理由＿＿＿＿＿＿＿＿＿＿＿＿＿＿＿＿＿＿＿＿＿＿＿＿＿＿＿＿＿

十一、您對戒治工作是否抱有任何理想、期望或建議？

　　　□是　□否　理由＿＿＿＿＿＿＿＿＿＿＿＿＿＿＿＿＿＿＿＿

**十二、您的基本資料：**

1. 工作職稱：＿＿＿＿＿＿＿＿＿＿＿＿＿＿＿＿　□專職 □兼職 □義工

2. 性別：□男　□女

3. 年齡：

4. 學歷：＿＿＿＿＿＿＿＿＿＿＿＿＿＿＿＿＿＿＿＿＿＿＿＿＿＿＿

5. 從事毒品戒治工作年資：＿＿＿＿＿＿年＿＿＿＿＿＿月

6. 服務機關及單位：＿＿＿＿＿＿＿＿＿＿＿＿＿＿＿＿＿＿＿＿＿＿

7. 姓名：＿＿＿＿＿＿＿＿＿＿＿8. 聯絡電話：＿＿＿＿＿＿＿＿＿＿

（可選擇僅填姓、不具名，方便有必要進一步請教時聯絡用）

## 附錄二：禪修戒毒成效問卷調查表

（說明：下列各題請在適當的□打勾）

### 第一部份　基本資料

1. 姓：＿＿＿＿＿＿＿＿＿＿＿＿2. 性別：□男　　□女

3. 年齡：□20以下　□21~30　□31~40　□41~50　□51~60　□60以上

4. 教育程度：□無　□國小　□國中　□高中職　□專科　□大學

　　　　　　　□研究所(以上含肄業)

5. 婚姻狀況：□未婚(獨居)　□未婚(與家人或異性同居)

　　　　　　　□已婚(多數時間與家人同住)　　□已婚(分居中)

　　　　　　　□離婚(與家人或異性同住)　　□離婚(獨居)

　　　　　　　□喪偶(與家人或異性同住)　　□喪偶(獨居)

6. 工作性質：□農林漁牧業　□工　□商　□軍警公教　□服務業

□自由業　□學生　□無(退休、家管、求職中)　□其它＿＿＿＿＿＿＿＿＿

7. 宗教信仰：□佛教　□道教　□基督教　□天主教　□回教　□無

□其它＿＿＿＿＿＿＿＿＿＿＿＿＿＿＿＿＿＿＿＿＿＿＿＿＿＿＿＿＿＿＿

### 第二部份　吸毒/戒毒歷史

1. 吸毒經驗：□(1)1~2年　□(2)2~3年　□(3)3~4年　□(4)4~5年□(5)5~10年

　　　　　　　□(6)10年以上　□(7)其他＿＿＿＿＿＿＿＿＿

2. 您幾歲開始吸毒：□(1)12歲以下　□(2)12~20歲　□(3)21~30歲

　　　　　　　　　　□(4)31~40歲　□(5)40~50歲　□(7)其他＿＿＿＿＿＿＿＿

3. 染毒原因：(可複選)(勾選項下請再圈出細項或自列出原因)

□(1)個人因素(好奇、時髦、刺激、自卑、事業失敗、失業缺乏自信)

□(2)家庭因素(家庭破碎、氣氛不融洽、報復家人、婚姻不睦)

□(3)受家人、朋友、同學慫恿引誘

□(4)環境因素(至網咖、賭場、聲色娛樂場等取得)

□(5)提神、治病、減肥、放鬆、增加性功能

□(6)遭遇重大事故或遇到麻煩

□(7)缺乏關愛,感覺人生乏味、生命無意義,充滿疏離感

□(8)反抗權威、叛逆心理作祟、不滿現實世界

□(9)無法忍受戒斷症狀、生理依賴

□(10)逃避現實

□(11)無法做決定

□(12)其他_____

4. 您最常施用的毒品:(可複選)□(1)安非他命 □(2)海洛因 □(3)嗎啡

□(4)可待因 □(5)古柯鹼 □(6)搖頭丸(FM2) □(7)迷幻藥(LSD) □(8)強力膠

□(9)其他_____

5. 戒毒前施用毒品頻率:□(1)每天1次或1次以上 □(2)每週1次或1次以上

□(3)每月1次或1次以上 □(4)不定時,想吸就吸 □(5)其他_____

6. 您施用毒品時的感覺:□(1)精神特別好□(2)鬆弛、愉快□(3)感覺較有自信

　　　　　　　　　□(4)充滿幻想、靈感 □(5)不舒服、不愉快

7. 毒品有無造成身心傷害:□(1)傷害很大 □(2)有一點傷害 □(3)沒有傷害

　　　　　　　　　　□(4)沒有傷害,反而有點幫助 □(5)有很大幫助

8. 戒毒理由:□(1)自願 □(2)家人逼迫 □(3)異性朋友勸誡 □(4)被勒戒

　　　□(5)其他_____

9. 戒毒次數:□(1)第一次 □(2)第二次 □(3)第三次 □(4)五次以上

　　　□(5)其他_____

10. 每次戒毒時間：□(1)1個月 □(2)2_3個月 □(3)3_6個月 □(4)6個月_1年
　　　　　　　　□(5)其他＿＿＿＿＿＿＿＿＿＿＿＿＿＿＿＿

11. 戒毒期間毒癮出現頻率：□(1)每半天 □(2)每天 □(3)每2_3天 □(4)每週
　　　　　　　　　　　　□(5)其他＿＿＿＿＿＿＿＿＿＿＿＿＿

12. 禪修戒毒方法：□(1)數息 □(2)觀呼吸 □(3)內觀禪
　　　　　　　　□(4)沒有禪修戒毒過□(5)其他＿＿＿＿＿＿＿＿＿＿

13. 禪修時的感覺：□(1)放鬆、輕安 □(2)精神專注 □(3)吸毒欲望減少
□(4)煩躁妄念紛飛 □(5)昏沈欲睡 □(6)全身酸麻脹痛

14. 若以禪修戒毒，您認為自己需花多少時間才能戒治成功？
□(1)6個月以下 □(2)6個月_1年 □(3)1年_1年6個月 □(4)1年6個月_2年
□(5)2年以上 □(6)其他＿＿＿＿＿＿＿

15. 禪修戒毒成效：□(1)完全斷除毒癮 □(2)改善 □(3)無法斷除毒癮
　　　　　　　　□(4)放棄 □(5)其他＿＿＿＿＿＿＿＿＿＿＿＿＿

16. 您出獄(所)後又再施用毒品原因：(可複選)
　　　　□(1)心癮難耐 □(2)意志不堅(受朋友或外在環境引誘)
　　　　□(3)遭遇重大變故或受到挫折，心情不好
　　　　□(4)交友複雜 □(5)生活壓力太大
　　　　□(6)找不到工作、失業 □(7)家人不諒解、不接納
　　　　□(8)藥品容易取得，有毒品來源
　　　　□(9)逃避現實 □(10)對現實不滿 □(11)販賣毒品賺錢
　　　　□(12)其他＿＿＿＿＿＿＿＿＿＿＿＿＿＿＿＿＿＿＿＿

17. 您出獄(所)後多久又再施用毒品：□(1)1星期內 □(2)1星期_3個月
　　　　□(3)3個月_半年 □(4)半年_1年 □(5)1年以上

## 第三部份　禪修方法滿意量表

【填答說明】下列各題敘述，依據您同意的程度在適當的□內打勾

|  | 非常滿意 | 很滿意 | 滿意 | 尚可 | 不滿意 |
|---|---|---|---|---|---|
| 1. 您能接受戒毒中心指導的禪修戒毒方法－－－－－－－ | □ | □ | □ | □ | □ |
| 2. 禪修幫助你鎮靜和增強專注力－－－－－－－－－－ | □ | □ | □ | □ | □ |
| 3. 禪修練習愈多愈能增長你的專注力－－－－－－－－ | □ | □ | □ | □ | □ |
| 4. 禪修培養的專注力讓您較能掌握自己的情緒　－－－－ | □ | □ | □ | □ | □ |
| 5. 禪修使你較能集中注意力較少受外境干擾－－－－－－ | □ | □ | □ | □ | □ |
| 6. 禪修改善您的身心健康狀況.－－－－－－－－－－ | □ | □ | □ | □ | □ |

## 第四部份　禪修戒毒成效量表

| | | | | | |
|---|---|---|---|---|---|
| 1. 您能完全配合戒毒中心的作息時間－－－－－－－－－ | □ | □ | □ | □ | □ |
| 2. 戒毒或放棄戒毒的矛盾心情一直困擾著你－－－－－－ | □ | □ | □ | □ | □ |
| 3. 禪修對斷除毒癮有絕對的影響力－－－－－－－－－ | □ | □ | □ | □ | □ |
| 4. 禪修戒毒的成效和使用的禪修方法有關　－－－－－－ | □ | □ | □ | □ | □ |
| 5. 戒毒期間禪修專注力減少毒癮發作的頻率－－－－－－ | □ | □ | □ | □ | □ |
| 6. 禪修產生的專注力降低毒癮發作時的痛苦－－－－－－ | □ | □ | □ | □ | □ |

7. 禪修養成的專注力能減低您吸毒的欲望－－－－－－－□ □ □ □ □

8. 禪修的淨心和專注令您對吸毒生起慚愧心－－－－－－□ □ □ □ □

9. 禪修的清靜心和專注力能增強您戒毒的決心－－－－－□ □ □ □ □

10. 個人強烈戒毒欲望會影響禪修戒毒的成效－－－－－－□ □ □ □ □

11. 染毒年齡愈早需花更多時間心力來禪修戒毒－－－－－□ □ □ □ □

12. 施用的毒品愈強禪修戒毒需要的時間就愈長－－－－－□ □ □ □ □

13. 染毒時間愈久禪修戒毒需要的時間就愈長－－－－－－□ □ □ □ □

14. 親友的鼓勵支持有益於禪修戒毒的成效－－－－－－－□ □ □ □ □

15. 您出獄(所)後禪修可以協助抵抗毒品的誘惑－－－－－□ □ □ □ □

## 附錄三：明德戒治分監92至96年受刑人出監再犯率統計表

| 臺南監獄明德戒治分監92至96年受刑人出監再犯率統計表 | | | | | | | | | |
|---|---|---|---|---|---|---|---|---|---|
| 項目<br>年度 | 出監人數 | 出監再犯期間 | | | | | | 再犯人數 | 未再犯人數 | 年度再犯率 |
| | | 6月內 | 6月以上1年未滿 | 1年以上2年未滿 | 2年以上3年未滿 | 3年以上4年未滿 | 4年以上5年未滿 | | | |
| 92年度 | 48 | 0 | 4 | 17 | 3 | 3 | 1 | 28 | 20 | 58.3% |
| 93年度 | 35 | 1 | 5 | 9 | 4 | 3 | | 22 | 13 | 62.8% |
| 94年度 | 55 | 4 | 9 | 11 | 5 | | | 29 | 26 | 52.7% |
| 95年度 | 48 | 2 | 6 | 7 | | | | 15 | 33 | 31.2% |
| 96年度 | 100 | 1 | 2 | | | | | 3 | 97 | 3.0% |
| 92~96年合計 | 286 | 8 | 26 | 44 | 12 | 6 | 1 | 97 | 189 | 33.9% |
| 比例% | | 8.2% | 26.8% | 45.4% | 12.4% | 6.2% | 1% | | | |

備　註
1. 資料來源：以97.01.01為基準日，查詢全國刑案紀錄於上訴期間內經法院判決有罪確定者。（含移送觀察勒戒或強制戒治）
2. 92至96年再犯人數97名中，非因毒品案件再犯者計10名（92年1名、93年4名、94年1名、95年3名、96年1名），再犯毒品案件者計87名，實際再犯毒品罪之再犯率為30.4%
   【（97－10）÷286＝30.4%】。

## 附錄四：台南監獄明德戒治分監受刑人資料

| 年度 | 假釋出監人數 | 可統計再犯人數 | 出監後未聯繫人數 | 再犯比率 | 無法聯繫比率 | 再犯比率＋無法聯繫之比率 | 再犯者在監戒治時間 | 再犯者出監後再犯時間 | 再犯者再犯案件 |
|---|---|---|---|---|---|---|---|---|---|
| 84 | 66 | 24 | 3 | 36.3% | 4.5% | 40.9% | 未滿1年:0人<br>1至2年:19人<br>2至3年:5人 | 未滿1年:13人<br>1至2年:7人<br>2至3年:4人<br>3至4年:0人<br>4年以上:0人 | 毒品罪22人<br>盜匪罪2人 |
| 85 | 133 | 26 | 28 | 19.5% | 21.1% | 40.6% | 未滿1年:2人<br>1至2年:14人<br>2至3年:10人 | 未滿1年:11人<br>1至2年:8人<br>2至3年:6人<br>3至4年:1人<br>4年以上:0人 | 毒品罪26人 |
| 86 | 165 | 35 | 37 | 21.2% | 22.4% | 43.6% | 未滿1年:0人<br>1至2年:20人<br>2至3年:15人 | 未滿1年:17人<br>1至2年:12人<br>2至3年:3人<br>3至4年:3人<br>4年以上:0人 | 毒品罪34人<br>竊盜罪1人 |
| 87 | 133 | 28 | 29 | 21.1% | 21.8% | 42.9% | 未滿1年:1人<br>1至2年:11人<br>2至3年:16人 | 未滿1年:10人<br>1至2年:14人<br>2至3年:4人<br>3至4年:0人<br>4年以上:0人 | 毒品罪26人<br>公共危險罪1人<br>逃亡罪1人 |
| 88 | 162 | 41 | 35 | 25.3% | 21.6% | 46.9% | 未滿1年:0人<br>1至2年:33人<br>2至3年:8人 | 未滿1年:18人<br>1至2年:20人<br>2至3年:3人<br>3至4年:0人<br>4年以上:0人 | 盜匪罪1人<br>毒品罪40人 |

## （續）附錄四：台南監獄明德戒治分監受刑人資料

| 年度 | 假釋出監人數 | 可統計再犯人數 | 出監後未聯繫人數 | 再犯比率 | 無法聯繫比率 | 再犯比率＋無法聯繫之比率 | 再犯者在監戒治時間 | 再犯者出監後再犯時間 | 再犯者再犯案件 |
|---|---|---|---|---|---|---|---|---|---|
| 89 | 59 | 12 | 12 | 20.3% | 20.3% | 40.6% | 未滿1年:2人<br>1至2年:9人<br>2至3年:1人 | 未滿1年:4人<br>1至2年:7人<br>2至3年:1人<br>3至4年:0人<br>4年以上:0人 | 盜匪罪1人<br>毒品罪11人 |
| 90 | 41 | 6 | 1 | 15% | 2.4% | 17.47% | 未滿1年:0人<br>1至2年:4人<br>2至3年:2人<br>3至4年:0人 | 未滿1年:0人<br>1至2年:2人<br>2至3年:4人<br>3至4年:0人<br>4 年以上:0人 | 煙毒3人 |
|  | 12 | 5 | 1 |  | 8.3% | 50% | 未滿1年:0人<br>1至2年:2人<br>2至3年:3人 | 未滿1年:2人<br>1至2年:2人<br>2至3年:1人<br>3至4年:0人<br>4 年以上:0人 | 毒品罪5人 |
| 總計 | 771 | 177 | 146 | 23% | 18.9% | 41.9% | 未滿1年:5人<br>1年至2年: 112人<br>2年至3年: 60人<br>3年至4年:0人 | 未滿1年:75人<br>1年至2年:72人<br>2年至3年:25人<br>3年至4年:4人<br>4 年以上:0人 | 毒品罪170人<br>盜匪罪4人<br>竊盜罪1人<br>逃亡罪1人<br>公共危險罪1人 |

（台南監獄明德戒治分監提供）

## 附錄五：台南監獄明德戒治分監受戒治人資料

| 年度 | 停止戒治人數 | 可統計再犯人數(註一) | 出所後未聯繫人數 | 再犯比率 | 無法聯繫比率 | 再犯比率＋無法聯繫之比率 | 再犯者在監戒治時間 | 再犯者出監後再犯時間 | 再犯者再犯案件 |
|---|---|---|---|---|---|---|---|---|---|
| 88 | 7 | 2 | 0 | 28.5% | 0% | 28.5% | 3至6月：2人<br>6月至1年：0人 | 6月以內：2人<br>6月至1年：0人 | 毒品罪2人 |
| 89 | 221 | 55 | 48 | 24.8% | 21.7% | 46.5% | 3至6月：25人<br>6月至1年：30人 | 6月以內：21人<br>6月至1年：34人 | 竊盜罪3人<br>詐欺罪1人<br>毒品罪51人 |
| 90/12月底止 | 406 | 69 | 33 | 17% | 20% | 37%% | 3至6月：47人<br>6月至1年：22人 | 6月以內：25人<br>6月至1年：41人 | 毒品罪62人<br>竊盜罪7人 |
| 91/5月底止 | 64 | 16 | 17 | 25% | 27% | 52% | 3至6月：5人<br>6月至1年：11人 | 6月以內：12人<br>6月至1年：4人 | 煙毒罪16人 |
| 總計 | 470 | 85 | 99 | 18.1% | 21.1% | 39.1% | 3至6月：52人<br>6月至1年：33人 | 6月以內：37人<br>6月至1年：48人 | 毒品罪81人<br>竊盜罪3人<br>詐欺罪1人 |

註一：台南戒治所於88年10月開始收容戒治人。

（台南監獄明德戒治分監提供）

# 台南監獄戒治分監戒治成效分析

## 壹、 再犯率分析

一、收容人數統計：

本分監收容人數統計以在戒治分監假釋或停止戒治者為主，因另案需送回本監出庭或違規及因病送回本監者，不算入統計人數。

二、再犯人數統計：

再犯人數來源如下：

（一）本監撤銷假釋紀錄

（二）假釋出監半年以後，函詢戶籍地派出所，查詢其生活狀況及是否再犯罪。

（三）駐監佛光山及更生團契的志工老師，對假釋出獄人的追蹤輔導，包括電話追蹤及實地訪視。

（四）仍有為數不少的收容人，假釋出監後便遷移居住地，甚者基本　資料所留之電話為虛構，造成追蹤之困難，以至於無法取得聯繫，因而再犯情形成為犯罪的黑數，除非其撤銷假釋或其再犯罪在台南監獄執行，否則難以掌握。

三、從戒治分監成立至今（84年至90年），累計假釋人數為737人，可統計再犯人數為145人，再犯率為19.6％，無法聯繫到的出獄人為147人，約為19.9％，因此，確實再犯率約為19.6％至39.6％間。

四、戒治分監於88年10月開始收容戒治人，累計至今停止戒治人數為305人，可統計再犯人數為35人，再犯率為11.4％，無法聯繫到人數為85人，約為27.8％，因此，確實再犯率約為11.4％至39.2％間。

## 貳、 再犯者在戒治分監執行之時間分析

一、所有戒治分監之收容人並非一入監即在戒治分監執行，係先在本監執行一段時間後，符合遴選標準者，方可遴選至分監接受戒治之處遇（註一）。

二、根據統計結果得知，受刑人接受戒治處遇一年至二年者，再犯人數最高，共計87名，佔了再犯總數60% ，其次為接受戒治處遇二年至三年者，共計55名，約佔37.9% ，而在戒治分監接受戒治處遇時間，未滿一年及三年以上者均屬少數，因此其再犯情形尚難顯現出來；由此了解，接受戒治處遇時間之長短，對其出監後是否再犯有相當程度的影響力。

三、受戒治人部分因毒品危害防制條例規定三個月得陳報停止戒治之規定，從入所至停止戒治出所，約六個月左右，因此再犯人數均集中在此區段間，尚難看出戒治時間對其在犯之其差異性。

## 參、假釋出監後再犯之時間分析

四、在戒治分監接受戒治的處遇，除了給予其戒毒的動機外，尚需建立其戒毒的推力，然假釋後保護管束的期間，常常就決定了其是否再犯的命運，以下幾點為常見再次吸毒的原因：

（一）意志力不夠，拒絕不了其誘惑。

（二）以前的毒友再次找上門。

（三）出監後無法順利找到工作，只好回老本行，吸毒兼販毒。

（四）家人無法接納，妻離子散，無法在親情上得到支持其戒毒的依靠。

五、因此，在保護管束的關鍵期間，分監的志工及輔導老師全力投入其聯繫輔導的工作，盡量與其家人取得聯繫，溝通正確的觀

念，共同來防止其再次接觸毒品。

六、根據統計結果得知，受刑人假釋出監未滿一年再犯人數最多，共計72人，約佔49.6%，其次為一年至二年，共計50人，約佔34.4%，再其次為二年至三年，共計十九人，約佔13.1%，最後為三年至四年，共計四人，約佔2.7%。

七、戒治人方面，停止戒治出所後六個月內再犯人數最多，共計23人，約佔65.7%，其次為六個月至一年，共計12人，約佔34.3%，出監一年以上再犯之人數因戒治所成立較短，尚待時間來統計。

八、由上述統計結果了解，意志力不夠堅強，出監後一年內又馬上再犯者為多數，其次因社會及家庭等衍生因素，導致再犯者陸續發生，而最終因出監時間之延長，生活上各方面已漸漸穩定，再犯之機率亦隨之下降。

## 肆、再犯者再犯罪之案件

根據統計結果，再犯者再犯罪之案件，以煙毒罪為主，共計138人，約佔95.1%，其次為盜匪罪，共計四人，約佔2.7%，再其次為竊盜罪、逃亡罪、公共危險罪，各為1人，各佔0.6%；而戒治人方面，再犯罪以煙毒罪為主，共計31人，約佔88.5%，其次為竊盜罪，共計三人，約佔8.5%，最後為詐欺罪，計1人，約佔2.8%；由此可知，煙毒犯再犯罪仍是以煙毒罪為主，包含吸食、持有、運輸、販賣等，其次為財產性犯罪，盜匪、竊盜、詐欺等，吸毒者吸到沒錢買毒品，就想盡辦法，去偷、去搶、去騙，來獲取不當錢財。

註一：戒治分監收容人遴選標準如下：

## 一、受刑人遴選標準

（一）單純吸食、施打煙毒或麻醉藥品成癮者為主，吸食罪以外另涉有持有、轉讓、運輸、販賣者為輔。

（二）經判決確定執行，其刑期在九年以下；純吸食罪或吸食罪外另涉有持 有、轉讓、毒品等罪者，累進處遇不 限級數；吸食罪外另涉有運輸、販賣毒品等罪者，累進處遇級數須晉至二級以上，且在監表現良好，無任何違規紀錄。

（三）初、再、累一犯。

（四）有強烈戒毒意願。

（五）具宗教信仰者為佳。

（六）年齡在四十五歲以下，且身體健康狀況良好，無重大疾病者。

（七）無另案待執行或審理者。

## 二、受戒治人遴選標準

（一）須經過調適期評估合格，且在所表現良好，無任何違規紀錄。

（二）年齡在四十五歲以下，且身體健康狀況良好，無重大疾病者。

（三）無另案待執行或審理者。

（四）有強烈戒毒意願。

（五）具宗教信仰者為佳。

# 佛教「供佛齋天」儀式的
# 療育意涵之探討

## 壹、緒言

　　自古以來，天和地對以農立國的中國人而言，具有無比的創造力、影響力。民間宗教（如道教）大部份都把天當作是宇宙的主宰神，即為俗稱的元始天尊——天公所統理。農曆正月初九日，是天公的誕辰，人們於此日要備辦豐富的牲體祈福。在佛教則以「禮拜供養三寶，請諸天吃齋」為其主要意義的法會，稱為「供佛齋天」，為開年後最重要的第一個法會。然而佛教徒不歸依諸天，且「齋天」二字並未出現在任何一部佛教經論中，為何佛教到了中國以後亦隨民間宗教舉行盛大齋天儀式？還深受佛教信眾的青睞。可見「供佛齋天」是佛教在中國本土化後的產物，也必然有其產生的時代背景和人為因素，其中最重要的應該是此宗教現象帶給參與信眾內在的個人體驗，驅動增長他們再繼續參與「齋天」儀式的動機，且樂此不疲。

　　近代有關齋天法會研究文獻，只有一篇余秀敏的碩士論文〈台灣佛教大齋天法會之研究——田野調查和伊理亞德式的詮釋〉，該論文主要探討下列三項：一、如何在其思想脈絡中發展出供天的儀式，二、現代台灣佛教以何方式演練供天的儀式，三、這樣的佛教供天儀式在整個宗教的供天儀式類型中含有何種普遍性的深層意義？[1] 論文採用伊理亞德式的詮釋，和另一篇于光華〈水陸法會研究——以佛光山水陸法會為例〉[2] 的碩士論文筆法雷同，都是套入伊理亞德神聖空間和神聖時間的理論模式，儼然成了儀式研究的必然論述法。此篇論文對本論文的研究有很大參考價值。其次探討《金光明經》懺悔滅罪思想的文獻則有馬淵和夫的〈『懺悔滅罪金光明經傳』について〉、[3] 荒木良道〈懺悔について：金光明經を中心として〉、[4] 宮澤寬次〈金光明經現疏記の懺悔思想〉、[5] 鄭阿財〈敦煌寫卷《懺悔滅罪金光明經傳》初探〉、[6] 藤谷厚生〈金光明經にもとづく懺悔滅業の儀禮について〉、[7] 以及任繼愈

[1] 余秀敏（2001），《台灣佛教大齋天法會之研究——田野調查和伊理亞德式的詮釋》（新竹：玄奘人文社會學院宗教學研究所碩士論文）。

[2] 于光華（2007），《水陸法會研究——以佛光山水陸法會為例》（宜蘭：佛光大學宗教學研究所度碩士論文）。

[3] 馬淵和夫（1974），《國語國文學論集》（東京：風間書房），頁73-84。

[4] 荒木良道（1979），〈懺悔について：金光明經を中心として〉，《大正大學大學院研究論集》，3，頁394-406。

[5] 宮澤寬次（1997），〈金光明經現疏記の懺悔思想〉，《印度學佛教學研究》，46（1），頁208-211。

[6] 鄭阿財（1996），〈敦煌寫卷《懺悔滅罪金光明經傳》初探〉，《慶祝潘石禪先生九秩華誕敦煌學特刊》（台北：文津出版社），頁581-620。

[7] 藤谷厚生（1993），〈金光明經にもとづく懺悔滅業の儀禮について〉，《印度學佛教學研究》，41（2），頁25-27。

主編的〈《金光明經》的衛世護法和懺悔思想〉【8】等六篇。其中前三篇針對《合部金光明經》〈第四懺悔品〉【9】探討妙幢菩薩夢境中所說懺悔的宗旨、內容和行法等懺悔相關議題；第四和第五兩篇則兼談〈第五業障滅品〉，【10】以分別彰顯懺悔與滅罪的因果關係，和滅除業障的意義及懺悔儀軌；最後一篇延伸至本經〈四天王觀察人天品〉之後諸品所說天王護國及增財、益辨、除災等持誦此經之現世利益。此六篇論文與本研究相涉的比例較小，但仍值得參考。此外，田村圓澄著〈《金光明經》佛・天王・鬼神；《金光明經》の受持者ほか〉【11】所研究的佛、天王和鬼神，即是佛教「供佛齋天」的對象，故有助於本論文的研究。其他《金光明經》的相關研究，有吉田實盛的〈金光明經典の漢譯と儀禮：天台宗での受容を中心として〉、【12】林鳴宇的博士論文〈宋代天台教學における論爭史の研究：《金光明經》の研究史を中心に〉、【13】何慧俐撰寫

---

【8】任繼愈主編（1985-1988），〈《金光明經》的衛世護法和懺悔思想〉，《中國佛教史・第三卷》（北京：中國社會科學）。

【9】隋・寶貴合，《合部金光明經》，《大正藏》冊16，第664經，頁365中-368上。

【10】隋・寶貴合，《合部金光明經》，《大正藏》冊16，第664經，頁368上-372下。

【11】田村圓澄（2002），〈《金光明經》佛・天王・鬼神：《金光明經》の受持者ほか〉，《古代國家と佛教經典》（東京：吉川弘文館）。

【12】吉田實盛（1991），〈金光明經典の漢譯と儀禮：天台宗での受容を中心として〉，《鹽入良道先生追悼論文集：天台思想と東アジア文化の研究》（東京：山喜房佛書林），頁397-422。

【13】林鳴宇（平成14），〈宋代天台教學における論爭史の研究：《金光明經》の研究史を中心に〉（日本：駒澤大學博士論文）。

的碩士論文〈敦煌佛經感應記研究：以《普賢菩薩說證明經》、《金光明經》、《金剛經》為研究範圍〉、【14】和金岡秀友著《金光明經の研究》【15】等，都屬於一般經典研究性質。

　　除了上述論文外，迄今研究宗教儀式的學術論文實屬鳳毛麟角，尤其是佛教的「供佛齋天」法會，鮮少人談及。因此儘管此儀式於中國社會中極為盛行，但仍僅限於佛寺的活動。本論文著重在筆者多年參與觀察的心得報告和分析，以找出「供佛齋天」實質的身心療育意涵和附帶的社會教化功能，希望能拋磚引玉引起學術界研究儀式的興趣，繼續對它做更深廣的研究。

　　本文為宗教儀式之研究，研究對象為佛教大齋天法會，研究方法兼具文獻觀察法和參與觀察法。筆者過去十多年居留美國期間，均擔任洛杉磯西來寺每年初九所舉行的「供佛齋天」法會的引禮工作，已做了多次「供佛齋天」的實地參與觀察。唯筆者身為圈內人，卻要扮演圈外人做客觀的觀察和描述，是有某些程度的挑戰。幸虧筆者平時任教當地一所大學，逢齋天法會，才應邀參與。歷史文獻觀察法，則從佛教經典與宋、清版科儀文本的脈絡中尋根探源。本論文在探討分析「供佛齋天」儀式整個過程中帶來的療育意涵前，有必要對「供佛齋天」的起源、演變和意義內涵做些說明。

# 貳、「供佛齋天」的相關詞義探討

　　佛教的「供佛齋天」與民間的拜天公有絕對的關係，故在進入本論文主題探討前，有必要對「供佛齋天」的相關關鍵詞，做定義

---

【14】何慧俐（1996），〈敦煌佛經感應記研究：以《普賢菩薩說證明經》、《金光明經》、《金剛經》為研究範圍〉（日本：駒澤大學博士論文）。

【15】金岡秀友（1980），《金光明經の研究》（東京：大東出版社）。

上的界定和釐清。因此本章分為兩部分，第一部分為關鍵詞釋義，第二部分為「供佛齋天」的實質意義探討。

# 一、關鍵詞釋義

何謂「拜天公」？何謂「供天」？何謂「齋天」？又何謂「齋」和「天」？與《金光明懺法》和《金光明經》又有何關係？

## （一）拜天公

農曆正月初九是家喻戶曉的玉皇大帝聖誕。一般民間於正月初八日子時準備豐盛祭品，沐浴更衣，焚香祝禱，敬拜「天公」，祈求賜福，消災免難，諸行順遂。佛教徒也拜天公，這個天公在佛教裡稱為帝釋天或釋提桓因，祂是佛教的大護法，掌管神界及人間之善惡獎懲並擁護正法，護人護國。

釋提桓因（神教稱玉皇上帝）的典故由來：天界分為欲界、色界、無色界。道教中像是王爺、千歲、媽祖這類的神祇分別住在第二層天忉利天（又稱做三十三天），全屬天界，由釋提桓因（玉皇上帝）統管，祂是三十三天的天王。釋提桓因如何當了三十三天的天王？是有個典故：祂前生在迦葉佛時代是個女人，非常有修持，無論持戒、布施、護持三寶都很用心。這時迦葉佛寂滅了，這位女人便發心造一座佛塔來供養迦葉佛，於是招集三十二位女人也同來發心。後來她們往生了，以這造塔因緣，原先發起造塔的女人便做了忉利天的天王，其它十位，分別當東、南、西、北各八天共三十二天的天王，合稱三十三天。【16】

---

【16】後秦·佛陀耶舍共竺佛念譯，《長阿含經》（卷20），《大正藏》冊1，第1號，頁132上。亦參閱星雲（1995），《佛教叢書之七～儀制》（高雄：佛光出版社），頁185。

## （二）供天

亦稱齋天，全稱為供佛齋天，出於依《金光明經》而制的《金光明懺法》，是為生人求福，保其平安的一種佛教法會儀式。佛教徒雖不皈依諸天，但應禮敬諸天，因為諸天皈依佛陀，護持教法故。《金光明經》中記載，諸天在金光明會上，於佛前發願，要永遠護持佛教，奉行正法，勤修諸善，遠離惡行，同時，也將遵佛之囑託，巡行人間，成就那些修行及有德之人。[17]為感念諸天護法之功德，故具香華燈塗果等，供奉諸天，酬其恩德，同時也為百姓祈福，這即是齋天的由來。

## （三）齋天

據《金光明經》載，諸天於金光明會上，一一於佛前發菩提心，並親承如來法敕，常祐護受持、讀誦、書寫金光明經者。因諸天秉持法王囑累，巡行人間，以慈心輔翼有德，獎善罰惡，世人遂營建此供佛齋天之法會，誦經禮懺，施設淨食，以供養十方三寶、護世諸天及其隨從。[18]齋天儀式不單純是為民祈福的一種儀式，更重要的意義在於啟示我們每個人都要諸惡莫作，眾善奉行，如是則福報不求自來。

## （四）齋

齋之梵語為uposadha，巴利語uposatha，譯為布薩。原為古印度之祭法，即每隔十五日舉行一次集會，令各自懺悔罪過、清淨身

---

[17] 北涼・曇無讖譯《金光明經》（卷1），《大正藏》冊16，第663號，頁335上-359中。

[18] 北涼・曇無讖譯《金光明經》（卷1），《大正藏》冊16，第663號，頁335上-359中。

心，於此日，祭主並行斷食而住於清淨戒之法。【19】至佛陀時代，尼乾子等外道亦沿用此風，集會一處而持斷食等四戒；由是，佛陀亦允於僧團中採用此一行事，此乃僧團布薩之由來。明清兩代流行於閩浙台等地，融合儒、釋、道，主張三教同源的齋教，以戒殺生而勸人素食為要旨，其信徒以在家眾為主，均稱素食為「食菜」或「持齋」。民國40年後，大陸正統佛教傳入台灣，齋教遂漸沒落。傳統說法：儒家、佛教賦予「齋」字的字義不一樣。儒家是想讓先祖們來享用祭品，所以說「齋」是齊心的意思；佛教則認為，「齋」之本意原為清淨之謂，後漸轉指不過中食（過午不食）之法；能持守此法者，稱為持齋；【20】持齋期間所食之物，或法會時所供養之食，稱為齋食。此外，以食物供養僧侶亦稱為齋，本論文則指以食物供養諸天；此類之法會則稱齋會。於原始佛教、部派佛教時代，「齋」以「食時」而言；至大乘佛教時代，乃以慈悲禁殺之意，轉側重於「食體」，故以素食為齋，如我國佛教徒多將素食習稱為「吃齋」、「持齋」；然嚴格言之，其與戒律中「齋」之本意並無直接關係。齋的另一層意思是整齊、端正，是端莊修為之表現，能引起人們的尊重與禮敬。

## （五）天

天，在佛教裏共有二十八天，每一「天」有一「天主」，及眷屬等，他們都是虔誠的佛弟子。據《金光明經》載：諸天在「金光明會」上時，於佛前發菩提心，護持佛教，奉行正法，修諸善業，不做惡行；諸天也遵照佛陀的囑咐，巡行人間，以慈悲心輔助有德

---

【19】宋・釋元照撰，《四分律行事鈔資持記》（卷15），《大正藏》冊40，第1805號，頁406下-407中。

【20】隋・智顗，《請觀音經疏》，《大正藏》冊39，第1800號，頁975中下。

的人，提攜修道者圓滿佛果。因此諸天又叫護法龍天。護法是一項非常辛苦的工作，日日月月護持三寶，讓正法永住。【21】

依《金光明懺齋天科儀》齋天所請的客人是：大功德尊天、大辯才尊天、大梵王尊天、大帝釋尊天、東方持國尊天、南方增長尊天、西方廣目尊天、北方多聞尊天、大摩尼支尊天、摩醯首羅尊天、金剛密跡尊天、散脂大將尊天、大德韋陀尊天、菩提樹王尊天、堅牢地神尊天、訶利帝喃尊天、日宮太陽尊天、月宮太陰尊天、鬼子聖母尊天、娑竭羅王尊天、星宮月府尊天、閻摩羅王尊天、緊那羅王尊天、雷神大將尊天。除了前述二十四天外，尚有寄位諸天、金剛力士、八部天龍等諸天的使者，叫侍從天。【22】設此諸天的目的就是在護國及增財、益辨、除災等。

《金光明懺齋天科儀》齋天所請之諸天如摩醯首羅尊天、金剛密跡尊天、散脂大將尊天等與密教有關，而《金光明懺》本身亦有許多密教儀軌，如《金光明懺法補助儀》〈別明禮請灑散二法第三〉就提到，本齋天法會就是以請三寶和諸天的「請」做為主要修行，此處的「請」有二含意：一為以清淨虔誠的心備齋食供養諸天；一為以誦持神咒請召諸天前來應供。而大辯、堅牢、散脂等咒法之儀，皆專以請召為門。【23】再者，〈略明能請及所求離過第四〉亦談到為了自己、他人、和護正法的理所以要「請」。因天

---

【21】北涼・曇無讖譯《金光明經》（卷1），《大正藏》冊16，第663號，頁335上-359中。

【22】隋・灌頂集，〈金光明懺法第五〉《國清百錄》卷1，《大正藏》冊46，第1934號，頁796上。佛光山印《金光明懺齋天科儀》，頁9，21。後者奉請佛法僧及諸天部分均出自前者。

【23】宋・遵式集，《金光明懺法補助儀》卷1，《大正藏》冊46，第1945號，頁957中。

王護經，如今我們請召他們來應供，即是在護法。能流布此經自他俱益。自請則包括延請、祈請和願請，分別配以三業：洗浴其身禮拜供養，是身業延請；誦咒召請，即口業祈請；至誠發願，即意業願請。為他護法三業亦然，祈求專誠則感，實言邀請發所求願，三業淳淨，大聖自然應之蒞臨，且終身不遠離此人。【24】此外，齋天儀式中的召請和獻供中，不斷穿插咒語，後者還加了上、下二手印輪，大放光明，都是密教相關儀軌。上述召請諸天來應供，即是清淨身口意三業、證入法性親見釋尊的修行，其意義深遠。

## （六）《金光明懺法》

即依《金光明經》所修之懺悔法。又作金光明三昧懺。略稱金光明懺。其儀則，依據《國清百錄》卷一所載，首先莊嚴道場，安置唱經座，設列幡華，佛座之左為功德天座，右為四王天座，諸座各燒香散華。行者日日洗浴，身著新淨衣，手執香爐，一心頂禮十方常住一切三寶；其次三請諸佛、菩薩、聖僧、諸天、諸神，一心虔述建懺之意，三唱寶華琉璃世尊、金光明經、功德天，自歸後方，共坐食，儀成。此係午前之法，其他則唯專唱誦金光明，凡七日七夜。【25】

## （七）《金光明經》

梵名 *Suvarnaprabhāsottama-sūtra*。本經重點在壽量品以下之四品，壽量品係記敘王舍城之信相菩薩懷疑佛之壽命僅有八十歲時，四方四佛即現身說明佛壽之長遠。懺悔品、讚歎品則謂金鼓光明之教法、金光明懺法之功德。此後之諸品則敘說四天王鎮護國家及現

---

【24】宋・遵式集，《金光明懺法補助儀》卷1，《大正藏》冊46，第1945號，頁958上。

【25】隋・灌頂集，《國清百錄》卷1，《大正藏》冊46，第1934號，頁796上。

世利益之信仰。西域諸國對四天王之崇拜，以及中國金光明懺法之流行，均因信仰本經所致。

本經譯本有五種：1. 金光明經，四卷，北涼曇無讖譯。2. 金光明帝王經，七卷（或六卷），陳真諦譯。3. 金光明更廣大辯才陀羅尼經，五卷，北周耶舍崛多（一說闍那崛多）譯。4. 合部金光明經，八卷，隋代寶貴等糅編。5. 金光明最勝王經（略稱最勝王經），十卷，唐義淨譯。其中1、4、5收於《大正藏》第十六冊。2、3之譯本，於諸藏中除聖語藏存有真諦譯之《金光明經》序及第一卷外，餘皆不傳。此外亦有日譯本與梵本（兩種）之刊行。又本經之注疏較重要者有真諦之《金光明經疏》十三卷、智顗之《金光明經玄義》【26】二卷、《金光明經文句》【27】六卷、吉藏之《金光明經疏》【28】一卷、宗曉之《金光明照解》【29】二卷。

## （八）療育

包含身體健康的改善、心理不安的平息和貪、瞋、愚痴等習氣的對治和對人心社會教化作育的功能。

## 二、「供佛齋天」的實質意義探討

為了感謝諸天對佛教的護持，佛教徒每年在正月九日以最隆重的儀式，備辦素齋虔誠禮拜三寶及迎請諸天光降受供。是自然清淨義，人之心性本清淨無染，因無明煩惱業習之薰染，故造作惡業。因此，佛教通過齋天儀式，作自我觀照，以達本性之清淨，這才是

---

【26】 隋·智顗撰，《金光明經玄義》2卷，《大正藏》冊39，第1783號。

【27】 隋·智顗撰，《金光明經文句》6卷，《大正藏》冊39，第1785號。

【28】 唐·吉藏撰，《金光明經疏》1卷，《大正藏》冊39，第1787號。

【29】 明·宗曉撰，《金光明照解》2卷，《卍新纂續藏經》冊20，第361號。

齋天儀式的本意所在。

「供佛齋天」的實質意義可歸納為下列三點：

（一）、為慶祝結婚喜慶，設齋供天，祈求國家社會繁榮，民生安定，團結和諧，增進福祉。

（二）、齋天法門，體現「金光明」聖義諦。金為尊貴義，以名法身德。光為照了義，以名般若德。明為利益義，以名解脫德。故「金光明」三字，用以名如來法身、般若、解脫三德之當體。此即弘傳三德之宗旨也。

（三）、供養十方三寶，護世諸天及其隨從，重在恭敬。提倡「敬」的文化，弘揚「敬」的文化，這是我們今天社會道德的根本，所以意義更加重大。敬佛、敬法、敬僧，乃至敬業、敬慈、敬孝、敬奉社會公德、家庭美德，人人相互之間敬愛、敬重，則社會和諧，世界和平，指日可待。

# 參、「供佛齋天」的起源和演變

如緒言中所述，佛教徒不歸依諸天，且「齋天」二字並未出現在任何一部佛教經論中，那麼中國佛教的「齋天」儀式又是如何形成？本章將追溯此儀式的起源發展和依據。

## 一、施設淨食供天人

供佛齋天略稱齋天，據清代弘贊所集〈供諸天科儀〉：「供天一法本出金光明經，修懺時，設供三寶、諸天。」[30]佛教徒雖然不歸依諸天，卻禮敬諸天。這是因為諸天歸依佛，奉行正法，

---

【30】清・弘贊集，〈供諸天科儀〉，《卍續藏》冊129，頁0121上。

護持正教，並且修諸善業，不做惡行。據《金光明經》（梵名 *Suvarnaprabhāsottama-sūtra*）正宗分以下〈四天王觀察人天品〉至最後〈付囑品〉載，諸天於金光明會上，一一於佛前發菩提心，並親承如來法敕，常祐護受持、讀誦、書寫《金光明經》者。【31】因諸天秉持法王囑累，巡行人間，以慈心輔翼有德，獎善罰惡，世人遂營建此供佛齋天之法會，誦經禮懺，施設淨食，以供養十方三寶、護世諸天及其隨從。向來尊《金光明經》與《法華經》、【32】《仁王經》【33】同為鎮護國家之三部經，若誦讀此經，國家皆可獲得四天王之守護，在此可見一般。

供佛齋天的「齋」字，早期佛教解釋其意義相當複雜，如第貳章「齋」的關鍵詞釋義所述。本論文供佛齋天的意思有俗話的「請客」意，只是請的對象不是人。「供佛」就是供養三寶，「齋天」就是請天人吃飯，有天神、天將的代表二十四位，而非世俗所謂的拜天公而已。供佛是要供養三寶、皈依三寶，否則諸天是不敢，也不願應供的。

在佛教諸儀式中，齋天是後起的一種儀式。當天台宗智者大師

---

【31】北涼，曇無讖譯，《金光明經》（卷1），《大正藏》冊16，第663號，頁335下-358上。本經譯尚有四種：（一）金光明帝王經，陳·真諦譯。（二）金光明更廣大辯才陀羅尼經，北周·耶舍崛多（一說闍那崛多）譯。（三）合部金光明經，八卷，隋代寶貴等糅編。（四）金光明最勝王經（略稱最勝王經），唐義淨譯。其中曇無讖譯本和（三）（四）收於大正藏第十六冊。（一）（二）之譯本，於諸藏中除聖語藏存有真諦譯之金光明經序及第一卷外，餘皆不傳。

【32】姚秦·鳩摩羅什譯，《妙法蓮華經》，《大正藏》冊9，第262號。

【33】姚秦·鳩摩羅什譯，《仁王護國般若波羅蜜經》，《大正藏》冊8，第245號。

（561~632）依《金光明經》制定《金光明懺法》時，其中莊嚴道場是要依《金光明經》設大辯才天、大功德天和四天王座位。而懺文中依經奉請大梵尊天、帝釋天、護世四王、金剛密跡、散脂大將、大辯才天、大功德天、鬼子母等十一天眾。【34】到了宋代修金光明懺，設諸天供，就隨意依據經文而增加之，【35】諸天座次的排列也引起爭論。南宋紹興中（1131~1162）神煥撰《諸天列傳》，【36】乾道9年（1143）行霆又撰《諸天傳》。【37】設諸天供有十二天、十六天、二十天、二十四天、三十三天不等。

到了元代，便由金光明懺法略出供天一節，作為寺院中每年歲朝佛事。元省悟所著《律苑事規》卷十中說：「正旦元首，各寺祈禱規式不同，修光明、觀音懺法，或誦經文，或只課咒。」【38】又說：「正月旦、上元節，諸寺殿堂多修懺法，或供諸天。」【39】

---

【34】據隋・灌頂撰《國清百錄》卷一所載，首先莊嚴道場，安置唱經座，設列幡華，佛座之左為功德天座，右為四王天座，諸座各燒香散華。行者日日洗浴，身著新淨衣，手執香爐，一心頂禮十方常住一切三寶；其次三請諸佛、菩薩、聖僧、諸天、諸神，一心虔述建懺之意，三唱寶華琉璃世尊、金光明經、功德天，自歸後方，共坐食，儀成。此係午前之法，其他則唯專唱誦金光明，凡七日七夜。隋・灌頂撰，《國清百錄》，《大正藏》冊46，第1934號，頁796上。

【35】清・弘贊集，〈供諸天科儀〉，《卍續藏》冊129，頁241上。

【36】宋・神煥撰，〈諸天列傳〉《佛祖統記》卷15，《大正藏》冊49，第2035號，頁228下。

【37】宋・釋行霆撰，《諸天傳》，《卍新纂續藏經》冊88，第1658-A號，頁421上-428下。

【38】元・省悟編述，《律苑事規》卷10，《卍續藏》冊106，頁98上。

【39】元・省悟編述，《律苑事規》卷10，《卍續藏》冊106，頁102下。

《續釋氏稽古略》中說，元文宗時，天臺宗的慧光法師于每歲元旦率眾修金光懺，這便是齋天所以興起的根源。【40】明末弘讚律師就簡略的《金光明懺法》別撰《齋天科儀》，【41】現在的齋天儀軌，主要是依照弘贊律師所撰《齋天科儀》施行的供二十四天。

## 二、二十四諸天共分六組

農曆初九是「天公生」，也就是玉皇大帝的生日。在民間神教當中，玉皇大帝被視為宇宙的主宰，是地位最高的神祇，統管著三官大帝、五方天帝諸神以及其手下的王爺、土地公等。因此，在玉皇大帝生日的子時起，即開始有人祭拜，其儀式非常隆重，需將神桌架高，並行三跪九拜的大禮。除此之外，一般家庭在舉行完聘或婚禮的前一天晚上，男方家中也多有拜天公的儀式，主要是向天公稟告家中孩子已長大成人，並酬報長久以來的保佑眷顧。

玉皇大帝在佛教中稱為帝釋天或釋提桓因（Indra），是屬於欲界忉利天的天主，常聽聞佛陀說法，是佛教的大護法。因此，在農曆初九，或水陸法會期間，多安排有「供佛齋天」的佛事法會。一般民間「拜天公」只請一人吃飯，佛教的「供佛齋天」則先供養佛法僧三寶，再請與我們有密切關係的諸天用齋，如：主管財寶、智慧的大功德天、大辯才天；曾經請佛住世的四天王天；主宰人間風調雨順的日宮太陽天、月宮太陰天、鬼子聖母天、娑竭龍王天；獎善懲惡的星宮月府天、閻摩羅王天、緊那羅王天、雷神大將天等。所以，「供佛齋天」與「拜天公」兩者相較之下，佛教團體認為前者功德較大。

---

【40】元覺岸編，《續釋氏稽古略》，《大正藏》冊49，第2037號，頁821中。

【41】星雲（1995），《佛教叢書之七～儀制》，頁185。

然而，學術界認為「佛教稱玉皇大帝為帝釋天，是欲界忉利天的天主」是民間的說法，在學術研究上此分別屬兩個系統，玉皇有相關的《玉皇經》，【42】自五代（907）以來即廣為流傳。至於帝釋乃至諸天之供養為天台宗智者大師（561~632）依《金光明經》制定《金光明懺法》，懺文中依經奉請大梵尊天、帝釋天、護世四王、金剛密跡、散脂大將、大辯才天、大功德天、鬼子母等十一天眾。到了元代，便由《金光明懺法》略出供天一節，作為寺院中每年歲朝佛事。元文宗（1328-1332）時，天臺宗的慧光法師于每歲元旦率眾修金光懺，這便是齋天所以興起的根源。【43】明末弘讚律師就簡略的《金光明懺法》別撰《齋天科儀》，就是現在使用的齋天儀軌。

再者，依南朝梁陶弘景《真靈位業圖》的說法，玉皇上帝是居於玉清境（清澈天），在道教天道三界（慾界、色界、無色界）之上。【44】《雲笈七籤》卷三記載道教天道三界以上的天人即斷生死，三災所不能及。【45】而佛教所說的「帝釋天」，則是屬於佛教天道中的欲界第二天「忉利天」的天主，此天仍為三災所及。故二者應不等同。

為何玉皇大帝與帝釋天二者終於在民間合流，而在同一日設齋？筆者的看法有如下兩點：首先，印度佛教傳到中國，在本土化過程中，除了漢譯佛典、興建寺廟、成立宗派、出家為僧等方法外，融入中原文化，稱「玉皇大帝為帝釋天，是欲界忉利天的天

---

【42】陳守元（1999），《玉皇經》（北京：中國文史出版社），頁409-416。

【43】元覺岸編，《續釋氏稽古略》，《大正藏》冊49，第2037號，頁821中。

【44】任繼愈主編（1998），《宗教大詞典》（上海：上海辭書出版社），頁1046。

【45】王雲五主編，（1985），《雲笈七籤》（北京：中華書局），頁36。

主」不無可能，就像印度佛教攝入婆羅門教的因陀羅（Indra） 為帝釋天。其次，結合當地節慶也是佛教深入民間的另一方式，佛教「供佛齋天」選在農曆初九玉皇大帝的生日舉行多少有此成分在。

根據清代弘贊所集《供諸天科儀》，供天數是逐次增加的。最早壇場只在佛左邊安功德天座，之後在較寬[寬]【46】的道場增設右邊大辯四天王座，接著才增劃天像。請時位序需依主客尊卑。次則總請八部，後三請功德天，七誦天咒以召天女及其徒屬，因為此天是道場法門主。古人列了十六諸天，後來又增日月龍王閻羅共為二十天，到了清朝當時的人又增至二十四天，但是多而無序，既無座席亦無主客尊卑次序。【47】因此弘贊在其所集《供諸天科儀》中重做檢討，依諸天的主客、男女、密迹、顯晦等關係，依序列出二十四天。【48】此二十四天的序位，自清朝沿用至今。二十四諸天可分為六組，每一組四天，每席兩天，由東到西，介紹如下：

**第一組：（左）**
**大功德天**：能令眾生福德成就，比財神爺更高一層。【49】
　　　　　　（東一席，在佛像的左邊）

---

【46】清・弘贊集的《供諸天科儀》收錄在《卍續藏》冊129，頁0121上「然其壇場，唯安功德天座於佛左邊，道場若覺更安大辯四王座於佛右邊……。」經查宋景定四明東湖沙門志磐撰《佛祖統記》卷15〈神煥篇〉，其中的「道場若覺」的「覺」應是「寬」字的筆誤。《大正藏》冊49，第2085號，頁228下。

【47】清・弘贊集，《供諸天科儀》，《卍續藏》冊129，頁121上。

【48】清・弘贊集，《供諸天科儀》，《卍續藏》冊129，頁121下。

【49】北涼・曇無讖譯，《金光明經》（卷2），《大正藏》冊16，第663號，頁345上。

**大辯才天**：聰明智慧具無礙辯才。【50】

　　　　　（西一席，在佛像的右邊）

**大梵王天**：主大千世界，統領梵眾。【51】

**大帝釋天**：忉利天主，世俗稱「天公」。【52】


**第二組：（右）**

**北方多聞天**：知聞四方，能賜福德。

**東方持國天**：能護持國土。

**南方增長天**：能令眾生善根生長。

**西方廣目天**：能以淨眼常觀閻浮眾生。【53】


　　此四天又稱「四大天王」、「四大金剛」是六欲天之第一欲天。佛成道時，因觀眾生根器頑劣，不易度化，即想涅槃，就因此四大金剛之勸請才度眾。故佛要求末法時要其負起護法責任，有巡察善惡之任務。

**第三組：**

**大摩尼支天**：能救護兵戈等災難。【54】

---

【50】北涼・曇無讖譯，《金光明經》（卷2），《大正藏》冊16，第663號，頁344下-345上。

【51】北涼・曇無讖譯，《金光明經》（卷2），《大正藏》冊16，第663號，頁343中。

【52】北涼・曇無讖譯，《金光明經》（卷2），《大正藏》冊16，第663號，頁343中。

【53】北涼・曇無讖譯，《金光明經》（卷2），《大正藏》冊16，第663，頁343上下-340下。

【54】北涼・曇無讖譯，《金光明經》（卷2），《大正藏》冊16，第663號，頁343中。

**摩醯首羅天**：是三界之主。【55】
**金剛密跡天**：佛陀私人的保護者。【56】
**散脂大將天**：兒童的保護者。【57】

**第四組：**

大德韋馱天、【58】菩提樹王天、【59】堅牢地神天、【60】訶利帝喃天【61】：是統護三洲，對有信心、有佛法、有道德者即護持參與法會，可謂大地之神。

---

【55】北涼・曇無讖譯，《金光明經》（卷2），《大正藏》冊16，第663號，頁343中。

【56】北涼・曇無讖譯，《金光明經》（卷2），《大正藏》冊16，第663號，頁343中。

【57】北涼・曇無讖譯，《金光明經》（卷3），《大正藏》冊16，第663號，頁346中下。

【58】北涼・曇無讖譯，《金光明經》（卷3），《大正藏》冊16，第663號，頁350上。

【59】北涼・曇無讖譯，《金光明經》（卷4），《大正藏》冊16，第663號，頁358上。

【60】北涼・曇無讖譯，《金光明經》（卷2），《大正藏》冊16，第663號，頁345下-346上。

【61】北涼・曇無讖譯，《金光明經》（卷3），《大正藏》冊16，第663號，頁350中。

**第五組：**

日宮太陽天、[62] 月宮太陰天、[63] 鬼子聖母天、[64] 娑竭龍王天：[65] 是四季之神，為運轉神將，主宰人間的風調雨順。

**第六組：**

星宮月府天、[66] 閻摩羅王天、[67] 緊那羅王天、[68] 雷神大將天：[69] 掌管人間壽命福報，也就是平常所謂的「上天講好話，下地保平安」。

除此二十四天之外，還有「侍從天」，就是這些天神、天將們的隨從，也要擺個席位來招待他們。

---

[62] 北涼・曇無讖譯，《金光明經》（卷3），《大正藏》冊16，第663號，頁350下。

[63] 北涼・曇無讖譯，《金光明經》（卷3），《大正藏》冊16，第663號，頁350下。

[64] 北涼・曇無讖譯，《金光明經》（卷2），《大正藏》冊16，第663號，頁343中。

[65] 北涼・曇無讖譯，《金光明經》（卷2），《大正藏》冊16，第663號，頁342下。

[66] 北涼・曇無讖譯，《金光明經》（卷3），《大正藏》冊16，第663號，頁350下。

[67] 北涼・曇無讖譯，《金光明經》（卷3），《大正藏》冊16，第663號，頁350上。

[68] 北涼・曇無讖譯，《金光明經》（卷3），《大正藏》冊16，第663號，頁350下。

[69] 北涼・曇無讖譯，《金光明經》（卷3），《大正藏》冊16，第663號，頁350上。

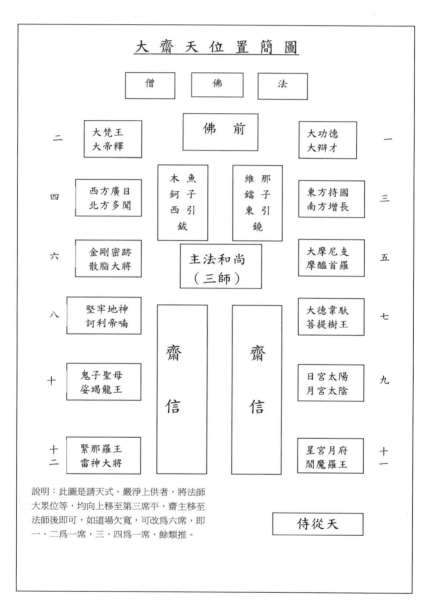

**圖1：24天位置圖**

　　依上列二十四天的次序（見圖1），【70】一方面可見其形成的時間先後，另一方面可看出二十四諸天之間的尊卑。但是此二十四天未見的全是一般佛教所謂三界天道的二十八天眾，【71】其中只有大梵王天（欲界六天第三天）、大帝釋天（欲界六天第四天）、四天王天（欲界六天第一天）和摩醯首羅天（色界十八天之首，是三界之主）屬之。此外，根據日本僧人無著道忠用中文編寫的《禪林象器箋》所言，大凡佛事道場的疏文、陳白中都有勸請眾人施功德向梵天帝釋和四大天王的言語。乃因過去釋迦牟尼佛遠攀上古佛的行列，把寂滅後的真正佛法親自交付給這三種弟子眾。當釋迦牟尼

---

【70】此諸天的系統流傳普遍，《水陸儀軌》也承繼了《金光明懺》此諸天的系統，已示此諸天信仰之普及。

【71】按佛教的宇宙觀，三界共有二十八天—欲界是由四惡趣（地獄、餓鬼、畜生、修羅）、人四洲（眾生居住的地方：1.東勝身洲；2.南瞻部洲；3.西牛貨洲；4.北俱盧洲。）、六欲天組成。六欲天即三界中欲界的六重天：1.四大天王，即四大天王居住的地方，在須彌山山腰；2.忉利天，又稱「三十三天」，位於須彌山山頂，中央居住帝釋天，四周各有八位天神，總共三十三位天神，故名；3.夜摩天；4.兜率天；5.樂化天；6.他化自在天。再上為色界十八天，即四禪十八天，初禪三天：指梵眾天、梵輔天、大梵天。二禪三天：指少光天、無量光天、光音天。三禪三天：指少淨天、無量淨天、遍淨天。四禪九天：指福生天、福愛天、廣果天、無想天、無煩天、無熱天、善見天、善現天、色究竟天等。無色界四天：空無邊處天、識無邊處天、無所有處天和非想非非想天。三界共有二十八天——即欲界六天、色界十八天、和無色界四天，共二十八天。而三十三天指三界之一欲界六天的第二忉利天，此天是由三十三位天神組成，故名之。本論文所提二十四天是明末弘讚律師就簡略的《金光明懺法》別撰《齋天科儀》中所列二十四天。

得道成佛時，必須由四王授缽，梵釋同請轉法輪。【72】金剛密跡天雖然不在三界二十八天中，但二王是佛法的化身。禪宗錄上都稱做青葉、樓至，這是二佛在世上呈現的力士形象，【73】故列入齋天名單。至於第一尊大功德天就未列名佛教三界二十八天中，為何排序第一且最早就出現在供天名單中？此外尊卑排序也一直有爭議，如排序第一的大功德天非男性而是女眾身。

有謂大功德天（Laksmi），音譯為「摩訶什密」。又稱為功德天女和吉祥天女。是毘濕奴大神的妻子、愛神的母親。典型造像是舉左手捻如意珠，右手施無畏印。背後有七寶山，頂上現五色雲，雲上一六牙白象，象鼻絞動一瑪瑙瓶，瓶中傾出寶物。又一梵名為「摩訶室利」（Mahāsrī），摩訶意思為「大」，室利有「功德」、「吉祥」兩義，因此吉祥天又稱為大功德天或者寶藏天女。【74】傳說中吉祥天是諸神攪拌乳海時，從乳海中所誕生的各種生物之一。傳至日本的吉祥天，其神格接近幸福女神，掌管五穀豐收。又謂大功德天即大自在天，音譯為「摩醯首羅」。原為印度教三大主神之一——濕婆，意思是「幸福」，「創造幸福」。她是毀滅神，與創造神梵天、保護神毘濕奴合為婆羅門教、印度教三大主神。又有謂濕婆（畫中之男性）是佛教護法天神韋馱菩薩之父。但被吸收為佛教護法天神之後，被稱為「大自在天」，住在色界之頂，成為三千

---

【72】日僧無著道忠（1997），《禪林象器箋》，《中國佛教經典寶藏精選白話版》冊31（高雄：佛光文化事業有限公司），頁156。亦見隋僧就合，《大方等大集經》（Mahāsajnipātasūtra）（卷21）〈寶幢分中四天王護法品〉第11，《大正藏》冊13，第397號，頁150中下。

【73】日僧無著道忠（1997），《禪林象器箋》，《中國佛教經典寶藏精選白話版》冊31，頁161。

【74】清‧弘贊集，〈供諸天科儀〉《卍續藏》冊129，頁251下。

大千世界之主，形象也發生了變化，由男身變為后妃模樣美麗女神：有五個頭，每個頭三隻眼，四隻手，坐騎是一頭大白牛。此法是增益法兼除災法，大吉祥天女，原是得道甚早的女神，曾跟隨照明如來學佛法，有大功德，故吉祥天又稱功德天。

依神煥撰《諸天列傳》載，一般世人齋天時，有十二天、十六天或十八天等，皆容許鬼神品增或減而無拘束，因此在神煥撰寫《諸天列傳》時，想要在二十四天中定其尊卑就甚感困難，例如鬼子母羅剎眾怎能和大梵天王同列？女性大功德天又怎麼好排在大梵王天和帝釋天之前，之後才列男性散脂鬼母，不是顛倒無序嗎？所以在其《諸天列傳》中，就依主客、男女、本迹和顯晦做了說明。他說主客如梵王為三界主、帝釋為忉利主、四王為八部主，而大功德天和大辯才天只是客居寄宿而已，功德天寄居北天、大辯才天寄宿山澤，本來都沒有主領任何職務。男女則指功德天、樹神地神和魔利鬼母是女眾，其餘皆為男性。本迹指金剛密迹、五百徒黨都是大菩薩，屬本，而現居神位為迹。顯晦意謂大辯才天對佛宣揚正法，雖然屬客居，但以其示女質來說，他的行儀則為顯，或說產生影響作用，卻不張揚。若和有統領地位現丈夫像者相較，後者的言行就勘稱為晦，[75] 一旦了解上述四組分法，就可以來談齋天了。

上列六組二十四天雖未全被歸在佛教四禪八定所證得的三界諸天中，但全出現在《金光明經》中。在該經二十品中，甚至還有以諸天立品名的，如第六四天王品、第七大辯天神品、第八功德天品、第九堅牢地神品和第十散脂鬼神品等。[76]

---

【75】參考北涼‧曇無讖譯，《金光明經》（卷1），《大正藏》冊16，第663號，頁335上-359中。

【76】北涼‧曇無讖譯，《金光明經》，《大正藏》冊16，第663號，頁343上、344下、345上、345下、346中。

由上述摘錄自《金光明經》的二十四天的弘法護生善行，佛教徒雖然不歸依諸天，但應恭敬禮拜諸天，原因是諸天能歸命佛陀、護佑正法、積善行德。為了表示自己最高的誠心與敬意；壇場應設三寶、諸天及其侍從之座席，設施應極盡莊嚴、清淨，法會的禮讚唱誦要力求如儀；茶水、果物、菜蔬也要淨潔新鮮。

# 肆、「供佛齋天」的儀式內容和進行方式

「供佛齋天」儀式的內容究竟為何？和一般的懺悔法門有無差異？其整個儀式的程序又如何進行？這些問題是本章探討的主題。

近代各寺院齋天法會的儀式不盡相同，有簡有繁。有的依《金光明經齋天科儀》而行，有的依《華山齋天科儀》而行。後者相對而言比較隆重，是依序逐席分別請諸天，故儀式時間較長，稱為「大齋天」；前者則比較簡單，同時一起請諸天，費時較少，稱為「小齋天」。【77】

和佛教其他懺法比較，齋天偏重在請天和齋天的熱鬧儀式，是以諸天為中心形成的純齋天法會，沒有任何懺悔的內容。

## 一、中國傳統儀式

依《華山齋天科儀》而行的「大齋天」，由正表一位、副表二位，計三大和尚主持；一另延請十位引禮分別掌木魚、磬、鐺、鈴、鐘、鼓等，並隨同唱和；知客一位，負責引領齋主入壇禮拜；

---

【77】參閱星雲（1988），《佛光大辭典》，頁3062。

另有侍席三十二人、捧盤四人、行童三人、司音樂者六或八人。
【78】齋天儀式一般在凌晨三、四點鐘舉行，此時正是諸天進食的
時間。儀式開始前，先在壇場設立諸天供桌，準備二十四盤新鮮
供果，一切以清淨、莊嚴為原則。法會開始時，先唱《楊枝淨水
贊》，誦《大悲咒》，主法者則行灑淨儀式；灑淨後，大眾跪下，
主法者宣讀供天文疏，祈請諸天降臨；接著，主法者持手爐禮請三
寶，唱「香花迎，香花請」，大眾跟唱「一心奉請……」，然後依
次唱誦《佛寶贊》、《法寶贊》、《僧寶贊》；奉請三寶後，開始
奉請諸天，同樣是「香花迎，香花請」及「一心奉請……」，接下
來是誦《楞嚴咒》一遍或《十小咒》七遍廣主法者宣讀文疏後，唱
「供養偈」及「佛慈廣大」贊；最後是念誦《金光明經》並念佛、
回向、發願。

　　齋天地點一般在寺院大殿或法堂前的空壩裏。頭天下午即開
始搭壇。齋天共設三壇：第一壇為主壇，壇桌正中供銅佛像，並置
香、花、燈、水、果、茶、食、寶、珠、衣十供養。上方設二十四
諸天牌位或掛二十四諸天畫像。壇下設七個蒲團，正中為掌壇師
用，其餘為司犍椎法床的僧眾用。第二壇為迎清諸天而設，壇上放
著迎請諸天的疏文。另有紙紮的金馬、碧雞，據說它們善跑能飛，
帶著疏文以最快的速度與諸天傳遞資訊。第三壇為齋請諸天而設，
壇桌上擺了二十四套碗筷和豐盛的全素筵席，等待天神們享用。壇
場上所需用的法器和食物等，必須在入夜前準備妥當。由於齋天儀
式在天明前已告結束，具有一定的神秘色彩，一般俗人是難以見到
的。【79】

---

【78】參考星雲（1988），《佛光大辭典》，頁3062。

【79】馮修齊（2004），《晨鐘暮鼓——佛教禮儀》（四川：四川人民出版
　　社），頁190。

行齋天儀式，最少需要七位僧人。他們屆時登壇，參加這祈福迎祥的莊嚴法會。齋天的儀式可分為甘露淨壇、燃香炳燭、香花請聖、宣讀疏文和誦經施食等五個主要過程，【80】分述如下：

## (一)、甘露淨壇

齋天時辰一到，主法和尚便率領僧眾、齋主進入壇場。當拈香頂禮、鳴磬唱贊後，僧眾三稱「南無清涼地菩薩」，「南無大悲觀世音菩薩」。主法和尚持甘露淨水誦偈語：「菩薩柳枝甘露水，能使一滴遍十方；腥羶垢穢盡蠲除，令此壇場悉清淨。」隨後繞壇三匝嚴淨壇場，念《大悲咒》七遍。淨壇畢，歸位，三稱「南無甘露王菩薩摩訶薩！」灑淨的儀式，約計一個小時圓滿，主要於誦持大悲咒時，依次到各席位去灑淨，此時不論桌上、下、坐椅、四境都要以楊枝沾淨水灑之，壇場內外各角落亦不忽視。接後祝禱世界和平，將此嚴淨壇場的功德迴向給護法龍天、三界嶽瀆靈聰、守護伽藍等。【81】

## (二)、燃香炳燭

主法和尚向壇而跪，香燈師先燃香，後炳燭。以香燭各一百零八支為一堂，交與主法和尚。維那擊引磬唱偈：「寶鼎熱名香，氤氳遍十方；請師判香偈，慶天保安康。」主法和尚亦跪地唱道：「一炷心香本自然，黃金爐內起祥烟；空中結就祥雲蓋，願與齋信滅眾愆。」僧眾三稱「南無香供養菩薩摩訶薩！」【82】

爾后，香燈師點燭交與主法和尚，他雙手舉燭唱偈：「一堂

---

【80】馮修齊（2004），《晨鐘暮鼓——佛教禮儀》，頁190。

【81】馮修齊（2004），《晨鐘暮鼓——佛教禮儀》，頁190。

【82】馮修齊（2004），《晨鐘暮鼓——佛教禮儀》，頁191。

寶燭在當前，未敢先將凡火燃；今借祖師三昧火，枝枝頭上燦紅蓮。」此時，香烟繚繞，丹焰煇煌，掌顧念道：「拈起分明在日前，失失挺露照三千，青光不夜卡春景，與我心燈一祥燃！」維那僧等：「南無燈供養菩薩摩訶薩！」[83]

## （三）、香花請聖

僧眾、齋主等人均跪於地，嚴持香花。一僧捧盤齊眉，主法和尚以手擎花，與眾同唱：「願此香花雲，遍滿十方界，供養一切佛，尊法諸菩薩。」然後拈花請聖：

一心奉請十方三世一切諸佛；

一心奉請大乘金光明海十二部經；

一心奉請十方三世一切菩薩、聲聞、緣覺、賢聖僧；

一心奉請三十三諸天及名山大川、縣地分屬一切鬼神聖眾；

一心奉請第一威德成就眾事大功德天。

眾僧同念《善天女咒》七遍，三稱「南無雲來集菩薩摩訶薩」[84]

## （四）、宣讀疏文：

請聖後，主法和尚向金光明會上護法諸天座前上香三炷，頂禮三拜，宣讀文疏。

伏以

護法諸天，犬權真宰，身居上界，德御人同。施擎天立地之功，有護國安邦之力。廣化眾生，救度群品，發宏誓願而助佛宣揚，顯威神力而除邪罰惡。

成就眾生，功證佛果。如是，皈投金相，瞻禮威容，仰天眼以遙

---

[83] 馮修齊（2004），《晨鐘暮鼓──佛教禮儀》，頁191。

[84] 馮修齊（2004），《晨鐘暮鼓──佛教禮儀》，頁191。

觀，望他心而洞鑒。不違本誓，滿所祈求，敬竭葵衷，冒干蓮座。

領詞奏為

東震旦國某省某縣某寺，立壇奉佛，社供齋天，恭請六和僧眾，登壇炳燭，祈福迎祥。

信士某某，恭對光明會上護法諸天，頂禮三拜。【85】

念畢文疏，僧眾敲動椎唱偈：「佛慈廣大，感應無差。寂光三昧遍河沙，願不離伽耶。降福齋家，金地湧蓮花！」然後三稱：「南無光明會上佛菩薩摩訶薩！」【86】

## （五）、誦經施食

引磬音落，木魚聲起。僧眾齊誦《金光明經・空品》，稱念二十四諸天名號，後以食色香味供佛及僧。主法和尚接唱：「虔誠獻香花，智慧燈紅燄交加。淨瓶楊柳灑堪夸，橄欖共枇杷。蒙山確舌茶奉獻，酥酡普供養釋迦。萬寶明珠獻菩薩，衣獻法王家。」僧眾三稱「南無普供養菩薩摩訶薩！。」【87】

施食開始，眾僧念《善天女咒》、《楞嚴咒》，主法和尚持飲食果酥至壇場外，將其施撒於四面八方，讓諸天神靈都來受食。施食後，齋天功德圓滿，僧眾敲動椎，齊誦《回向偈》：

供天功德殊勝行，無邊勝福皆回向。

普願沉溺諸眾生，速往無量光佛剎。

十方三世一切佛，一切菩薩摩訶薩。【88】

---

【85】馮修齊（2004），《晨鐘暮鼓——佛教禮儀》，頁191-192。

【86】馮修齊（2004），《晨鐘暮鼓——佛教禮儀》，頁191-192。

【87】馮修齊（2004），《晨鐘暮鼓——佛教禮儀》，頁192。

【88】馮修齊（2004），《晨鐘暮鼓——佛教禮儀》，頁192。

## 二、佛光山改良儀式

　　而星雲大師開創的佛光山在世界各地海內外三百多個佛寺，依「華山齋天科儀」統一將供佛齋天儀式分為嚴淨潔壇、請聖、獻齋、上供、送聖等五個部分【89】進行，略述如下：

### （一）、嚴淨潔壇

　　灑淨的儀式，約計一個小時圓滿，主要於誦持大悲咒時，依次到各席位去灑淨，此時不論桌上、下、坐椅、四境都要以楊枝沾淨水灑之，壇場內外各角落亦不忽視。接後祝禱世界和平，將此嚴淨壇場的功德迴向給護法龍天、三界嶽瀆靈聰、守護伽藍等。

### （二）、請聖

　　齋信隨同和尚禮拜，以最虔誠的心，一一讚歎三寶和諸天的功德，並且為祂們安座，由齋信奉上果點、茗茶、毛巾等，最後回到佛前唱讚和迴向，大眾則回寮，等待敬獻齋品。

### （三）、獻齋

　　即所謂上菜。殿堂上只有侍席、捧盤和齋信。獻齋的一舉一動都要聽候鐘令，不能有絲毫馬虎。六菜（或八菜）、一飯一湯、箸、毛巾等一道道獻上（見圖2）。

### （四）、上供

　　唱讚後隨木魚三誦齋佛儀，二十一誦變食真言，無數遍甘露水真言，並讀文疏，唱讚迴向。上供至此結束。

---

【89】星雲（1995），《佛教叢書之七～儀制》（高雄：佛光出版社），頁186。

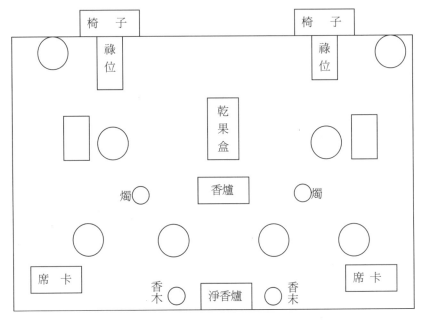

圖2：請聖時，供桌上供品的排列法

圖3：由大雄寶殿帶到丹墀焚化文疏送聖

### （五）、送聖

　　緊接著於回向偈之後，持消災延壽藥師佛名號，繞佛經行至丹墀焚化文疏（見圖3），並持心經、往生咒、送聖讚，最後回壇，齋主禮拜和尚與法師，供佛齋天法會即告圓滿功德。可收下所有供品，一一分贈齋信同家人共沾法喜。【90】

　　以上兩組「供佛齋天」程序，前者為大陸寺院的歸類，後者則為源自中國佛教在台灣和世界各地發展的佛光山分類。以上台海兩岸對於「供佛齋天」儀式都採一樣的科儀，但是使用的文疏不同，儀式程序雖都概分為五個步驟，但詮釋重心略有差異，其中最大差異的一個程序：中國大陸分類偏重「宣讀疏文」，忽略最後的「送聖」。

## 伍、「供佛齋天」的療育意涵

　　此章探討「供佛齋天」的療育意涵，此處療育意涵包含身體健康的改善、心理不安的平息和貪、瞋、愚痴等習氣的對治等個人身心及社會的教化功能。供佛齋天儀式進行過程中，交叉的禮拜和跪拜有助於身體健康、專注力的養成和感恩謙卑心的激發外，其他的療育將分為供品、法會程序和儀式進行等三個部份來檢視。前二者的供品和法會程序以文獻觀察法，探討它們在「供佛齋天」儀式中的療育意涵；後者則屬筆者過去幾年實際參與美國洛杉磯西來寺舉辦的「供佛齋天」的觀察，藉以探討分析每年一度在佛寺舉行的「供佛齋天」儀式對參與信眾所發揮的療育效果，茲說明如下：

---

【90】歡喜僧，〈供佛齋天〉，《覺世旬刊》，1154，1990年2月21日，頁54-55。

## 一、供品的療育意涵

獻供是佛法修習的一部分，有些寺院中所看到的供品是依傳統方式獻供的。這些獻供不僅僅是儀軌的一部分，而是發願服務眾生的延長。獻供是執與貪的對治方法。獻供有其物質的意義，就是一個人獻出他所有的有價值的物品。或者，某些人可能象徵性地獻出所有財物，想像眾生因此獲益，一切困乏獲得補償，圓滿布施波羅蜜。

一般言之，佛教盛行十供養，即香、華、燈、塗、果、茶、食、寶、珠、和衣等十種供養。藏傳佛教則盛行八供——水、花、香、燈、塗、食、衣、樂等，和漢傳佛教有些微的差異。【91】如今供佛齋天儀式上，供佛、法、僧三寶和齋諸天的供品都是一樣的，不出基本十供養的八種供養，獨缺珠和寶。有說誦經即是寶，筆者認為供天前已供三寶，三寶之一即為法寶，故在此論文中不將十供養之一的「寶」列入。而每一供品均有其特殊的意義和修行上的療育意涵，今依序說明如下：

### （一）、「香」的供養

獻香並非因為佛菩薩需要借此除去身上的味道，而是獻香可以消除不快及不健康臭味的產生，所積的功德最後可實現修行深妙香氣的完成。據說完成修行的人都被甜蜜芬芳香氣所包圍。

至於「香」的供養方面，依材料的來源可分為純粹自然的香，與合成的香；天然的香例如檀香、沉香、柏樹葉子、樟木、甘香松、當歸、稻殼、杜鵑花等。合成的香如：1.紅白檀香； 2.五妙

---

供；3.麝香；4.木棉花等潔淨之材料合起來做成臥香；應以合成香或自然香來供養，全依每個人的能力而定，重要的仍是「發心」。

天然香要很乾淨，合成香是成品，關鍵是心中保持虔誠，放香入爐，點火燃香為供養，先為無邊無際的虛空如母眾生得佛果位來生起菩提心，此為前行發心；正行時以三輪體空之觀念來思惟，供養完的結行迴向至為重要。以文殊普賢菩薩如何利益眾生而來迴向，我也如是來迴向。供養功德不立即迴向，一旦生起煩惱時，功德會消失，因此迴向是很要緊的事。香供養功德可獲致心神安寧，身體潔淨；三業清淨，多聞妙法的果報。【92】

### （二）、「花」的供養

第二個獻供是花，以此將成就者周圍莊嚴，雖然獻花對於圓滿的佛界並不需要，但這對獻供者有利益。也讓我們有意願使所有眾生可以找到高貴的住所，終極可具備像成就者一樣圓滿的種種相貌及特質。

如何以供花來累積福德資糧呢？從前迦那迦牟尼佛在世間應化時，許多比丘在城中托鉢，富貴人家以美食供養，而一貧窮人什麼也沒有，但他對比丘生起無比信心，恭敬地在草地上摘了不同顏色的各種花朵，以很清淨虔誠的心來頂禮供養。

他後來在釋迦牟尼佛的祇園精舍投生為一富貴人家之子，相貌莊嚴美好。出生時，天降花雨，得到「花神」之名，這位「花神」

---

【92】香為佛教的十供養之一，所謂藉由香的清淨，供養十方佛、菩薩。外在的香是形相上的供養，最好的供養是心香、戒香的供養，以守持戒法、布施行善的功德來功養法界一切眾生，如佛門常說的：心香一瓣，遍十方法界。

後來長大，在佛前受比丘戒得到羅漢之果位。【93】可見供花時，最重要的是以虔誠清淨的心，發願眾生皆能得到佛陀究竟果位，即使是小小的花朵，也因發心廣大而會有極廣大的功德利益。這些都有淨化身心、提昇生命的功用。

佛典記載，以香華（香花）布施供養諸佛菩薩之利益如下：若有眾生，奉施香華，得十種功德，何等為十？

1、處世淨妙如華。2、身無臭穢。3、福香戒香，遍諸方所。4、隨所生處，鼻根不壞。5、超勝世間、為眾歸仰。6、身常清淨香潔。7、愛樂正法，受持讀誦。8、具大福報。9、命終歸天。10、速證涅槃。是名奉施香華（香花），得十種功德。【94】

### （三）、「燈」的供養

第三種供品是燈燭。諸佛菩薩，用他們慧眼來淨觀，並不需要燈燭來為他們照明。獻燈是讓獻供者練習觀想所有眾生的無明都獲得清除，獻燈也是為了最後在眾生中知識及經驗可以明白的表現出來正如在佛陀及覺悟者清淨心中自然流露的一樣。

材料方面如燈油不論奶油、酥油、植物油都要很乾淨。供杯不論：金、銀、銅鐵、陶、玻璃等不同材質，以自己能力為考量重心，而燈心要格外潔淨，根部直穩，表戒律清淨。中部厚實，表禪定力佳。末梢心尖易點著，表智慧力。

點著了油燈，以清淨心來供養並且唸供燈祈願文：嗡阿吽！供養燈燭可獲取如下十種功德：

---

【93】元魏・瞿曇般若流支譯，《正法念處經》（卷63），《大正藏》冊17，第721經，頁373上。

【94】隋・法智譯，《佛為首迦長者說業報差別經》，《大正藏》冊1，第80號，頁895上。

1、燈杯似珍寶美麗莊嚴。2、清淨芳香酥油滿盈杯。3、柔軟燈心長直似天繩。4、破除黑暗明燈為供養。5、祜主上師三寶三根本。6、無量歸處大海聖眾供。7、智慧眼無晦亦無光然。8、我等眾生無邊亦無際。9、黑暗無明二障悉淨除。10、願得殊勝清淨智慧眼。【95】如此唸頌並專心思惟觀想佛陀淨土似太陽燦爛明光生起。以清淨虔誠之心供燈之後,並將功德迴向一切眾生。供燈功德殊勝極了,有偈云:「供燈福德無窮際,卻除無明具慧眼、智慧脈廣淨惡業、超越三界證三身」。【96】

## (四)、「塗」的供養

第四種塗供養,指香皂或香水。在密藏供佛部的本尊以諸草、根汁之香及花等三物合製而成者;蓮華部本尊,用諸香樹之皮、白栴檀香、煎香及香等物和合者;金剛部之本尊則供以香草之根、花、果葉等和合者。【97】

容光煥發而圓滿的成就者當然不需要塵俗中的香水來經驗自然圓滿境界,但佛教徒獻香水是為了暫時淨化不良的習性,如貪、瞋、痴,而最後不但是習性,連外界周圍也被清淨而圓滿了。因此塗供養的功德能令人獲得身心清淨,相貌莊嚴;遠離煩惱,人緣良好的果報。

---

【95】隋・法智譯,《佛為首迦長者說業報差別經》,《大正藏》冊1,第80號,頁895中。經云:「若有眾生。奉施燈明。得十種功德。一者照世如燈。二者隨所生處。肉眼不壞。三者得於天眼。四者於善惡法。得善智慧。五者除滅大闇。六者得智慧明。七者流轉世間。常不在於黑闇之處。八者具大福報。九者命終生天。十者速證涅槃。是名奉施燈明得十種功德。」

【96】齊那連提黎耶舍譯,《施燈功德經》,《大正藏》冊16,第702號,頁805下。

【97】星雲(1988),《佛光大辭典》,頁3063中下。

## （五）、「果」之供養

第五供養即是果物，通常以四種水果供養。然而成就者不需要食品之供養，供食品之目的是暫時消除眾生飢餓的痛苦，並帶來充分之食物。最後獻食物可令眾生經驗到靜思圓滿的境界「三摩地」，令眾生依靜思之自然資糧而生活。

談到供果能累積福德資糧，要以清淨心為自己及虛空的眾生發願供養三寶，由於發心清淨，並且迴向，不只得到國王果位，還會証得佛陀之圓滿果位。

果供養的功德為：遠離瘟疫，不受災害；享受快樂，早證佛果。

## （六）、「茶」之供養

「茶」（水）之供養，又可分為飲水與浴水兩種，都分別有其修持上的修正意涵，說明如下：

1、「飲水」之供養

供水的功德是在消除眾生的口渴，尤其是餓鬼道的眾生可以因此而解除口渴的痛苦。供水亦有使眾生廣被佛法慈悲，終能身心清涼的目的。

2、「浴水」之供養

飲水及浴水做為供品，並非佛陀口渴或需要清潔，而是向皈依的對象獻水可以幫助我們積聚功德而得到自身的清淨。我們的身體有許多缺陷而且很脆弱，獻供的目的也有消除我們修法、修習禪定及瞭解佛法時會遇到的障礙。

供水時，杯子要擦乾淨，先倒入一點點水在第一杯中，於後依次過濾一遍。再以一粒米寬的間距排整齊。由右邊到左邊依次倒入清水。不宜太滿，可保留一粒米之高度，特別要注意供水的五種過誤，要能遠離才可得到五種功德。過患說明如下：

（1）、水沒有流滿器時，在心緒中的功德也曾有「不滿」之

過。

（2）、若水滿而溢，業障也自有「滿而溢」之緣起過患。

（3）、杯子與杯子之間不留距離，曾有遇惡緣朋友之過患。但若相反，杯子間距太寬時，有遠離上師及善知識的過患。

（4）、一列排得歪歪的杯子，曾有此生、來生、身心不正的過患。

（5）、流水滿溢流到桌面上，或米中有水，水中有米時，此世眼睛曾不明亮及常常流眼淚和有眼屎之過患。【98】

## （七）、「食」之供養

第七供養即是食物或飲食，凡諸餅乾、果食、羹湯皆屬之。有將果供養與食供養合而為一者。然而成就者不需要食品之供養，供食品之目的是暫時消除眾生飢餓的痛苦，並帶來充分之食物。最後獻食物可令眾生經驗到靜思圓滿的境界「三摩地」，令眾生依靜思之自然資糧而生活，得以逐漸淡化追求物質的欲望。

《佛為首迦長者說業報差別經》記載，以飲食布施供養諸佛菩薩之利益如下：若有眾生，奉施飲食，得十種功德，何等為十？

1、得命。2、得色。3、得力。4、獲得安無礙辯。5、得無所畏。6、無諸懈怠，為眾敬仰。7、眾生愛樂。8、具大福報。9、命終歸天。10、速證涅槃。是名奉施飲食，得十種功德。【99】

總之食供養的功德可在歸類為力大無窮，壽命綿長；眾人愛樂，辯才無礙。

---

【98】隋・法智譯，《佛為首迦長者說業報差別經》，《大正藏》冊1，第80號，頁895下。

【99】隋・法智譯，《佛為首迦長者說業報差別經》，《大正藏》冊1，第80號，頁895上。

## （八）、「衣」之供養

第八供養即是供養衣，有用小袈裟或毛衣為衣供的。功德衣是什麼時候開始的呢？比丘原本只允許使用人家不要的布來作袈裟，不能接受施主供養袈裟。但是當時有三十位比丘從Palairatha城用走路去Chadawan拜訪佛陀，由於路途遙遠，還沒到達目的地，就遇到了雨季。於是他們在sagate城結雨安居，等待雨季過去。三個月過後，這三十位比丘終於解雨安居了，於是他們加緊步伐，趕快去找佛陀。當這三十比丘見到佛陀的時候，身上袈裟早就已經破舊不堪了。佛陀看到比丘取得袈裟的困難，因而慈悲允許比丘們每年在雨季安居過後，可以接受施主供養袈裟。【100】

當每年結雨安居圓滿之後，善男信女便可以參與這項難得的布施盛會，也就是「功德衣的供養儀式」。但是每所寺院只能於雨季安居結束後一個月之內，舉行一年一度的供養功德衣儀式。而供養的功德衣，並不是針對特定的僧人，而是供養給整個僧團。代表僧團接受供養的比丘，也必須安居期滿三個月才可以接受供養。

另外《佛為首迦長者說業報差別經》記載，以衣服布施供養諸佛菩薩之利益如下：若有眾生，奉施衣服，得十種功德，何等為十？

1、面目端嚴。2、肌膚細滑。3、塵垢不著。4、生便具足，上妙衣服。5、微妙臥具，覆蓋其身。6、具慚愧服。7、見者愛敬。8、具大財寶。9、命終生天。10、速證涅槃。是名奉施衣服，得十種功德。【101】由上亦可知，供養功德衣不同於其他供養品，不僅

---

【100】宋元照撰，《四分律行事鈔資持記》（卷5），《大正藏》冊40，第1805號，頁250下。

【101】隋·法智譯，《佛為首迦長者說業報差別經》，《大正藏》冊1，第80號，頁894下。

是供養的物品不一樣，還因為一般供養，布施者都要先請求佛陀許可，才有機會布施，但是供養功德衣卻是佛陀事先就已經應許的。

八種供養的獻供也有先後次序，在第一個晚上的召請和第二天的獻供儀式上，除了花、香等外，食物則不同。召請時以乾果、餅乾等食物為主，第二天的獻供則依序為飯和筷子、一道道的菜共六或八或九道（視桌面大小而定），接著水果與叉子，最後獻上毛巾和茶水。召請和獻供儀式的進行，也是依佛、法、僧三寶席、然後諸天席，諸天席依東一席、西一席、東二席、西二席等共十二席的次序獻供，最後為諸天的侍從席。侍從席的設立充滿了人情味，猶如當前社會高官顯要的司機或隨身保鑣等，隨著主人或老闆外出應酬，也需要用飯。供品的放置位子也有一定，如圖2所示。

我們供養佛陀僧侶和諸天以八供，其實三寶是不需要這些供養的。這一切都是為了眾生能累積資糧而來做八供的，而供養也以發心廣大的前行、思惟三輪體空的正行及普皆迴向的結行三清淨為關鍵。

在「供佛齋天」儀式上修行供養法，要先從外供養開始，再修內供養，最後才修「心供」。或三者同時進行。供養時，心中一定要觀想，把供品化為千千萬萬的供品，直到諸佛之前，十方法界一一充滿，諸佛一一歡喜受供，如此就是第一等的大功德。供養法又分為三：以上述食物，燈，茶，美物供養的，叫外供養，稱為有形供養。將自己的生命，金銀財寶呈現供養的，叫內供養，稱為無形供養。 最上等的供養，叫「心供」。例如禮敬上師，孝順父母，對人誠敬，作六度萬行，普度眾生，守戒修善，坐禪日日精進，從不失卻菩提心，代一切眾生受苦受難，忍受不知者侮辱。這種佛前合掌，就叫「心供」，最是無上功德。也是要藉著「供佛齋天」法會的供養開發出它，並能長年保任。

## 二、傳統「供佛齋天」法會程序的療育意涵

宋代慈雲遵式所集《金光明懺法補助儀》將儀式開合為十科：「一者嚴治淨室，二者清淨三業，三者香華供養，四者召請持咒，五者讚歎述意，六者稱名奉供，七者禮敬三寶，八者修行五悔，九者旋繞自歸，十者唱誦經典。」【102】下面將依此十科來闡釋供佛齋天進行程序的療育意涵：

### （一）第一嚴淨道場方法

此嚴淨道場方法可分為兩部分：一為外在的神聖空間，二為內在的虔敬用心。二者都旨在清淨莊嚴行者的心，說明如下：

1.外在的神聖空間：指清淨莊嚴壇場，依尊卑次第創造一個神聖空間，猶如佈置一個莊嚴清淨高尚優雅的宴客場所，讓賓主盡歡。外境清淨莊嚴了，自然影響內心的清淨莊嚴。《金光明懺法補助儀》云：

> 若自住處。若阿蘭若處。嚴治一室以為道場。別安唱經座。令與道場有陌。道場內須安釋迦像。於像前安金光明經。於佛左邊安功德天座。準新經。應畫吉祥天像。道場若寬。更於右邊。安大辯四天王座。準毘沙門咒法中。於佛左畫吉祥天。於佛右作我多聞天像。今道場更窄。亦須安多聞天座為善。以天女居彼勝園。及表權實便故懸繒旛蓋。安施供具嚴好諸座。淨掃其地。香汁灌灑香泥塗治。然種種諸香油燈。於諸座散種種妙華。及諸末香燒眾名香供養三寶。【103】

---

【102】宋・遵式集，《金光明懺法補助儀》，《大正藏》冊46，第1945號，頁957下。

【103】宋・遵式集，《金光明懺法補助儀》，《大正藏》冊46，第1945號，頁959上。

　　2.內在的虔敬用心：在此特別強調既然要請三寶和諸天吃飯，當然要有誠意不可輕心，除了要有將壇場打掃到最清淨的這份心外，還要盡己力去備辦，內心存有敬重三寶，超過三界。否則如果不能拔己資財供養大乘。終不招賢感聖。重罪不滅。善根何由得生？【104】

## （二）第二清淨三業方法

　　行者至少要保持七日以上身口意三業的清淨。三業清淨，身心自在，無病無惱人際和諧，自利又利他。

　　身方面的清淨如《金光明懺法補助儀》云：「行人從初日終竟一期。日日以香湯沐浴。若至穢處事訖即浴。縱一日都不至穢。亦須一浴。著淨潔衣若大衣。諸新染等服。若無新當取己衣勝者。重淨洗染以為入道場衣。出入脫著此可意知。」【105】口業清淨當如《金光明懺法補助儀》云：「行人終竟七日。專莫雜語及一切接對問訊。如索所須但直語其事。不得因事牽發餘說。」【106】

　　意業清淨當如《金光明懺法補助儀》云：「行人終竟七日。專秉一心念所修法。不得剎那念世雜事。宜在密防勿令萌動。」【107】以上三業，不管是飲食便利，都要一心護失，不得托事延緩。猶如

---

【104】宋・遵式集，《金光明懺法補助儀》，《大正藏》冊46，第1945號，頁959上。

【105】宋・遵式集，《金光明懺法補助儀》，《大正藏》冊46，第1945號，頁959上。

【106】宋・遵式集，《金光明懺法補助儀》，《大正藏》冊46，第1945號，頁959上。

【107】宋・遵式集，《金光明懺法補助儀》，《大正藏》冊46，第1945號，頁959上中。

宴客準備就緒，在客人來到以前，主人也需要自我整裝打理一番，以最亮麗恭謹的一面呈現供養來賓。

## （三）第三香華供養方法

供佛齋天儀式一開始即先進行香華供養。此時行者剛進入壇場法座前，正身合掌佇立後，應先慈念一切眾生，誓興救拔。再起殷重心，慚愧懇惻，觀想三寶，充滿虛空，應現道場。然後五體投地禮一切三寶，也使影現一切佛前。之後起腔唱誦並手持香華供養十方常住三寶。同時心隨身口。一心頂禮無分散意。了知此身如影不實。能禮所禮心無所得。一切眾生亦皆同入禮三寶海中。【108】此香華供養可參閱前面供品一節中的香華供養。行者若以虔誠恭謹的心普同供養一切有情眾生，自能對治其自身的喜惡分別心。

## （四）第四召請誦咒方法

接著要請三寶及功德天等蒞臨壇場赴宴，故需跪下手執香爐燒眾名香，一心恭敬召請，起殷重心涕淚悲泣，一一觀想都已蒞臨道場。所召請的依序為南無本師釋迦文佛、東方阿閦佛世尊、寶華琉璃寶勝佛等、盡金光明經中及十方三世一切諸佛、南無大乘金光明海十二部經、南無信相菩薩、金光明菩薩、金藏菩薩、常悲法上盡金光明經內、及十方三世一切菩薩、聲聞緣覺賢聖僧、南無大梵尊天、三十三天、護世四王、金剛密跡、散脂大將、大辯天神、訶梨帝喃鬼子母等、五百眷屬、一切皆是大菩薩等、及此國內名山大川一切靈廟、某州地分屬內鬼神、此所住處護伽藍神守正法者一切

---

聖眾、南無第一威德成就眾事大功德天等。【109】持咒有靜心滅罪的功能，尤其在深夜恭請諸天的神聖時空中，專注恭謹的心會油然而生。

## （五）第五讚歎述意方法

在誦咒召請之後，決定想一切三寶及諸天仙，都集聚道場如在眼前，即自了知身口意業充滿法界。面對法座稱讚三寶微妙功德。口自宣偈，而讚歎曰：

> 佛面猶如淨滿月，亦如千日放光明。目淨修廣若青蓮，齒白齊密猶珂雪。
> 佛德無邊如大海，無限妙寶積其中。智慧德水鎮常盈，百千勝定咸充滿。
> 足下輪相皆嚴飾，轂網千輻悉齊平。手足縵網遍莊嚴，猶如鵝王相具足。
> 佛身光耀等金山，清淨殊特無倫匹。亦如妙高功德滿，故我稽首佛山王。
> 相好如空不可測，逾於千日放光明。皆如焰幻不思議，故我稽首心無著。
> 【110】

讚歎完，應當陳述建懺之意。懺悔原意是心思改變、生出懊惱、轉移目標，完全屬個人內在自發性，一方面承認自己有欠缺、有罪，感內疚，引發改造自己的願望；另一方面相信有本具的清淨佛性和絕對公義的價值尺度，所有罪障因此得以淨除。前者是對自我的認知，後者是對圓滿生命的希望，二者的結合，懺悔的意義和價值才會顯現。因此，儀式進行至此，應當陳述建懺之意。

---

【109】宋・遵式集，《金光明懺法補助儀》，《大正藏》冊46，第1945號，頁959中下。

【110】宋・遵式集，《金光明懺法補助儀》，《大正藏》冊46，第1945號，頁959中下。

## （六）第六稱三寶及散灑方法【111】

此階段為對三寶和諸天的獻供。行者當合掌低頭鞠躬平聲三稱三寶云：

> 南無寶華琉璃佛。南無金光明經。南無第一威德成就眾事大功德天今我道場敷設供養。然種種燈。燒種種香。奉種種飲食。淨潔如法。恭持奉供諸佛世尊大乘經典菩薩賢聖一切三寶。又復別具香華飲食。奉獻功德大天大辯四王梵釋天龍八部聖眾。復持飲食散擲餘方。施諸神等。唯願三寶天仙。憐愍於我及諸眾生此供養。以金光明力及諸佛威神。於一念間顯現十方一切佛剎。如雲遍滿。如雨溥洽。廣作佛事等熏眾生。發菩提心同圓種智。【112】

獻供完的施食亦應觀想無量鬼神悉來受食，之後當發願迴向，祈求接受供養的諸神明能威權自在，一念普集各受法食，充足無乏身力勇銳，守護堅強知行者所求。願迴向此福利普潤含生，果報自然常受勝樂。【113】此程序在擴大行者的心量、長養其無緣大慈和同體大悲的同理心，行者與生俱來的三毒亦能慢慢淡化滅除。

---

【111】宋・遵式集，《金光明懺法補助儀》，《大正藏》冊46，第1945號，頁959中下。此散灑應通名奉供。則攝三寶諸天。若直云散灑。則局施諸神。於理不便。

【112】宋・遵式集，《金光明懺法補助儀》，《大正藏》冊46，第1945號，頁959下~960上。

【113】宋・遵式集，《金光明懺法補助儀》，《大正藏》冊46，第1945號，頁960上。

## （七）第七禮敬三寶方法

獻供施食回到壇場後，應當一心正身威儀禮敬諸佛。禮佛之法隨所禮佛志心憶念，此佛法身猶如虛空，應物現形如對目前受我禮拜，其他諸佛亦然，應專一心不得散亂。爾時自知身心空寂無能禮所禮，雖無有實非不影現，一一佛前頭面頂禮，法寶僧寶亦然。【114】雖供養諸佛菩薩僧眾諸天及無量鬼神，同時亦在修放下有個佈施的我、佈施的物和接受供養者的三輪體空。

## （八）第八修行五悔方法

此懺悔法門涵蓋較廣，懺悔之後需再陸續修勸請方法、隨喜方法、迴向方法、和發願方法等，且每完成一個方法後都需歸命禮三寶。分別略述如下：

1.懺悔法門：此法門普為法界一切眾生，悉願斷除三障而歸命懺悔。當由行者代一切眾生來修。首先行者應當自想，身對三寶法座，一心一意為一切眾生修行懺悔。懺悔方法如下：

> 自憶先罪及今生所造。若不懺悔。當入阿鼻受極大苦。若有此罪尚不得剎那覆藏。何況經久。滅障品云。有四種業難可滅除。一者於菩薩律儀犯極重罪。二者於大乘經心生誹謗。三者於自善根不能增長。四者貪著三有無出離心。有四對治能滅四罪。一者於十方佛至心親近說一切罪。二者為一切眾生勸請諸佛究深妙法。三者隨喜一切眾生所有功德。四者所有善根悉皆迴向無上菩提。【115】

---

【114】宋・遵式集，《金光明懺法補助儀》，《大正藏》冊46，第1945號，頁960上。

【115】宋・遵式集，《金光明懺法補助儀》，《大正藏》冊46，第1945號，頁960中。

　　文中有四悔在理上已具足，若開五悔者。但於迴向開出發願。此處發願需以歡喜為之，才能防止退道。

　　2.勸請方法：懺悔完，歸命禮三寶，再修勸請方法，歸命頂禮十方一切諸佛世尊，勸轉法輪，請久住世，度脫安樂一切眾生。以滅魔障及謗方等之罪。【116】

　　3.隨喜方法：勸請完，歸命禮三寶，再修隨喜方法，「我今隨喜一切眾生三業所修施戒心慧，二乘菩薩賢聖善根，十方諸佛證妙菩提，法施一切，所有功德我皆至誠隨喜讚歎」，以破嫉妒之障，增長自己無量善法。【117】

　　4.迴向方法：隨喜完，歸命禮三寶，再修迴向方法，「我從無始至於今日，三業所修一切諸善施戒禪慧，乃至懺悔，勸請隨喜，攝取現前，迴施法界，一切眾生同證菩提，如諸佛等。」以破著有及慳吝心，迴向少善，遍入三際。【118】

　　5.發願方法：迴向已，歸命禮三寶，再修發願方法，

> 願諸天八部增長威神，常來護持我此國土；風祥雨順穀果豐成，聖帝仁王慈臨無際；群臣官屬常守尊榮，萬姓四民永安富樂；佛法檀越父母師僧，歷代冤親法界含識；咸生正信發菩提心，六度齊修二嚴等備；復願我等眾聖冥加，常值大乘及善知識；開我佛慧願行現前，荷負流通三世佛法；誘化一切然無盡燈，普會眾生同歸祕藏。

---

【116】宋・遵式集，《金光明懺法補助儀》，《大正藏》冊46，第1945號，頁960下-961上。

【117】宋・遵式集，《金光明懺法補助儀》，《大正藏》冊46，第1945號，頁961上。

【118】宋・遵式集，《金光明懺法補助儀》，《大正藏》冊46，第1945號，頁961上。

此發願方法能滅漏欲及退轉障。【119】

## （九）第九明旋遶自歸方法

行者行五悔後，當一心正身威儀，右遶法座安詳徐步，心念口稱三寶名字三遍。爾時當了知音聲如響、身心性空，舉足下足心無依倚，不住行相而復了如影現。十方聲聞法界遍於法座。結束前回到佛前，一心正念，迴上所作，不離三寶，願同眾生，入三寶海。【120】在懺悔、迴向、發願後，行者猶如脫胎換骨，身體輕安心如明鏡，充滿從新出發的動力和能量。

## （十）第十明唱誦金光明典方法

行者已禮懺繞佛皈依完畢，唱誦《金光明經》的方法，應一心正念，文句分明，音調音聲辯了不緩不急，應了知音聲性空，而又充滿法界，供養三寶，普熏眾生令得同入金光明法性海中。【121】最後藉助諷誦《金光明經》之〈空品〉，理觀思惟眾生本性空寂，無有生滅和合，洞察法性平等，求於如來智慧法身，以利生活中能安住不動、發揮菩薩慈悲喜捨的精神。

上列依宋代慈雲遵式所集《金光明懺法補助儀》的「供佛齋天」儀式中，懺悔比重相當大，但目前佛光山派下道場分別依據《金光明懺齋天科儀》和《供佛齋天科儀》【122】進行的小和大齋

---

【119】宋‧遵式集，《金光明懺法補助儀》，《大正藏》冊46，第1945號，頁961上中。

【120】宋‧遵式集，《金光明懺法補助儀》，《大正藏》冊46，第1945號，頁961中。

【121】宋‧遵式集，《金光明懺法補助儀》，《大正藏》冊46，第1945號，頁961中下。

【122】廣慈敬書（1989），《供佛齋天科儀》（台北：金賞資訊中心）。

天儀式，則根據清朝弘贊所集《供諸天科儀》，已刪去懺悔部分，純為齋請三寶和諸天的儀式（見前第肆、「供佛齋天」的儀式內容和進行方式）。因此，使得佛寺在新春舉辦此儀式，不但較單純簡潔，也較充滿喜樂氣氛。這應該也是此儀式受現代人歡迎和具有社會教化功能的原因之一吧！

## 三、「供佛齋天」儀式進行引發的療育意涵

此部分是「供佛齋天」法會前、儀式進行中及法會後，筆者多年的參與，深受信眾的虔誠熱心所感動，觀察到頗富滿足和療育意涵的幾項發現，說明如下，

### （一）踴躍報名參加供三寶的席位，滿足了事業成功的炫耀心理

佛寺通常會在一兩個月前即張貼公告和寄出「供佛齋天」法會通知，欲參加的信眾需事先前往佛寺或郵寄報名登記。一般分佛、法、僧三寶席、諸天依序二十四天十二席、和侍從天席的次序禮請獻供，故時間就有先後，第一天晚上常常進行至清晨兩、三點才結束。報名參加者以做生意經營事業的居多，其次為老年人，年輕人佔極少數，有的話大都參與香燈等義工工作。國籍除了台灣移民，尚有其他亞洲移民，如中國大陸、香港、越南、馬來西亞等。經營事業有成者幾乎每年參加，且都報名三寶席，做較多的功德款捐獻，一方面報佛恩加持其事業順利；另一方面藉機展現其經濟實力，多少有幾分炫耀意味在，因為華人要在西方社會事業有成財力豐厚著實相當不易，且華人圈子不大，大都彼此互相認識。所以寺院在新春後舉辦的「供佛齋天」法會是華人樂於參與的一項盛會。

## （二）一年之計在於春的新春祈福，對整年事業經營有安心作用

農曆初九，一般民間信仰俗稱「天公生」，在佛教的儀禮上則稱此為「供佛齋天」。除以珍味美饌供養三寶、護世諸天及其隨從之外，亦祈仗此誦經及供養的功德，於新的一年能事事如意，平安順遂。當今科技時代，萬物迅息萬變，社會競爭激烈，未來充滿了太多未知數，每個人對於自己的未來無從掌握。尤其是事業經營者，更是分分秒秒如履薄冰，能在每年新春參加「供佛齋天」，禮拜供養能賜福且滿自己願的諸天，讓未來的一年安心且充滿信心，做起事來自然就順手。此乃「供佛齋天」受歡迎的最主要原因。

## （三）報名諸天席位的冷熱門差距，反應社會經濟現象和大眾需求

除了三寶外，諸二十四天（十二席）依其誓願，各有所長而賜不同的福，信眾亦各依所需，登記禮拜不同席位。因此會出現搶拜庇佑發財諸天的現象，如大功德天能令眾生福德成就，比財神爺更高一層，就很受歡迎。帝釋天俗稱「天公」、護世四王天的北方多聞天知聞四方，能賜福德、南方增長天能令眾生善根生長等，都很受青睞，信眾報名其餘諸天如訶利帝喃、金剛密跡等天就沒有上述熱烈。由信眾報名齋天席位的情況可窺見社會的景況和民生的需求。在經濟景氣低靡之際，藉著「供佛齋天」儀式，多少可發揮安定民心、帶給希望的正面力量。

## （四）請三寶及諸天神吃飯，滿足中國人好客心理

中國人的好客世界聞名，中國年期間你來我往的互請更是頻繁。如今大年新春有機會請三寶及諸天神吃飯，當然趨之若鶩，不但是中國人的年節習俗，也滿足中國人好客的心理。

## （五）巴結討好帝釋，當其下凡巡視人間的功過時，能手下留情

民間傳說：帝釋天每年定期下凡人間巡視人們一年的功過，所以藉著年初的「供佛齋天」，請諸天吃飯套交情，當他們下到人間巡視時，可以手下留情。中國有句話說「飯桌上好解決問題」，諸天各有職掌，在行者一道道的上菜如此殷勤誠懇的宴請下，當然會儘量協助行者皆能如願。

## （六）培養青少年敬老尊賢禮讓的美德。

由於天人食時是在清旦之時，故齋天儀式常從半夜進行到翌日清晨，參與的年輕人自動會將前面諸天的召請禮讓年老的長者，讓他們能早點回家休息，以便早上再回到寺院繼續參加獻供儀式。對於生長在美國受西方文明熏陶的現代年輕的一代，供佛齋天儀式何嘗不是一項倫理道德的教化。

## （七）藉著各種供品的傳供儀式，能凝聚眾人虔誠恭謹的心

依佛教緣起法來看，人是群居動物，不但無法離群索居，更需要在同儕中受到認同，才能覺得到自己是大眾中的一份子，此種榮譽感、被尊重感是生存和生命昇華不可或缺的養份。如今有緣供養禮拜同尊天神同個席位，且又虔誠恭謹禮跪來傳遞供養一樣樣的供品。此種經由有形供品的傳遞，所引發的內在心靈的交融滿足，盡在不言中，它是一種內在道德力量的提昇，對中國人所提倡的三綱五常有很大的助益；對化解彼此瞋意和諧人際關係有正面的意義。

## （八）獻供隊伍衣著光顯亮麗，滿足人們愛熱鬧的心理

由各族裔青年男女組成的龐大獻供隊伍，分組穿著各民族不同服裝，猶如嘉年華會。彼此互相爭奇鬥艷，人人以歡喜心來獻供、

送聖，整個壇場內外熱鬧非凡。（見圖5）的確滿足人們愛熱鬧的心理，原來修道的地方也可以這般風情。最重要的是齋天儀式尚可發揮其社會教育的功能，促進族群的融合，創造和諧的社會。

圖5：各族裔青年男女組成的龐大獻供隊伍2000/2/12-13
美國西來寺網站Hsi Lai Temple

## （九）海外華人有回家擁抱自己中華文化的感覺。

海外華人身處完全不同文化和信仰的西方國家，常有飄泊不落實感又沒有中國年節的慶祝。因此，每年藉西來寺新春期間舉辦的齋天儀式，不但可延長中國年的慶祝時間，還可以每年闔家儒孺在自己傳統文化的氛圍裡，藉機傳承中華文化於下一代，以減輕父母擔憂兒女忘本的恐懼。

## （十）吸引非佛教徒的西方人士學生好奇圍觀。

在每年中國年期間舉行的齋天儀式，其天眾思想近似西方宗教的天人思想，其儀式則蘊含了豐富的中國文化內涵，且在半夜舉行更充滿了濃厚的神秘色彩，加上參與者亮麗的穿著打扮營造出的

喜慶熱鬧氛圍，吸引了相當多非佛教徒的西方人士攜家帶眷佇足旁觀、相關領域授課老師帶領學生前往參與觀察。達到了敦親睦鄰、教化社區的功能。

### （十一）懺悔前籤發願努力以赴的心理療育功效。

由於齋天儀式前，寺院會安排熟悉該儀式的法師做事前詳細的講解和彩排。雖然此儀式沒有懺悔程序，但有許多參與者，尤其覺得自己去年過得不如意者，會藉此齋天儀式自行懺悔過去努力不夠，而發奮圖強。

以上是這些年來筆者在美國洛杉磯西來寺參與其每年新春舉辦的「供佛齋天」，所觀察到的各種現象。為了避免既是參與者又是旁觀者所產生主觀意識的投入，筆者僅描述此齋天儀式對社會及參與信眾帶來的療育效果。從每年逢此盛會都是人山人海，其中不乏知識份子和青年學子的熱鬧場面來看，齋天儀式確實有其療育功能，且是中國佛教傳入西方的一種媒介。

## 陸、結論

農曆初九，台灣神教「拜天公」，是普及民間的儀式。佛教的佛寺在這一天也有「供佛齋天」的儀式，在「齋天」之前，先進行供佛、法、僧三寶的儀式。此項法會並未出現在印度佛教經論中，而是中國佛教到了唐朝天台宗智者大師依《金光明經》制定《金光明懺法》才開始，其中的莊嚴道場是要依《金光明經》設大辯才天、大功德天和四天王座位等。到了宋代修金光明懺，設諸天供，就隨意依據經文而增加之，到了元代，便由《金光明懺法》略出供天一節，作為寺院中每年歲朝佛事，齋天便廣泛興起了。所以「供佛齋天」中的二十四天非一般常見的三界的諸天，齋天多在子時以後於佛寺大殿或法堂舉行，直到第二天中午午供送聖完才圓滿。儀

式冗長且需要熬夜進行的「供佛齋天」對於身心和社會有多重的療育意義，因此深受中國佛教徒喜愛。

「供佛齋天」儀式，有年初拜神許願的意味，與中國的一般傳統民間風俗是有差異，除了意義更加深遠，且具身心療育意涵。一般酬佛恩法會通常採用供佛齋天儀式，因諸天皈命於佛，且奉行正法，所以佛弟子年初要齋天感恩。酬佛恩的功德及意義是恭敬供養三寶。此深具中國特色的「供佛齋天」儀式，自七世紀創始迄今，歷經十四個世紀不斷的發展演變。二十世紀初傳到台灣普及民間，二十世紀中葉以後經由台灣佛教傳入歐美國家，不僅提供當地華人身心療育的功能，亦善巧方便的將中國佛教和中華文化推廣出去。這過程當中，儀軌已被略做改變，偏重的部分不同、陳現的方式則較現代化且多元化、文疏則因信眾國籍和地理位置制宜、使用的語言則輔以當地的語言，這些都是中國獨創的「供佛齋天」儀式在二十世紀本土化過程中的演變。

本論文探討的「供佛齋天」的療育意涵共分為三類，第一類即香、華、燈、塗、果、茶、食、寶、珠等供品的療育意涵，獻供不但是發願服務眾生的延長，亦是對治滅除執與貪的方法。每種供品都有其物質、精神和修行的意義，最終能圓滿布施波羅蜜。第二類法會程序的療育意涵，包括嚴治淨室、清淨三業、香華供養、召請持咒、讚歎述意、稱名奉供、禮敬三寶、修行五悔、旋繞自歸和唱誦經典等程序，都各有其對身心的療育意涵。如清淨莊嚴行者的內心和依報環境、清淨身口意三業、對治自身的喜惡分別心、淡化與生俱來的貪瞋痴、並能防止退道等。第三類儀式進行引發的療育意涵滿足現世欲望，似有違佛教的修行，但整體來說第一個儀式進行是「先以欲鉤牽，欲令入佛智」的善巧方便。接著再依序施予教誡、起觀、懺悔和發願等淨除業障、開發智慧的療育。此類療育較有現世生活中的安心、滿足、認同等作用。綜合上述，可見佛教「供佛齋天」儀式的療育意涵既殊勝又非凡，對移民海外辛苦打拼的華人亦發揮了安頓身心的療育功能。

　　然而齋天儀式不只有如上多種療育意涵，更重要的意義在於啟示我們每個人都要諸惡莫作，眾善奉行。「供佛齋天」的實質意義以創造現世幸福美滿的生活和全球的和諧太平為主，兼及解脫智慧永恆生命的締造。其儀式不只對身心具有療癒意涵，尚具有教育功能。然而，目前台灣學界的「生死學」熱卻偏重在死亡議題的臨終關懷悲傷輔導，其實活的好、活的莊嚴才是生命教育的本意，「供佛齋天」儀式堪為生命教育很好的教材。

　　（本論文首發表於2008年5月佛光大學宗教學系主辦的「2008比較宗教學國際學術研討會」（主題：宗教與療育），修改後投稿《新世紀宗教研究》，2008/10/07審查通過，已刊載於《新世紀宗教研究》2008年12月第七卷第二期期刊，頁1-55。）

# 參考書目：

## 一、古籍

後秦・佛陀耶舍共竺佛念譯，《長阿含經》（卷20），《大正藏》冊1，第1號，台北：新文豐出版公司，1987。

隋・法智譯，《佛為首迦長者說業報差別經》，《大正藏》冊1，第80號。

姚秦・鳩摩羅什譯，《仁王護國般若波羅蜜經》，《大正藏》冊8，第245號。

姚秦・鳩摩羅什譯，《妙法蓮華經》，《大正藏》冊9，第262號。

隋・就合，《大方等大集經》（卷21），《大正藏》冊13，第397號。

北涼・曇無讖譯，《金光明經》，《大正藏》冊16，第663號。

隋・寶貴合，《合部金光明經》，《大正藏》冊16，第664號。

唐・義淨譯，《金光明最勝王經》，《大正藏》冊16，第665號。

齊・那連提黎那舍譯，《施燈功德經》，《大正藏》冊16，第702號。

元魏・瞿曇般若流支譯，《正法念處經》（卷63），《大正藏》冊17，

第721號。

龍樹菩薩造，後秦・鳩摩羅什譯，《大智度論》（卷56），冊25，第1509號。

隋・智顗撰，《金光明經玄義》，《大正藏》冊39，第1783號。
　　隋・智顗撰，《金光明經文句》，《大正藏》冊39，第1785號。

唐・吉藏撰，《金光明經疏》，《大正藏》冊39，第1787號。

隋・智顗，《請觀音經疏》，《大正藏》冊39，第1800號。

宋・釋元照撰，《四分律行事鈔資持記》（卷15），《大正藏》冊40，第1805號。

宋・遵式集，《金光明懺法補助儀》，《大正藏》冊46，第1945號。

宋・知禮集，《金光明最勝懺儀》，《大正藏》冊46，第1946號。

隋・灌頂撰，《國清百錄》（卷1），《大正藏》冊46，第1934號。

宋・志磐撰，《佛祖統記》（卷15）〈神煥篇〉，《大正藏》冊49，第2035號。

元・覺岸編，《續釋氏稽古略》，《大正藏》冊49，第2037號。

明・宗曉，《金光明照解》，《卍新纂續藏經》冊20，第361號。

宋・釋行霆撰，《諸天傳》，《卍新纂續藏經》冊88，第1658-A號。

元・省悟編述，《律苑事規》（卷10），《卍續藏》冊106，頁98上。

清・弘贊集，〈供諸天科儀〉《卍續藏》冊129，頁0121上。

佛光山寺（1999），《金光明經齋天科儀》，高雄：裕隆佛教文物社。

佛光山普賢寺（1987），《華山齋天科儀》，高雄：裕隆佛教文物社。

日僧無著道忠（1997），《禪林象器箋》，《中國佛教經典寶藏精選白話版》冊31，高雄：佛光文化事業有限公司。

# 二、中文書目

## （一）中文專書

王雲五主編（1985），《雲笈七籤》，北京：中華書局。

止湖著（2003），〈懺悔功德——《金光明經》〉，《法海慈航：佛教

典籍・法系宗派》，第一版，上海：上海古籍。

任繼愈主編（1985-1988），〈《金光明經》的衛世護法和懺悔思想〉，《中國佛教史・第三卷》，第一版。北京：中國社會科學。

任繼愈主編（1998），《宗教大詞典》，上海：上海辭書出版社。

林鳴宇（2003），《宋代天台教學の研究──『金光明經』の研究史を中心として》，東京：山喜房佛書林。

星雲（1995），《佛教叢書》之七儀制，高雄：佛光出版社。

星雲（1999），《佛光教科書》7《佛教常識》，高雄：佛光出版社。

星雲（1988），《佛光大辭典》，高雄：佛光出版社。

陳守元（1999），《玉皇經》，北京：中國文史出版社。

馮修齊（1004），《晨鐘暮鼓──佛教禮儀》，四川：四川人民出版社。

廣慈敬書（1989），《供佛齋天科儀》，台北：金賞資訊中心。

鄭阿財（1996），〈敦煌寫卷《懺悔滅罪金光明經傳》初探〉，《慶祝潘石禪先生九秩華誕敦煌學特刊》，台北：文津出版社，頁581-620。

## （二）中文期刊

歡喜僧（1990），〈供佛齋天〉，《覺世旬刊》，1154，1990年2月21日，高雄：覺世旬刊。

柳啟戎編（1977），〈齋天儀規「金光明經齋天科儀」〉，《佛教修學要典》，初版，台北：新文豐出版社。

## （三）中文學位論文

于光華（2007），《水陸法會研究──以佛光山水陸法會為例》，宜蘭：佛光大學宗教學研究所碩士論文。

余秀敏（2001），《台灣佛教大齋天法會之研究──田野調查和伊理亞德式的詮釋》，台北：玄奘人文社會學院宗教學研究所碩士論文。

何慧俐撰（1996），《敦煌佛經感應記研究：以《普賢菩薩說證明經》、《金光明經》、《金剛經》為研究範圍》，台北：國立政治大學中國文學研究所碩士論文。

# 三、日文書目

## （一）日文專書

金岡秀友著（1980），《金光明經の研究》，東京：大東出版社。

## （二）日文期刊

田村圓澄著（2002），〈『金光明經』（佛・天王・鬼神：『金光明經』の受持者ほか）〉，《古代國家と佛教經典》，東京：吉川弘文館。

吉田實盛（1991），〈金光明經典の漢譯と儀禮：天台宗での受容を中心として〉，《鹽入良道先生追悼論文集：天台思想と東アジア文化の研究》，（東京：山喜房佛書林），頁397-422。

馬淵和夫（1974），〈『懺悔滅罪金光明經傳』について〉，《國語國文學論集》，（東京：風間書房）：頁73-84。

宮澤　次（1997），〈金光明經現疏記の懺悔思想〉，《印度學佛教學研究》，46（1），頁208-211。

荒木良道（1979），〈懺悔について：金光明經を中心として〉，《大正大學大學院研究論集》，3，頁394-406。

藤谷厚生（1993），〈金光明經にもとづく懺悔滅業の儀禮について〉，《印度學佛教學研究》，41（2），頁25-27。

## （三）日文學位論文

林鳴宇（平成14），〈宋代天台教學における論爭史の研究：『金光明經』の研究史を中心に〉，日本：駒澤大學博士論文。

# 四、網站

〈心海論壇〉，http://www.heiyou.com/Tribe/homepage.aspx?tribeid=1672. 97/2/28

# 武則天與佛教互動關係之探討

## 壹、前言

　　武則天是中國歷史上空前絕後的唯一女皇帝，在中國古代史的研究中，似乎還沒有任何一位人物，受到如此廣泛層面的探討和相悖的評價，因此有關其生平事跡的書籍、論文、戲劇、影片等研究資料層出不窮。

　　古籍如劉昫等撰《舊唐書》卷六〈則天本紀〉、[1] 司馬光《資治通鑑》卷二〇八〈唐紀二十四〉、[2] 歐陽修和宋祁撰《新唐書》卷七六〈后妃列傳〉[3] 等都有武則天的生平記載。現代的研究則較多元化，如雷家驥的《狐媚偏能惑主——武則天的精神與心理

---

【1】劉昫等撰，《舊唐書》卷六〈則天本紀〉（北京：中華書局，1975）。

【2】司馬光，《資治通鑑》卷二〇八〈唐紀二十四〉（上海：古籍出版社，1956）。

【3】宋・歐陽修、宋祁，《新唐書》卷七十六〈后妃列傳〉（北京：中華書局，1975）。

分析》【4】就以心理學角度來看武后；李唐的《武則天》、【5】霍必然的《武則天傳》、【6】胡戟的《武則天本傳》【7】、司馬的《武則天別傳》、【8】王安家的《武則天》、【9】林語堂的《武則天正傳》【10】和蘇童的《武則天》【11】都是以傳記文學的方式來呈現武則天；雒啟坤和吳龍輝的《中國書法全集參，王知敬・薛稷・武則天》【12】則推薦武則天的書法；古本小說集成編委會編訂的《武則天四大奇案》、【13】杜綱及陳曉林合著的《武則天演義》【14】和鈕海燕的《武則天傳奇》【15】則以小說型態來描繪武則天；洛陽市文物園林局和武則天研究會出版的《武則天與洛陽》【16】則以洛陽的文物古蹟來回顧武則天。

---

【4】雷家驥著（1985），《狐媚偏能惑主——武則天的精神與心理分析》（台北：大方文化事業公司）。

【5】李唐（1963），《武則天》（香港：宏業書局）。

【6】霍必然（1985），《武則天傳》（台北：國際文化事業有限公司）。

【7】胡戟（1986），《武則天本傳》（西安：三秦出版社）。

【8】司馬（1985），《武則天別傳》（舊金山：漢牛書店）。

【9】王安家（1993），《武則天》（北京：漢風文化公司）。

【10】林語堂（1993），《武則天正傳》（海口：海南國際新聞出版中心）。

【11】蘇童（2000），《武則天》（台北：麥田出版公司）。

【12】雒啟坤・吳龍輝（1999），《中國書法全集參，王知敬・薛稷・武則天》（北京：九洲圖書出版社）。

【13】古本小說集成編委會編訂，《武則天四大奇案》（上海：古籍）。

【14】杜綱／陳曉林合著（1987），《武則天演義》（台北：風雲時代出版社）。

【15】鈕海燕（1994），《武則天傳奇》（台北：國際村文庫）。

【16】洛陽市文物園林局／武則天研究會（1987），《武則天與洛陽》（西安：三秦出版社）。

　　此外，由藝術家的角度編寫的舞台劇、話劇、京劇、越劇和電影等亦琳琅滿目，如1939年柯靈寫的《武則天》劇本、1943年田漢的京劇《武則天》、六十年代由吳深、王文娟、孟云隸創作的越劇《則天皇帝》和郭沫若的四幕歷史話劇《武則天》【17】都很膾炙人口。

　　以佛教角度探討武則天的書籍，如佛光山宗務委員會發行的《佛教》叢書之五《教史》，略述了武則天對佛教的貢獻；【18】印順《妙雲集》下篇之十《華雨香雲》，說明武則天和《大雲經》的因緣；【19】收錄在《現代佛教學術叢刊》第六集《中國佛教史論集》的兩篇相關研究──陳寅恪的〈武曌與佛教〉針對武則天其母氏家世宗教信仰之薰習及其本身政治特殊地位之探討，【20】和李樹桐的〈武則天入寺為尼考辨〉認為武則天並未削髮，則必不為尼，也不需要入寺。【21】這三本書研究武則天的篇幅都很小。

---

【17】李荷光（1985），〈武則天研究的歷史回顧與探索〉，《魏晉南北朝隋唐史》〔北京：中國人民大學書報資料社〕，1985年10月（雙月刊），頁73-74。參閱潘先梅（Phuah Sin Buol），〈武則天評價問題的探討〉（新加坡：新加坡國立大學中文系學士論文），頁2。

【18】佛光山宗務委員會（1997），《教史》，《佛教》叢書之五（高雄：佛光出版社），頁302-306。

【19】印順（1988），《華雨香雲》，《妙雲集》下篇之十（台北：正聞出版社），頁202。

【20】陳寅恪（1977），〈武曌與佛教〉，張曼濤主編，《中國佛教史論叢》（台北：大乘文化出版社），頁131-147。

【21】李樹桐（1977），〈武則天入寺為尼考辨〉，張曼濤主編，《中國佛教史論叢》，頁155。

　　其他學術論文，如梁效〈有作為的女政治家武則天〉【22】是從政治立場來看待武則天，屬比較正面的一篇研究；蔡孟源〈個人在歷史上的作用〉【23】則是從歷史學的角度審視武則天；陳美專〈武則天的女性形象 —— 以史傳記載中心的考察〉【24】以考察武則天的女性形象；潘先梅〈武則天評價問題的探討〉；【25】包暐棯〈探討國中生之歷史理解 —— 以「武則天」小故事為例〉；【26】汪娟〈唐代彌勒信仰與政治關係的一側面 —— 唐朝皇室對彌勒信仰的態度〉；【27】古正美〈從佛教思想上轉身論的發展看觀世音菩薩在中國造像史上轉男成女像的由來〉等大小論文，【28】都或多或少和佛教有相涉，其他尚有不計其數論及武則天的論文，但沒有和佛教有交集，就不再此提出。

　　以上文獻有從心理學、文學、歷史學、政治和藝術的角度來探討武則天，從佛教角度研究武則天的文獻只有四小篇，且只侷限在

【22】梁效（1974），〈有作為的女政治家武則天〉，《北京大學學報》，4。

【23】蔡孟源（1951），〈個人在歷史上的作用〉，《歷史教學講座》（北京：大眾出版社），頁27。

【24】陳美專（2002），〈武則天的女性形象——以史傳記載中心的考察〉（彰化：彰化師範大學國文學系碩士論文）。

【25】潘先梅（Phuah Sin Buol）（1988），〈武則天評價問題的探討〉（新加坡：新加坡國立大學中文系學士論文）。

【26】包暐棯（2005），〈探討國中生之歷史理解——以「武則天」小故事為例〉（台北：東吳大學歷史學系碩士論文）。

【27】汪娟（1991），〈唐代彌勒信仰與政治關係的一側面——唐朝皇室對彌勒信仰的態度〉，《中華佛學學報》，4（1991.07），頁288-296。

【28】古正美（1987），〈從佛教思想上轉身論的發展看觀世音菩薩在中國造像史上轉男成女像的由來〉，《東吳大學中國藝術史集刊》，15，頁41-55。

局部的探討,本篇論文〈武則天與佛教互動關係之探討〉,試圖就武則天分別與佛教佛、法、僧三寶曾結過的始末因緣,來檢視二者之間的互動關係和轉變:到底是武則天在護持佛教,還是在利用佛教?佛教對武則天是成就了她,抑或反成了她造惡的利器?希冀本論文能填補學術界以佛教角度研究武則天不足的面向。

　　為探討武則天與佛教所結因緣的始末,首先就需要對武則天的生平略做介紹,以找出她與佛教結緣的蛛絲馬跡。

# 貳、武則天的生平與佛教最初的因緣

　　本章分為四部分,探討武則天與神異預言、武則天最初的佛教因緣、建言十二事、武則天的登基神跡和無字碑與佛教的空無。

## 一、武則天與神異預言

　　則天,又名曌,字媚娘,利州人(今四川廣元縣)。依四川廣元縣出土「利州都督府皇澤寺唐則天皇后武氏新廟記」之石碑文記載「貞觀時,父士彠為都督於是州,始生后焉」等字推測,則天生於貞觀元、2年間,卒於神龍元年(705年)。父親曾以「元從功臣」歷官正三品工部尚書、黃門侍郎、判六尚書事、揚州都督府長史、利州、荊州都督等職,封應國公,【29】生母楊氏,出身名門,其父楊達是隋朝宗室宰相。

　　當則天還小才剛會走路時,武父任利州都督特請星相家袁天綱至府內給家人看相,袁天綱一看奶娘抱著的武則天,驚首:「此子

---

【29】劉昫,《舊唐書》卷六〈則天本紀〉(北京:中華書局,1975),頁115。

神采奧微，不易知。」【30】便要武則天下來試著走走。看過則天蹣跚走了幾步，袁天綱大驚：「日角龍顏，龍晴鳳頸，伏羲之相，貴人之極也。」【31】詳看之後又說：「若是女，當為天下主也。」【32】武則天年14歲時，唐太宗以「美容正，召入宮，立為才人。」【33】而在太宗後宮12年，一直是正四品才人身份，料理皇帝的食宿生活瑣事。

太宗晚年在楊妃蕭后死後不久，長安城屢現異象，先是天雨黑粟，晝現太白星，經太史占驗，認為是「女主當昌」之兆。【34】

## 二、武則天最初的佛教因緣

武則天和佛教的早期淵源，主要是幼年時即受母親的影響和後來在感業寺為尼的因緣。武則天的母親楊氏篤信佛教，幼年在廣元度過，廣元千佛崖等處佛寺香火頗盛，她經常隨母親出入寺院，武則天耳濡目染，自幼便受到佛教的薰陶，倫敦博物館所藏敦煌寫本《大雲經疏》中也記載：「神皇幼時已被緇服」。【35】她也自稱

---

【30】宋‧歐陽修、宋祁，《新唐書‧本紀第四》（台北：洪氏出版社，1977），頁80。

【31】宋‧歐陽修、宋祁，《新唐書‧本紀第四》，頁80。

【32】宋‧歐陽修、宋祁，《新唐書‧本紀第四》，頁80。

【33】元‧常念，《佛祖歷代通載》卷十二，T49，p584a。

【34】元‧常念，《佛祖歷代通載》卷十二，T49，p583c。

【35】《大雲經疏》殘卷於敦煌石室發現，王國維氏為之跋尾，考證甚確。與曇無讖所譯僅高麗藏本作《大方等無想經》內容相近，唯佛典原文王跋未及備載（見羅福萇沙州文錄補）；參閱陳寅恪（1977），〈武曌與佛教〉，張曼濤主編，《中國佛教史論叢》，頁141。

「幼崇釋教夙慕歸依」,【36】「爰自幼齡,歸心彼岸」。【37】

後來武則天被唐太宗選為才人,唐太宗因少林和尚有恩於己,也重視佛教,並規定皇帝駕崩後,嬪妃一律入寺為尼。武則天在唐太宗貞觀23年(649年)駕崩後,出宮入感業寺為尼,從此武則天清燈孤影,在感業寺度過了兩年,【38】直至永徽2年(西元651年),王皇后因為和蕭淑妃爭寵而慫恿唐高宗將她接回宮裏。當她再度入宮,高宗封其為正二品昭儀。【39】但是李樹桐的〈武曌與佛教〉,卻認為在唐太宗崩(649年)武則天即入寺削髮為尼,與武則天在貞觀23年(649年)再度入宮為高宗昭儀之間僅半年時間,武則天如何在這短短半年時間內蓄足長髮梳做髮髻,故斷定武則天沒有削髮為尼、也沒有入住感業寺。【40】

# 三、建言十二事

---

【36】 元魏・瞿曇般若流支,《不必定入定入印經》,T15,p706b。

【37】 《方廣大莊嚴經》卷十二,《高麗藏》冊9,頁535下。

【38】 依慣例,帝王駕崩,沒生育過的嬪妃們要出家為尼,生育過的則打入冷宮,為死去的皇帝守寡。

【39】 《舊唐書》是這樣介紹武氏當尼僧這段歷史的:「初,則天年十四時,太宗聞其美容止,召入宮,立為才人。及太宗崩,遂為尼,居感業寺。大帝於寺見之,復召入宮,拜昭儀。」《新唐書》表述為:「後年十四,太宗聞其有色,選為才人。太宗崩,後削髮為比丘尼,居於感業寺。高宗幸感業寺,見而悅之,復召入宮,久之,立為昭儀,進號宸妃。」宋・歐陽修、宋祁,《新唐書・本紀第四》(台北:洪氏出版社,1977),頁81。

【40】 李樹桐(1977),〈武則天入寺為尼考辨〉,張曼濤主編,《中國佛教史論叢》,頁154-155。

上元元年（674年）8月，唐高宗稱天帝，皇后稱天后。四個月後，她上書「建言十二事」，儼然是提出了一個政綱。內容為，

1、發展農桑，減輕賦稅和徭役。

2、京師附近的百姓免除租稅和徭役。

3、停止對外用兵，以道德教化天下。

4、普天下無分南北，不論宮內宮外一律禁止浮華淫巧。

5、避免大興土木，節省開支和勞動力。

6、廣開言路。

7、杜絕讒言。

8、王公以下都要學習《老子》。

9、父在母亡，為母守孝三年。

10、上元元年以前，因功授予勛官、已發給證書的人，無須再進行追查考核。

11、京官八品以上增加俸祿。

12、文武百官任職已久，才能高而職位低的，可以晉升。【41】

這十二條意見涉及國家經濟、軍事、社會、政治許多方面，唐高宗詔准施行。可見武則天很有智慧，通盤瞭解國事民需，心心繫念著天下蒼生的福祉，也因此能穩步地擴充著自己的實力和影響。其實，從現在的角度來看此十二建言，是武則天慈悲為懷、仁政愛民的展現，很有佛家的菩薩胸襟，而非所謂的懷柔政策。

然而有關武則天在政治上的評價呈現兩極：史學家稱許武則天的為人，如她明敏果斷、富有權略，尤能任用賢臣如狄人傑、婁師德、魏元忠等，唐朝因此尚賴以不衰；另一方面武氏心性之殘

---

【41】唐・道宣，《廣弘明集》卷十亦曰：「法不自顯弘必由人，豈使大周法輪永滅。聖上六條御物九德自明。曲理莫施直言必用。」T51，p.159a。亦請參閱《佛祖統紀》卷四十，T49，p369b。

忍，極工心計，手段狠毒。（尤其對王皇后、蕭淑妃斷其手足，投酒甕中，曰：令二嫗骨醉，數日而死。死又斬之。此其殘忍慘酷，令人不忍卒讀。）貶死元老忠良之臣如褚遂良、長孫無忌。廢中宗而自立，恣為淫虐，（其宮闈之淫亂更不堪聞問）誅殺唐宗室幾無孑遺。雖骨肉親屬，也絕無恩情存在。且又重用酷吏，來俊臣、周興，羅織無辜，以防反側。在她即位的時代裏，一片腥風血雨，惟靠恐怖統治以維繫政權。跡其平生的所為，與其佛教之慈悲為懷，實不相合。

今就有關佛教的部份而言，可從兩方面來看：1. 武氏的佛教信仰，從其生平對佛教的護持及參與來說，是真心誠意的嗎？還是利用佛教而已：如借偽造的《大雲經》來創造自己的合法性。如果武則天對佛教真是真心誠意，為何到了晚年放棄對佛教的信仰，興趣轉移於道教呢？2. 從心理學的角度來看：她是否因一生殺業過重，借著修諸功德，以作為心理之補償。唯有佛門功德之大，始足以彌補之。傳統犯罪心理學認定犯罪者本性就有犯罪的因子；現代犯罪心理學則認為犯罪者的行為本身是中性，每個犯罪事件都是個案，需從犯罪者犯罪當時的動機和相關情境來探討。如果武則天護持佛教的行為，確是參雜了彌補前愆的動機，就表示武則天本性不是惡的，而是受到當時周遭環境影響，就很符合現代犯罪心理學的看法。

## 四、武則天的登基神跡

武則天自出生即伴隨著許許多多的神異事跡，尤其在登基之前出現了更多神異事件，《巍巍無字碑：武則天的治國謀略》一書就主張歷來史書記載的怪異現象，不可一概斥之為誣妄，有許多現象是客觀存在的。有些已經為現代自然科學所解釋，如連體人、連體獸、多胞胎等；有些却是現代科學仍無法解釋的，如雞蛋殼上的天

象圖等。古人對怪異現象的解釋雖不可取，但從那些解釋中，可以了解人類認識自然的思想歷程，了解一些科學技術的發展情況，甚至把握一個時代的思想潮流、政治動態。【42】

下面列舉二件與武則天登基有關的神異事跡，略說明如下：

## （一）、平地起新山神跡

武則天的登基不僅是破壞了帝王承襲的法統，而且違反了「天道」，傳統派甚至認為當女性勢力壓倒男性，上天便會用地震、水災、掃帚星來表示懲罰人們。垂拱2年（686年）雍州新豐縣因大風雨雹震，踴出一座二百尺的小山及一個水池，則天皇帝認為是好的預兆，取名「慶山」，並接受四方的祝賀。儘管那位上疏反對的江陵人俞文俊極力證明這是災禍的象徵，他認為災禍出現的理由，是武則天以「女主處陽位，反易剛柔，故地氣隔，其山變為災。」【43】導致乾坤顛倒。殊不知，這正是武則天追求的目標。俞文俊的斗膽進言激怒了目空一切的女皇帝。於是，他被發配到荒僻之地嶺南，武則天製造祥瑞的努力成功了。

## （二）、洛水出寶圖神跡

更大規模地製造祥瑞事件，出現在垂拱4年（688年）的春天。據《舊唐書》載，武則天的侄兒魏王武承嗣派人在一塊白石上刻鑿「聖母臨人，永昌帝業」八個古雅的大字。為了增加神秘性，又以碎紫石和一些藥物填塞，如天外之物。然後派雍州人康同泰奉表獻于朝廷，聲稱是從洛水中打撈出來的。武則天給這塊石頭命名曰「寶圖」，將康同泰提拔為五品游擊將軍。

---

【42】劉後濱（2000），《巍巍無字碑：武則天的治國謀略》（北京：華夏出版社），頁13。

【43】元・念常，《佛祖歷代通載》卷十二，T49，p584c。

「河出圖，洛出書」，據傳是中國傳統政治追求的最高目標實現後，才會出現的最大祥瑞。武則天在實現封禪和下令修建明堂之後，再遇到如此祥瑞，她寧願相信這是上天的旨意，並借此將自己的政治威望推向極致。

垂拱4年5月，武則天下詔宣布：將在適當時候親自拜祭洛水，接受這塊「寶圖」，並改名為「天授聖圖」，且封洛神宓妃為「顯聖侯」。同時在南郊舉行告謝上蒼的大典，然後御明堂，接受群臣朝見。詔書中命令各地都督、刺史及宗室外戚，在拜祭洛水前十日到神都洛陽集合。八日之後，武則天為了迎接這一系列重大的活動，正式給自己加上了「聖母神皇」的尊號，並大赦天下。《資治通鑑》也說，武后封洛水為「永昌洛水」，禁漁釣，祭祀比四瀆，命名出「聖圖」處為「聖圖泉」。武則天稱帝後的萬歲通天元年（696年），又尊宓妃為「天中皇后」，並在洛浦立廟紀念，[44]「洛河夜哭」，似乎就是這位女神為此感動所致。

中國的皇帝有許多名號，但一般都是在皇帝死後追加的，如廟號、諡號、陵號等，除太上皇外，不存在生前上尊號的。武則天尚未稱帝就給自己上尊號，開創了皇帝制度史上的又一先例。事實上，在她一生的政治生涯中，堪稱中國歷史上「首創」的東西實在是太多了。即如「聖母神皇」的尊號，在中國政治傳統中沒有任何依據，顯得有點不倫不類。當時睿宗是名義上的皇帝，武則天是太后，自然可稱「聖母」。但「神皇」是什麼呢？筆者認為，武則天自小被預言當為天下主，此預言已深植其意識中，久而久之信以為真，且認為勢必成真，又基於種種天象神異，讓她更認為自己就是「神皇」，不無可能。

---

【44】 司馬光，《資治通鑑》卷第二百四〈唐紀二十〉，則天順聖皇后上之下段（上海：古籍出版社，1956）。

## 五、無字碑與佛教的空無

　　從顯慶4年（659年）到弘道元年（683年）唐高宗去世，唐高宗和武則天共同掌朝政的24年，史稱「二聖時期」【45】（659-683年）。

　　高宗在位23年駕崩，中宗即位，她以皇母而稱皇太后，乃至專決政事，帝崩，先後廢中宗、睿宗。天授元年（690年）自登帝位，改國號為周，自稱為則天金輪皇帝、神聖皇帝，成為中國歷史上空前絕後的女皇帝。女皇在位15年，公元705年中宗李哲復位，尊母親為「則天大聖皇帝」，同年11月，安詳而死，死前的遺囑很簡單，又很深邃，意味深長：去掉帝號，稱則天大聖皇后，合葬在高宗皇帝的乾陵，陵墓上立一塊什麼也不要寫的無字碑。高宗如喪國寶，暫罷朝政，為大師舉行國葬。

　　武則天病逝後與唐高宗合葬於乾陵，在朱雀門外，左邊「述聖紀碑」記載武則天歌誦唐高宗的文治武功，右邊「無字碑」，初立時未刻一字，宋、金以後才有人題字。對此，有說是她功績太大非文字所能表達；有說武則天自認罪孽深重，不宜寫碑文；有說是非功過任人評說的；有說是因當時中宗的政權未穩，不知稱自己的母親為「大周武皇」好，還是「大唐武后」好，於是乾脆什麼也不稱的。【46】筆者認為，武則天佛學造詣深厚，對空義有一定的認知，由其為金剛經所做「云何凡」偈子（見本論文第三章）和為幾部大經所立的序的內容可窺知一二，加上一般人會隨著年歲的增長，對世事的執著慢慢看開放下，更何況是熱衷於佛教的武則天？由其為

---

【45】劉昫，《舊唐書‧本紀第六》（台北：洪氏出版社，1977），頁115。

【46】參閱史天元（2002），〈武則天的頭銜〉新華網http://big5.xinhuanet.com/gate/big5/news.xinhuanet.com/st/2002-04/08/content_349019.htm。

佛教幾部大經立序的署名，早期還署名「皇太后御製」後期只留「御製」可窺知（見本論文第三章）。

從上述武則天的生平事跡，可見武則天自小就圍繞在神異傳聞中，如星相家袁天綱預言「若是女，當為天下主也。」；【47】太宗晚年在楊妃蕭后死後不久，長安城屢現異象，先是天雨黑粟，晝現太白星，經太史占驗，認為是「女主當昌」之兆等。再者，武則天在少女時代即和佛教結下了不解之緣，於太宗駕崩後入住感業寺削髮為尼二年，種下了日後熱衷佛教，甚至改寫《大雲經》（Mahāmeghasutra）做為自己登基合法依據的因緣。

# 參、武則天的登基與佛教法寶的關係

本章將從兩個相反方向探討武則天與佛教法寶的關係，第一部分《大雲經》的疑偽經釋疑和第二部分武則天的寫經造序。

## 一、武則天與《大雲經》的疑偽

承襲前章所述兩則奇異傳聞，武則天的登基又出現了更多神異事跡，尤其武則天影射《大雲經疏》的內容做為自己登基的預言，引起相當的爭議，但也造成了武則天一生護持佛教事業，卻留下美中不足的遺憾。

---

【47】宋・歐陽修、宋祁，《新唐書・本紀第四》（台北：洪氏出版社，1977），頁80。

## （一）《雲經》出現的預言

中國的封建專制制度，綿亘近三千年。據統計，大大小小的君侯、皇帝不下六百多人。他們之能夠身登大寶，不外四途：一靠自己打天下，二靠祖蔭承襲，三靠骨肉相殘，四篡位。但是無論在哪種情況下登基，他們都需要打出自己的招牌——制造理論根據；他們都需要顯示皇天后土的支持——制造圖讖祥瑞。總之，他們都想爭取平民百姓恭聽恭順，都需要愚弄百姓，都需要麻醉百姓。【48】這類事件，古今中外概莫能外，當然身為女性的武則天，想要登基為帝就更不能例外了。

根據《舊唐書》〈則天皇后本紀〉和《新唐書》〈后妃傳所紀〉都提到，隨著武則天計劃登基的日期逐漸迫近，而她又在為找不到充分的以女主稱帝的理由而苦惱的時候，薛懷義【49】和東魏國寺僧法明等，於嗣聖6年（689年）對佛教典籍《大雲經》進行的注解，就成為這種最好的理論依據。

《大雲經》全稱為《大方等無想大雲經》，【50】有後秦沙門竺佛念於姚秦弘始年間（399-416年）所譯四卷本【51】和後涼沙門曇

---

【48】林世田（2002），〈武則天稱帝與圖讖祥瑞——以S.6502《大雲經疏》為中心〉，《敦煌學輯刊》，2。

【49】薛懷義是武則天的一個男寵，原名馮小寶，是高祖千金公主推薦的。武則天將馮小寶剃度為僧，拜為白馬寺住持，自由出入禁中，又令他改姓薛，名懷義，寵重一時。任士英（2005），《正說唐朝二十一帝》，〈第一篇聖神皇帝武則天 天授元年（690）－神龍元年（705）〉（上海：聯經出版）。

【50】北涼・曇無讖，《大方等無想經》六卷或五、四卷，T12，pp1077-1106。

【51】姚秦・竺佛念，《大雲無想經》卷九，T12，pp1107-1109。

無讖（Dharmsksema385-433年）所譯六卷本，到唐代已經流行了很長時間，當在薛懷義、法明等人于內道場念誦的經書之內。《大雲經》的內容主要敘述佛依大雲菩薩之請問，開示通達陀羅尼門、大海三昧、諸佛實語、如來常住、如來寶藏等之修行。該經文稱，「佛告淨光天女言，天女將化為菩薩，即以女身當王國土。」【52】當時，佛教已經逐漸中國化，並已成為上自官僚士大夫下至平民百姓的普遍信仰。在這種情形下，武則天深覺這部佛經是自己稱帝最理想的理論依據，它直接說女主當王，比起李思文從《尚書》中找到的那句「垂拱天下治」【53】要好得多。更何況，那句對自己極為不利的「牝雞之晨，惟家之索」【54】也正是出自《尚書》的〈牧誓〉篇。

武則天於是讓法明等對《大雲經》進行詳細的注解，力圖使簡短而隱晦的佛經同現實政治結合起來，以增強其說服力。在薛懷義的監督下，法明等人沒有辜負聖母神皇的崇高期望，終於在改朝稱帝的前夕注解完畢，奉表獻上。武則天下令將新注解的《大雲經》頒行于天下，於是「盛言神皇受命之事」的《大雲經疏》就這樣在全國範圍內流傳起來。

由於傳世文獻的缺失，已難知《大雲經疏》的全貌。但近代從敦煌石窟中發現的、當時流傳於河西地區的《大雲經疏》寫本殘卷，仍使我們得以窺其要旨。該寫卷中保留的對女主當王之事注疏如下，經曰：

> 即以女身，當王國土。…疏曰：今神皇王南閻浮提（人世）、一天下也。經曰：女既承正，威伏天下，所有國土，悉來承

---

【52】北涼・曇無讖，《大方等無想經》卷四，T12，p1098a。

【53】孔安國注，《尚書》卷十一〈周書・牧誓〉，p160。

【54】孔安國注，《尚書》卷十一〈牧誓第四〉，p160。

奉，無違拒者。疏曰：此明當今大臣及百姓等，盡忠赤者，即得子孫昌熾，…皆悉安樂。…如有背叛作逆者，縱使國家不誅，上天降罰並自滅。【55】

有人認為上述內容不像注疏，而是赤裸裸的政治說教。利用宗教來為現實政治服務，在歷史上不乏其人，但像武則天這樣明目張膽地借佛教，並利用老百姓的迷信，宣揚自己掌權的合理性，恐怕是絕無僅有的。畢竟她所面臨的阻力也是前所未有的。

從她為自已造的名字，到製造祥瑞、利用佛教，我們有理由相信，武則天非凡的政治想像力，是其登上皇位的一個重要條件。並在諸州各建大雲寺一座，以藏《大雲經》，且使高僧登堂升座，講經解道，讓天下人人都學習《大雲經》，明白《大雲經》。在1992年大雲寺已被中國公佈是省級重點文物保護單位。

但是根據陳寅恪的《武曌與佛教》，據敦煌本《大雲經疏》考出武則天所頒《大雲經》，乃薛懷義取後涼曇無讖舊譯《大方等大雲經》附以新疏而成，【56】推翻了舊史所記武氏時有沙門偽撰《大雲經》的說法。

另有一說達摩流支（Dharmaruci 562-727年），又稱菩提流支（Bodhiruci），在大周長壽2年（693年）譯《寶雨經》前，曾有一批僧人向武則天呈獻過《大雲經》。其中說到女菩薩當國王，武則天極為高興因為她是女皇帝，認為經中所說的女菩薩就是她自己。

---

【55】 司馬光，《資治通鑒》卷二○四，中華書局標點本，頁6447-6448；王國維（1959），《唐寫本大雲經跋》，《觀堂集林》冊4（台北：中華書局）；陳寅恪（1980），《武曌與佛教》，《金明館叢稿二編》（上海：古籍出版社）；《舊唐書》卷六（台北：中華書局標點本），頁119。

【56】 陳寅恪（1977），〈武曌與佛教〉，收入張曼濤主編，《現代佛教學術叢刊》冊6，頁143。

流志來到中國之後，得知了武則天這種喜好，據說他就在《寶雨經》序分札自己編造了一段經文。這段經文的原文是：

爾時東方有一天子名日月光。乘五身雲來詣佛所。右遶三匝頂禮佛足退坐一面。

佛告天子曰。汝之光明甚為希有。天子。汝於過去無量佛所。曾以種種香花珍寶嚴身之物衣服臥具飲食湯藥。恭敬供養種諸善根。天子。由汝曾種無量善根因緣。今得如是光明照耀。天子。以是緣故。我涅槃後最後時分。第四五百年中法欲滅時。汝於此贍部洲東北方摩訶支那國。位居阿鞞跋致。實是菩薩故現女身為自在主。經於多歲正法治化。養育眾生猶如赤子。令修十善能於我法廣大住持建立塔寺。又以衣服飲食臥具湯藥供養沙門。於一切時常修梵行。名日月淨光。天子。然一切女人身有五障。何等為五。一者不得作轉輪聖王。二者帝釋。三者大梵天王。四者阿跋致菩薩。五者如來。天子。然汝於五位之中當得二位。所謂阿鞞跋致及輪王位。天子。此為最初瑞相。汝於是時受王位已。彼國土中有山涌出五色雲現。當彼之時。於此伽耶山北亦有山現。天子。汝復有無量百千異瑞。我今略說。而彼國土安隱豐樂人民熾盛甚可愛樂。汝應正念施諸無畏。天子。汝於彼時住壽無量。後當往詣睹史多天宮。供養承事慈氏菩薩。乃至慈氏成佛之時。復當與汝授阿耨多羅三藐三菩提記。

爾時月光天子。從佛世尊聞授記已。踊躍歡喜身心泰然。從座而起遶佛七匝頂禮佛足。即捨寶衣嚴身之具。奉上於佛作如是言。世尊。我於今者親在佛前得聞如是本末因緣。授阿耨多羅三藐三菩提記已獲大善利。作是語已遶佛三匝退坐一面。【57】

---

【57】唐・達摩流支，《佛說寶雨經》卷一，T16，p284bc。大白馬寺大德沙門懷義監譯於佛授記寺。

　　據史書記載，武則天讀了這段偽造的經文，更是喜不自勝，她認為自己就是「日月光天子」轉世，現女菩薩身在中國當皇帝。又蒙佛授記，應正念施諸無畏。之後於彼時住壽無量。後當往詣睹史多天宮。供養承事慈氏菩薩。乃至慈氏成佛之時。復當與汝授阿耨多羅三藐三菩提記。在武則天稱帝之前，薛懷義和東魏國寺僧法明曾獻給她一部《大雲經》，稱武則天為彌勒佛降生，當主天下。聯繫這一歷史背景，結合「曌」字的字形，不難判定，用新造「曌」字作名字還含有另外一層意思：就是把自己隱喻為慈悲為懷、普渡眾生的彌勒佛，雖然前世身在西方極樂世界，但如今卻如日光普照、皓月當空，給云云眾生帶來了光明和幸福。【58】

　　上述現「女菩薩身」作為此生現身為皇帝的正當性，從政治學上看，是否是在愚民？再就佛教而言，亦未可只從其表面言之。如《楞嚴經》卷六：「我滅度後勅諸菩薩及阿羅漢，應身生彼末法之中，作種種形度諸輪轉。或作沙門白衣居士、人王宰官童男童女。…終不自言我真菩薩真阿羅漢，泄佛密因輕言未學。唯除命終陰有遺付，云何是人惑亂眾生成大妄語。」【59】是其假借偽造之《大雲經》作為今生現帝王身之合法性，是有違佛旨的。況且又關涉佛教戒律之「大妄語戒」、「增上慢」之大過。

　　有人問，武則天為什麼要借助佛教給自己鍍金，而不是假手其他教，如儒家道家等。原因之一是儒家是反對女人當政的，道教的李耳先生是李唐的先祖，且二教均為本土宗教。佛教的聲聞法中，雖亦說女子不得作輪王，但大乘則不然，再說佛教雖已進到中國有六七百年歷史，但畢竟是來自印度的外來宗教。北涼曇無讖所

---

【58】參閱遲肅川・謝哲夫（1997），〈《古文觀止》——《為徐敬業討武曌檄》題解〉（台北：台灣實業文化），頁467。

【59】唐・般若蜜帝，《大佛頂如來密因修證了義諸菩薩萬行首楞嚴經》，T19，p132c11-15。

譯《大雲經》，佛記會中天女，當來以女身作轉輪王，護持正法。唐武后之敢於移唐祚稱帝，開中國政治史上空前絕後之奇跡，《大雲經》與有力焉。當時僧尼，為《大雲經》潤飾、注釋，為武后宣傳，頒《大雲經》於天下，以示天命所在。武后稱天冊金輪聖帝，實本於此。

　　印順法師對此也有看法，他說：

時菩提流志來中國，遂譯聖典，為武后所尊敬。其新譯之《寶雲經》，較之舊譯《寶雨經》，獨多天女受記作輪王事，蓋取《大雲經》說以糅合之。然《大雲經》之本義，實指南印度案達羅王朝。如經（卷四）云：「我涅槃已七百年後，是南天竺有一小國，名曰無明。…其城有王，名曰等乘。其王夫人產育一女，名曰增長。…諸臣即奉此女以繼王嗣。…滿二十年，受持讀誦是大雲經，然後壽盡」【60】。此則南印度別有女王，不關我中國。古人附會其事，不知何以通經？【61】

　　武則天假借偽造之《大雲經》作為篡位的合法性，是武則天再度深化與佛教關係的開始，之後又再接二連三為佛教詔譯佛經及立序，此階段可以歸納為武則天與佛教法寶建立關係的時期。下一章將依武則天所詔譯經序的先後，摘錄說明，並從中找出其關係的轉變。

## 二、武則天造經立序

　　歷史上對武后的評價毀譽參半。在政治方面，富於權略，知人善任；在佛教方面，寫經立序，信佛度僧，造寺塑像，精通佛理。

---

【60】北涼・曇無讖，《大方等無想經》，T12，pp1097c-1098a。

【61】印順（1988），《華雨香雲》，妙雲集下篇之十（台北：正聞出版社），頁202。

在寫經立序方面，除了前述改寫《大雲經》外，尚撰寫下列偈子和經序：

## （一）開經偈一首

「無上甚深微妙法，百千萬劫難遭遇，

我今見聞得受持，願解如來真實義。」

這首讚頌佛法的四句偈，是武則天為實叉難陀所譯《華嚴經》題的一首偈子，文筆精簡順暢，意義深奧，後人用來做為「開經偈」，被譽為「千古不泯之妙嚴」（近代諦閑法師語），歷千百年不衰，至今仍傳誦不絕。

## （二）、卍字之音入藏及讀為「萬」的制定

武則天具有造字的天份，除了曌字【62】等12個字外，於長壽2年（693年）制定卍讀「萬」音，並將卍字之音入藏，也是其創舉。

卍字（梵語śrīvatsalakṣana）又作万字、萬字、卍字。音譯作室利蘇蹉洛剎囊。意譯作吉祥海雲、吉祥喜旋。【63】為佛三十二相之一，八十種好之一。乃顯現於佛及十地菩薩胸臆等處之德相。《長阿含卷一大本經》、《大薩遮尼乾子所說經》卷六、《大般若經》卷三八一等，均記載佛之胸前、手足、腰間等處有卍字。於今印度

---

【62】宋・志磐，《佛祖統紀》卷四十，T49，p369b。

【63】宋・志磐，《佛祖統紀》卷四十，T49，p369c。「始令佛經製卍字。為如來吉祥萬德之所集。音之為萬（華嚴音義。作大周長壽者。蓋武后嘗改唐稱周。年號長壽。後改為如意）」。

阿摩羅婆提（梵Amarāvati）出土之佛足石，亦刻有數個卍字。【64】

　　卍之形，原是古代印度表示吉祥之標誌。除印度外，波斯、希臘均有此類符號，通常被視為太陽、電光、火、流水等之象徵。在古代印度，佛教、婆羅門教、耆那教均使用之。最早時，古印度人認為此一符號乃存於梵天、毘濕笯（梵Visnu）、吉栗瑟拏（梵Krsna）胸部之旋毛，而普遍視之為吉祥、清淨、圓滿之標相。在佛教，卍字為佛及十地菩薩胸前之吉祥相，其後漸成為代表佛教之標誌。

　　卍字之漢譯，古來有數說，鳩摩羅什、玄奘等諸師譯為「德」字，菩提流支則譯為「萬」字，表示功德圓滿之意。另於《宋高僧傳》卷三則謂，卍字譯為「萬」並非取其意譯，而係準其音。然卍字之音，初時不入經傳，至武則天長壽2年（693年）始制定此字讀為「萬」，而謂其乃「吉祥萬德之所集」。【65】

　　新華嚴經全經之卍字共有16處，【66】皆讀為「萬」，然以梵本對勘之，則其原語共有四種，說明如下：

　　1、śrīvatsa，音譯作室利靺蹉，意譯作吉祥臆、吉祥犢。如《新華嚴經》卷四十八：「如來胸臆有大人相，形如卍字，名吉祥海雲。」【67】

---

【64】宋・法雲，《翻譯名義集》卷六，唐梵字體篇第五十五云。「如來胸臆有大人相。形如卐字。名吉祥海雲。又作禮。是吉祥勝德之相。由髮右旋而生似卍字。卐禮是西土字。卍卐萬方。是此土字。同呼為萬。」T54，p1147a。

【65】星雲（1988），《佛光大辭典》（高雄：佛光出版社），頁2202-2203。

【66】唐・實叉難陀，《大方廣佛華嚴經》，T10，p.43b、44b、45a、144b、145b、146a、147a、148b、253bc、255b、301b、302b、340c、349c。

【67】唐・實叉難陀，《大方廣佛華嚴經》，T10，p253c。

2、nandyāvarta，音譯作難提迦物多，意譯為喜旋。如《新華嚴經》卷二十七：「其髮右旋，光淨潤澤，卍字嚴飾。」【68】

3、svastika，音譯作塞賻悉底迦、毯怯悉底迦，意譯為有樂。如《新華嚴經》卷二十七：「願一切眾生得如卍字髮，螺文右旋髮。」【69】

4、*pūrnaghata*，音譯作本囊伽柂，意譯為增長。如《新華嚴經》卷二十七：「願一切眾生得輪相指，指節圓滿，文相右旋，願一切眾生得如蓮華卍字旋指。」【70】

在東晉佛陀跋陀羅《舊譯六十華嚴經》中找不到卍字，而在唐實叉難陀《新譯華嚴經》中卻出現了16次的卍字，可見武則天之所以制定卍字讀為「萬」，應是親授實叉難陀《新譯八十華嚴經》時的需要。再者，若不拜她為皇后／帝之權威和方便，將卍字譯入新譯華嚴經恐難推動。

### （三）、「云何梵」偈子

云何梵偈子是武則天所作，出現在梁朝傳大士頌金剛經序中，

《梁朝傳大士頌金剛經》（一卷）No. 2732 [cf. No. 235]

梁朝傳大士頌金剛經序金剛經歌者。梁朝時傳大士之所作也。武帝初請志公講經。志公對曰。自有傳大士善解講之。帝問。此人今在何處。志公對曰。見在魚行。于時即照大士入內。帝問。大士欲請大士講金剛經。要何高坐。大士對曰。不用高坐。只須一具柏板。大士得板。即唱經歌四十九頌終而便去。

---

【68】唐・實叉難陀，《大方廣佛華嚴經》，T10，p146a。

【69】唐・實叉難陀，《大方廣佛華嚴經》，T10，p144b。

【70】唐・實叉難陀，《大方廣佛華嚴經》，T10，p148b。參閱堀謙德〈卍字之變遷及分布〉，東亞，6：3。

志公問武帝曰。識此人不。帝言不識。志公告帝曰。此是彌勒菩薩分身。下來助帝楊化。武帝忽聞情大驚訝。深加珍仰因題此頌。於荊州寺四層閣上至今現在。夫金剛經者。聖教玄關深奧難測。諸佛莫不皆由此生。雖文疏精研浩瀚難究。豈若慈頌顯然目前。遂使修行者不動足而登金剛寶山。諦信者寂滅識而超於涅槃彼岸故書。其文廣博無窮。凡四十九篇烈之。於後所謂惠日流空照如來之淨土禪刀入手破生死之魔軍。既人法雙祛俱遣快哉。斯義何以加焉。有一智者不顯姓名。資楊五首以申助也。其層閣既被焚燒。恐文隋墮。聊請人賢於此閣見本請垂楷定。若有人持誦金剛般若波羅蜜經。先須至心念淨口業真言。然後啟請八金剛四菩薩名號。所在之處常當擁護。淨口業真言唵修利修利摩訶修利修修利莎婆訶虛空菩薩普供養真言唵誐誐曩三婆縛襪曰羅斛云何梵。

> 云何得長壽，金剛不壞身。
> 復以何因緣，得大堅固力。
> 云何於此經，究竟到彼岸。
> 願佛開微密，廣為眾生說。【71】

　　關於這個偈子，在佛教文學方面，稱得上是一個大手筆。寫這種大文章不能夠寫得輕佻，也不能夠寫得幽默，要很嚴謹才行。

　　「云何得長壽，金剛不壞身。」如何可以得到清淨、長壽，永生不死呢？大家都希望活得長，究竟怎麼樣才能真正活得長？長到什麼程度呢？這裡是提問題，換句話說，這個經典本身就是告訴我們，怎麼樣得到生命永恆不滅的那個本來。

---

【71】梁・傅大士，《梁朝傅大士頌金剛經》，T85，p1b。

「復以何因緣，得大堅固力。」大堅固力也是我們人類所希望得到的；但是我們要用什麼辦法，哪一種因緣，才可以得到堅固的力量？人世間的一切都不牢靠、不堅固。壽命也是不堅固的，頂多活一百年兩百年就要走了。家庭、父母、子女、夫婦相聚都不堅固，終歸要分散的。佛經上經常有一句話：聚會必有消散。聚攏的因緣完了，統統要分散。發了財，鈔票來了，終歸有不發財的一天，錢也有消散的一天。權利拿到手，總會有失掉的一天。房子建築起來，總會有毀壞的一天。世界上有沒有一個東西是堅固不破的？這個大堅固力，到底有沒有？

「云何於此經，究竟到彼岸。」我們研究金剛經以後，如何瞭解其中的方法，如何能夠脫離三界苦海，而到達常樂我淨的極樂世界；這些等等的問題，希望佛能打開最微妙秘密的法門，通通告訴我們。【72】

## （四）、《大周刊定眾經目錄》【73】的撰輯

此目錄共有15卷，唐則天武后天冊萬歲元年（695年），由佛授記寺【74】沙門明佺等七十名高僧奉著詔撰輯，【75】菩提流志、義淨等諸師亦皆參與編纂。又作武周刊定眾經目錄、大周錄、武周錄。為東漢至武周有關翻譯經論之目錄。內容包括：（1）眾經目錄，即第一卷至第十四卷，屬於正篇；（2）偽經目錄，即最後第十五卷。

本錄係採自新、舊正目【76】與大小乘經律論、賢聖集傳等三

---

【72】 南懷瑾（1994），《金剛經說什麼》（台北：老古文化），頁14-15。

【73】 唐‧明佺，《大周刊定眾經目錄》，T55，pp372c-477a。

【74】 武周時代，白馬寺寺主薛懷義曾在寺內別造殿宇，改名為「佛授記寺」。

【75】 參閱宋‧贊寧，《宋高僧傳》卷一，T50，p719b。

【76】 舊目指前人所撰之《一切經目錄》、《開皇三寶錄》、《內典錄等正目》；新目指唐初至武周所譯之經論，凡錯注、疑偽皆校正而後入目。

件而成。共收經典三六一六部，八六四一卷。入藏錄收八六〇部，三九二九卷。本錄不含代錄，【77】係由刊定入藏錄（標準入藏錄）【78】與現定入藏錄（現代入藏錄）【79】所成之分類整理目錄。以其廣泛採用《歷代三寶紀》之記載，資料價值不高。【80】

　　本錄附序一篇，乃明佺等撰。文中推崇武則天趁願再來、大悲廣濟、金輪騰轉、化偃四洲的菩薩行持。摘錄如下，

> 竊以。真諦俗諦。藉文字而方顯。正法像法。由護持而獲存。所以得萬劫流通四生利益。我大周天策金輪聖神皇帝陛下。道著恒劫。位鄰上忍。乘本願而下生。演大悲而廣濟。金輪騰轉。化偃四洲。寶馬飛行。聲暨八表。莫不齊之以五戒十善。運之以三乘六度。帝王能事。畢踐無遺。菩薩法門。周行莫怠。紹隆之意。與金剛而等堅。弘誓之心。共虛空而比大。聖情以教為悟本。法是佛師。出苦海之津梁。導迷塗之眼目。務欲令疑偽不雜住持可久。迺下明制。普令詳擇。存其正經。去其偽本。謹按梁朝釋僧皎釋僧祐釋寶唱。隋朝僧法經等所撰一切經目錄。隋朝翻經學士費長房所撰開皇三寶錄。唐朝僧道宣所撰內典錄等。已編入正目。大小乘經律論。并賢聖集傳。合二千一百四十六部。六千二百三十五卷。其後唐朝至聖朝。新譯經論。及有雖是前代舊翻而未經入目。并雖已入目。而錯注疑偽。審共詳挍。事須改正者。前後三件。大小乘經律論。合一千四百七十部。二千四百六卷。悉依明旨。咸編正目。

---

【77】代錄之目錄，指將各時代之譯經依朝代先後記錄者。

【78】標準入藏錄，指以大小乘、經律論、單譯、重譯之分類為主者，又稱分類整理目錄。

【79】現定入藏錄，指將特定寺院所收經藏之現存經予以目錄化者。

【80】參閱星雲（1988），《佛光大辭典》，頁796中、901中。

今新入正目。及舊入正目。大小乘經律論。并賢聖集傳。都合三千六百一十六部。八千六百四十一卷。其間有名闕本。有本失譯。見行入藏。及翻譯單重。三藏不同。兩乘各異。並備出條件。撰為目錄。合一十四卷。號之曰大周刊定眾經目錄。其偽經既不是正經。偽目豈同於正目。編之卷次。竊將未允。然恐須明示遠近。故別為一軸傳寫焉大小乘經律論。及賢聖集傳。合三千六百一十六部。八千六百四十一卷。其見定入藏流行部卷。不在此數……【81】

上述序文主要分為兩部分，前半部是明佺盛贊武后的菩薩行，後半部則在說明編輯《大周刊定眾經目錄》的因緣和成果。如文：

我大周天策金輪聖神皇帝陛下。道著恒劫。位鄰上忍。乘本願而下生。演大悲而廣濟。金輪騰轉。化偃四洲。寶馬飛行。聲罩八表。莫不齊之以五戒十善。運之以三乘六度。帝王能事。畢踐無遺。菩薩法門。周行莫怠。紹隆之意。與金剛而等堅。弘誓之心。共虛空而比大。」【82】

可見沙門明佺等七十名高僧對武則天的極盡推崇，但也攙雜著諂媚味道，或者應該歸功於武則天極力推動佛法，所獲得的正面回應和肯定，也不為過。

然而薛懷義和東魏國寺僧法明等，於嗣聖6年（689年）對佛教典籍《大雲經》進行的注解，卻未出現在天冊萬歲元年（695年），由沙門明佺等七十名高僧奉詔撰輯成的此部《大周刊定眾經目錄》。是否薛懷義等並未有重譯或偽撰此經？

---

【81】參閱唐・明佺，《大周刊定眾經目錄》，T55，p372c-373ab。

【82】唐・明佺，《大周刊定眾經目錄》，T55，p372c。

## （五）、《高麗藏》《方廣大莊嚴經》
### （*Lalitavistarasūtra*）[83] 序

本經是《普曜經》的異譯本，唐時由中印度地婆訶羅（Divākara又稱日照，613-687年）等十位大德，在垂拱元年（685年）譯於西太原寺。[84] 本經共有12卷27品，與現存梵文本的27品的內容雷同。屬大乘佛傳，尤重佛身觀的闡述。在敦煌、吐魯番出土的回鶻文文獻中可見《方廣大莊嚴經》。[85]

在《大正藏》的《方廣大莊嚴經》[86] 未見武則天撰寫的序。考察目前所傳《高麗藏》乃再雕版，高麗高宗23年至38年（1236-1251年）為防禦蒙古入侵，乃依初雕本再度開雕，初雕本依開寶藏為根據。此再雕版在漢文大藏中稱為精審者，日本增上寺藏此本，為縮刷藏經、大正藏經之底本，《大正藏》是在日本大正13年至昭和9年（1924-1934年）出版的，比《高麗藏》再雕版晚了近七個世紀。而由武則天作的《方廣大莊嚴經》序，出現在十三世紀高麗雕刻的《高麗藏》中，卻未出現在二十世紀在日本出版的《大正藏》？再者，《高麗藏》還是《大正藏經》的底本。為何《大正藏》未將武則天為此經所寫的序收入其版本中？本《方廣大莊嚴

---

[83] 唐・地婆訶羅，《方廣大莊嚴經》，K9，p535a。

[84] 參閱宋・贊寧，《宋高僧傳》卷1，T50，p719a。

[85] 楊富學（2006），回鶻文佛傳故事研究──以Mainz 131（T II Y 37）《佛陀傳》為中心柏林德國國家圖書館藏編號為T II Y 21、T II Y 32的回鶻文寫本殘片二件。二者均出土于吐魯番交河故城，前者現存18行，後者存16行，內容很可能出自《方廣大莊嚴經（*Lalitavistara Sūtra*）》，《中華佛學研究》，10，頁239-253。

[86] 唐・地婆訶羅，《方廣大莊嚴經》，T3，p539a。

經》序亦出現在《卍字藏》【87】中，卻未收錄在《國譯一切經》中的《方廣大莊嚴經》前。【88】

武則天為本經寫序時，是在垂拱元年（685年），此時高宗在位33年駕崩，中宗即位，武則天以皇母而稱皇太后，乃至專決政事，但尚未稱帝，故序前的署名為唐「武則天」製。武則天在位，弘護三寶，與佛家有著不解之緣，譯此經序有曰：

大唐新譯三藏聖教序　　皇太后御製

朕聞真空無相，非相教無以譯其真；實際無言，非言緒無以詮其實。是以龍宮法鏡，圓照市於三千；鷲嶺玄門，方廣周於百億。師無師之智，必藉修多；學無學之宗，終資祇夜。自金人感夢，寶偈方傳，貝葉靈文，北天之訓逾遠；貫華微旨，西秦之譯更新。大乘小乘，逗根機而演教；半字滿字，逐權實而相曉。叡唐之御寓，載叶昌期，代傳三聖，年將七十。舜河與定水俱清，堯燭與慈燈並照。緇衣西上，寧惟法顯之流；白馬東來，豈直摩騰之輩？大弘釋教，諒屬茲辰。朕爰自幼齡，歸心彼岸，務廣三明之路，思崇八正之門。往者鳳邁閟兇遂違嚴蔭；近以孝誠無感，復背慈顏，露草之恨日深，風樹之悲鎮切。凡是二親之所蓄用，兩京之所舊居，莫不總結招提之宇，鹹充無盡之藏。乃集京城大德等，凡有十人，共中天竺國三藏法師地婆訶羅，於西太原寺，同譯經論。法師等，並業隣初地，道駕彌天，為佛法之棟梁，乃慧海之舟檝。前後翻譯，凡有十部。以垂拱元年，歲次大樑，月旅夷則，汗青方就，裝縹畢功。甘露之旨旣深，大雲之喻方遠，庶永垂沙劫，廣濟塵區，傳火之義自明，寫瓶之辯逾潤。朕以虛昧，欽承顧託，

---

【87】《卍字藏》冊9・7，頁261下-262上。

【88】《國譯一切經》本緣部，冊9、10，頁1。

常願紹隆三寶,安大寶之鴻基;發揮八聖,固先聖之丕業。所以四句微言,極提河之深致;一音妙義,盡菴園之奧旨。擊大法鼓,響振於無間;吹大法螺,聲通於有頂。爲闇室之明鉅,實昏衢之慧月。菩提了,義其在茲乎!部帙條流,列之於後。【89】

此序表達武則天弘揚佛法的熱忱和使命感:真空是沒有形相的,但是需要有語言文字的說明,才能使人了解真空的意義。佛陀這種自悟自證的大智,乃由自修心證而來。要想得道證果,惟有依循佛陀的言教而求,才能如願以償。中國自漢明帝夜夢金人的祥瑞,乃派大臣至印度求經,佛法方得東傳國內。叡唐統御天下,國泰民安,三代相承,年將七十。太平盛世。佛法興隆,擴大宣揚佛陀聖教,想來現在正是時候。所以請了幾位法師同譯此經。

由前述武則天為《方廣大莊嚴經》所立序文中的一段引文「朕爰自幼齡,歸心彼岸,務廣三明之路,思崇八正之門。」【90】表達武則天虔誠向佛的心,是自小即重下的種子,貞觀23年(649年),太宗駕崩,她曾入住感業寺削髮為尼二年,即和佛教結了很深的緣。武則天被詬病將佛教與政治掛鉤,是有失公允的。何況中國歷朝帝王也都伴隨著佛道之爭。文中另一段「凡是二親之所蓄用,兩京之所舊居,莫不總結招提之宇,咸充無盡之藏。」【91】更見武則天對佛法認知的深入和力行。雖然她為爭奪后位,不惜掐死親生女兒非人道的行為,令人髮指。但在其父母相繼去逝後,凡是過去雙親所使用過、玩賞過的遺物,以及在兩京所居的舊宅,一概捐給佛

---

【89】《方廣大莊嚴經》卷十二,《高麗藏》冊9,頁535下。

【90】《方廣大莊嚴經》卷十二,《高麗藏》冊9,頁535下。

【91】《方廣大莊嚴經》卷十二,《高麗藏》冊9,頁535下。

寺，充作僧舍的無盡藏。【92】

上列序文中又有一段「朕以虛昧，欽承顧託，常願紹隆三寶，安大寶之鴻基；發揮八聖，固先聖之丕業。」【93】武則天自謙以迷昧之身，仰承佛陀咐囑，常願紹隆三寶，奠定弘揚法寶的鴻基；發揮八聖，以鞏固先聖的偉業。由第二句文意不難看出，武則天深信自己就是彌勒再世，所以終其一生即使身為忙碌的女皇，仍孜孜不倦地投入各種弘法事業。

## （六）、《大方廣佛華嚴經》（*Buddhāvatajsaka-mahāvaipulyasūtra*）序

東晉佛馱跋陀羅（Buddhabhadra 359-429年）在劉宋元嘉元年（424年）曾譯出六十卷《華嚴經》，【94】武后認為該經所譯不夠詳備，因此派遣使者到于闐請回梵本《八十華嚴》，敦請實叉難陀（Śiksānanda，652-710年）來華主譯，菩提流志、義淨助譯，武后於天后證聖元年（695年），也親臨東都洛陽大內遍空寺譯場，供養法師。【95】並敕法藏大師講授，對華嚴宗的建立起到了重要的推動作用，也影響了中國佛教的發展。

《大方廣佛華嚴經》（八十卷），是實叉難陀的主要譯經。東晉佛馱跋陀羅譯的《華嚴經》稱為舊譯，而他譯的則稱為新譯。在大遍空寺翻譯這新舊兩譯之間的不同之點是：1、舊譯只有六十卷，新譯為八十卷。2、舊譯只有八會三十四品，新譯有九會三十九品。

---

【92】參閱圓香著（1996），《經論指南藏經序文選譯》（高雄：佛光出版社），頁47。

【93】《方廣大莊嚴經》卷十二，《高麗藏》冊9，頁535下。

【94】唐・地婆訶羅，《方廣大莊嚴經》，T9，pp395a-788b。

【95】唐・法藏，《華嚴經傳記》卷一，T51，p155a。

3、舊譯梵本為三萬六千頌，新譯梵本為四萬五千頌。4、舊譯無《入法界品》，新譯有：

八十卷華嚴，原為大唐永隆元年（680年）中天竺三藏地婆訶羅此云日照於西京太原寺即今長安崇福寺譯出入法界品內兩處脫文。一從摩耶夫人後至彌勒菩薩前中間天主光等十善知識。二從彌勒菩薩後至三千大千世界微塵數善知識前中間文殊申手摩善財頂十五行經。即八十卷經之初。大德道成律師薄塵法師大乘法師等同譯復禮法師潤文。大周證聖元年于闐三藏實叉難陀此云喜學於東都佛授記寺即今敬愛寺再譯梵文兼補諸闕計九千頌。通舊總有四萬五千偈合成唐本八十卷。【96】《華嚴經》終於聖曆2年（699年）譯成，稱為《新華嚴經》，武后親製御序如下。

《大方廣佛華嚴經》（卷一）No. 279 [No. 278]

大周新譯大方廣佛華嚴經序　　天冊金輪聖神皇帝製

蓋聞造化權輿之首。天道未分。龜龍繫象之初。人文始著。雖萬八千歲。同臨有截之區。七十二君。詎識無邊之義。由是人迷四忍。輪迴於六趣之中。家纏五蓋。沒溺於三塗之下。及夫鷲巖西峙。象駕東驅。慧日法王。超四大而高視。中天調御。越十地以居尊。包括鐵圍。延促沙劫。其為體也。則不生不滅。其為相也。則無去無來。念處正勤。三十七品。為其行。慈悲喜捨。四無量法。運其心。方便之力難思。圓對之機多緒混大空而為量。豈算數之能窮。入纖芥之微區。匪名言之可述。無得而稱者其唯大覺歟。朕曩劫植因。叨承佛記。金仙降旨。大雲之偈先彰。玉宸披祥。寶雨之文後及。加以積善餘慶。俯集微躬。遂得地平天成。河清海晏。殊禎絕瑞。既日至而月書。貝牒靈文。亦時臻而歲洽。逾海越漠。獻琛之禮備

---

【96】唐·澄觀，《大華嚴經略策》卷一，T36，p704a。

焉。架險航深。重譯之辭罄矣。大方廣佛華嚴經者。斯乃諸佛
之密藏。如來之性海。視之者莫識其指歸。挹之者。罕測其涯
際。有學無學。志絕窺覦。二乘三乘。寧希聽受。最勝種智。
莊嚴之跡既隆。普賢文殊。願行之因斯滿。一句之內。包法界
之無邊。一毫之中。置剎土而非隘。摩竭陀國。肇興妙會之
緣。普光法堂。爰敷寂滅之理。緬惟奧義。譯在晉朝。時逾六
代。年將四百。然一部之典。纔獲三萬餘言。唯啟半珠。未窺
全寶。朕聞其梵本。先在于闐國中。遣使奉迎。近方至此。既
睹百千之妙頌。乃披十萬之正文。粵以證聖元年。歲次乙未。
月旅沽洗。朔惟戊申。以其十四日辛酉。於大遍空寺。親受筆
削。敬譯斯經。遂得甘露流津。預夢庚申之夕。膏雨灑潤。後
覃壬戌之辰。式開實相之門。還符一味之澤。以聖曆二年。歲
次己亥。十月壬午朔。八日己丑。繕寫畢功。添性海之波瀾。
廓法界之疆域。大乘頓教。普被於無窮。方廣真筌。遐該於有
識。豈謂後五百歲。忽奉金口之言。娑婆境中。俄啟珠函之
祕。所冀。闡揚沙界。宣暢塵區。並兩曜而長懸。彌十方而永
布。一窺寶偈。慶溢心靈。三復幽宗。喜盈身意。雖則無說無
示。理符不二之門。然因言顯言。方闡大千之義。輒申鄙作。
爰題序云。【97】

　　上述《大周新譯大方廣佛華嚴經序》是武則天親撰,主要在
稱讚這部《大方廣佛華嚴經》,是諸佛的密意、如來的性海。可是
閱讀的人,不能識其指歸;探究的人,少有能測其涯際。有學、無
學不想窺視;二乘、三乘人,也不希冀聽聞。此經極為殊勝一句之
內,包含無邊法界。是當初釋迦牟尼佛在摩竭陀國開講。聽說梵文
原本,珍藏在于闐國中,武后特派遣使臣,前往迎請。在證聖元年
(659年)三月十四日,於大遍空寺親受筆削,敬譯此經。

---

【97】唐・實叉難陀,《大方廣佛華嚴經》,T10,p1ab。

另外，在上述摘錄的序文中武則天再次寫道：「朕曩劫植因。叨承佛記。金仙降旨。大雲之偈先彰。玉宸披祥。寶雨之文後及。」【98】意謂武則天以往昔所植夙因，已承佛授記。大覺金仙（即佛）降旨，《大雲經》中寶偈先有明言；玉宸披祥，《寶雨經》中再次提及。學術界認為，武后一再假借佛經作自行簒位合法化的詮釋。但從武則天自小即被算命預言其長大後將為天下之主等種種跡象來看，武則天應該深信自己就是彌勒再來，身負弘法使命。

雖然，武則天也為《大周新譯大方廣佛華嚴經》造序，署名「皇太后御製」，但此經頭的立序人名已由「天冊金輪聖神皇帝」所取代。武則天在聖曆2年（699年）為新譯華嚴經寫序，較之前的《方廣大莊嚴經》的立序（685年）晚了十四年。這期間武則天在天授元年（690年）就自登帝位，改國號為周，自稱為則天金輪皇帝。

武則天借助一批僧人的譯經寫序，鞏固其登基的合法化，進一步，更將他神格化了。由唐法藏集《華嚴經傳記》（卷三）可窺知：

> 大周聖神皇帝。植道種於塵劫。當樂推於億兆。大雲授記。轉金輪而御之。河圖應錄。桴玉鼓而臨之。乃聖乃神。運六神通而不極。盡善盡美。暢十善化於無邊。解網泣辜。超夏轢殷。……。建立華嚴高座八會道場。闡揚方廣妙典。八日僧尼眾等數千餘人。共設齋會。當時有司藏冰。獲瑞冰一段。中有雙浮圖。現於冰內。高一尺餘。層級自成。如白銀色。形相具足。映徹分明。敕以示諸僧等。大眾驚嗟。悲忻頂禮。咸稱聖德所感。實為希有瑞矣。御因製聽華嚴。【99】

---

【98】唐・實叉難陀，《大方廣佛華嚴經》，T10，p1ab。

【99】唐・法藏，《華嚴經傳記》卷三，T51，p164a。

## （七）、《入定不定印經》（*Niyataniyatagatimudravatarasūtra*）序

三藏法師義淨（635-713年）於咸亨2年（671年）經由廣州，取道海路至印度遊學。歷遊三十餘國，以天后證聖元年（695年）仲夏還至河洛，攜梵本經論約四百部、舍利三百粒至洛陽，武后親至東門外迎接，敕住佛授記寺。初與于闐三藏實叉難陀合譯華嚴經，久視之後乃自專譯，【100】《入定不定印經》即是義淨奉武后詔制自譯，其異譯本早在元魏時（542年）就有瞿曇般若流支（Gautama Prajñāruci）翻譯出《不必定入定入印經》，並附有一篇簡短的翻譯之記。【101】《入定不定印經》的內容為佛為文殊說：羊乘行，象乘行，日月神通乘行，聲聞神通乘行，和如來神通乘行等五類菩薩成佛的遲速不同。【102】

其後參與大量佛經的漢譯工作，都是在此進行。《入定不定印經》於久視元年（700年）繕寫完成，武后為之作序如下，

---

【100】參閱宋・贊寧，《宋高僧傳》卷一，T50，p710b。

【101】元魏・瞿曇般若流支，《不必定入定入印經》，T15，《不必定入定入印經》翻譯之記：「出世智道。亦名為印。此經印義。或然不然。私情有指。未許官用。何者私情。今且當向發心修行。證會名入。所乘強劣。有定不定。聖說定入。說不定入。言義如是。決定名印。說如是故。名如是經。其門要密。通必有寄。魏尚書令儀同高公。深知佛法。出自中天。翻為此典。萬未有一。採挾集人。在第更譯。沙門曇林。瞿曇流支。興和四年歲次降婁。月建在戌。朔次甲子。壬午之日。出此如左九千一百九十三字。」，p706a。

【102】元魏・瞿曇般若流支，《不必定入定入印經》，T15，p706b。

《入定不定印經》No. 646 [No. 645]，T15, p0706a

大周新翻三藏聖教序　　　　御製

蓋聞。大乘奧典。光祕賾於瓊編。三藏玄樞。著靈文於寶偈。斯乃牢籠繫象。演暢幽深。雖第一義空。名言之路雙絕。諸法無相。聽說之理兼忘。然則。發啟善根。寔資開導。弘宣妙旨。終寄顯揚。至若鹿野初開。儷尊容於常住。龍宮載闢。緘舍利於將來。所以地涌全身。為證說經之兆。空懸寶殿。爰標闡法之徵。八萬四千。分布閻浮之境。三十六億。莊嚴平等之居。敷演一音。則隨類而解。廣陳三句。則劫壽難窮。自夜掩周星。宵通漢夢。玉毫流彩。式彰東漸之風。金口傳芳。遂睹後秦之譯。修多祇夜之祕躅。因緣譬喻之要宗。授記之與本生。方廣之與論議。雖立名差別。而究理不殊。同歸實相之源。並湊涅槃之會。朕幼崇釋教。夙暮歸依。思欲運六道於慈舟。迥超苦海。驅四生於彼岸。永離蓋纏。窮貝牒之遺文。集峰臺之祕籙。今於大福先寺翻譯院。所更譯三藏所言。入定不定印經者。此明退不退之心。前二後三。雖有遲速。如來設教。同趣菩提。既顯神咒之功。莊嚴最上。爰述下生之記。說法度人。三藏法師義淨等。並緇俗之綱維。紺坊之龍象。德包初地。道轢彌天。光我紹隆之基。更峻住持之業。以久視元年歲次庚子五月五日。繕寫畢功。重開甘露之門。方布大雲之蔭。所冀芥城數極。鳥筆猶傳。拂石年窮。樹經無泯。弘濟覃於百億。遐拔被於恒沙。部帙條流。列之於左【103】

　　上述《入定不定印經》的大周新翻三藏聖教序文，亦是武后親撰，內容先說明此部大乘《入定不定印經》的經義奧祕非語言文字

---

【103】唐・義淨，《入定不定印經》，T15，p706ab。

所能表達，然而為弘傳它又非假借文字不可。如果當初沒有釋迦佛首在鹿野苑為五比丘說法，就沒有今日浩瀚的經、律、論三藏。儘管三藏有十二部分法，最終同歸實相。

接著描述所以詔譯本經，乃出於武后想接引眾生離苦得樂的一片心，如序文「朕幼崇釋教。夙暮歸依。思欲運六道於慈舟。迴超苦海。驅四生於彼岸。永離蓋纏。」【104】武后自小即崇信佛教，日夜精進佛道，心繫沉淪六道的眾生，思欲救度使之脫離生死苦海，所以積極下詔翻譯佛經。文中又說：「爰述下生之記。說法度人。」【105】武后再度提到蒙佛授記為當來下生的彌勒佛，為說法度眾。在序文的最後才帶出三藏法師義淨翻譯本經的因緣。

武則天在久視元年（700年）為此經立序時，就沒有像前述兩序，載明立序者「武則天」或「天冊金輪聖神皇帝製」，而只標「御製」兩字。

## （八）、《大乘入楞伽經》（*Laṅkāvatārasutra*）序

這經原出自西域，元嘉20年（443年），求那跋陀羅（Guṇabhadra，394-468年）首譯為漢文，名《楞伽阿跋多羅寶經》，計四卷，但未見流傳。至延昌元年（513年），菩提流支（Bodhiruci，？-537年）再次翻譯，名《入楞伽經》，有十卷，可惜義理多有謬誤。武則天極想紹隆佛種，弘揚此經。久視元年（700年），乃於三陽宮中，詔集唐實叉難陀（Śikṣānanda，652-710年）等大德再譯此經。【106】

---

【104】唐・義淨，《入定不定印經》，T15，p706b。

【105】唐・義淨，《入定不定印經》，T15，p706b。

【106】參閱宋・贊寧，《宋高僧傳》卷一，T50，pp718c-719a。

　　實叉難陀所譯的《大乘入楞伽經》，是他僅次於《華嚴經》的一部譯經，與劉宋求那跋陀羅的譯本，有些不同之處，求譯只有四卷、而實譯則有七卷。此外，實譯經首多《羅婆那王勸請》一品，經文中間又開出〈無常〉、〈現證〉、〈如來常無常〉、〈剎那〉、〈變化〉、〈斷食肉〉等六品，經文較長，說理詳細。

　　實叉難陀的譯經，大部分都是重譯本。他是在玄奘以後，按理說應該傚法玄奘的譯風，但他沒有這樣作，而是摹倣鳩摩羅什的譯文，以簡約順勢為宗，經文近乎意譯，並採用羅什所創的許多譯名。實叉難陀於長安4年（704年）完成《大乘入楞伽經》繕寫。武后應緇俗的請求，為文作序如下。

　　No. 672《大乘入楞伽經》（卷一）T16, p0587a [Nos. 670, 671]

新譯大乘入楞伽經序　　御製

蓋聞。摩羅山頂。既最崇而最嚴。楞伽城中。實難往而難入。先佛弘宣之地。曩聖修行之所。爰有城主。號羅婆那。乘宮殿以謁尊顏。奏樂音而祈妙法。因鷲峰以表興。指藏海以明宗。所言入楞伽經者。斯乃諸佛心量之玄樞。群經理窟之妙鍵。廣喻幽旨。洞明深義。不生不滅。非有非無。絕去來之二途。離斷常之雙執。以第一義諦。得最上妙珍。體諸法之皆虛。知前境之如幻。混假名之分別。等生死與涅槃。大慧之問初陳。法王之旨斯發。一百八義。應實相而離世間。三十九門。破邪見而宣政法。曉名相之並假。祛妄想之迷衿。依正智以會真如。悟緣起而歸妙理。境風既息。識浪方澄。三自性皆空。二無我俱泯。入如來之藏。遊解脫之門。原此經文。來自西國。至若。元嘉建號。跋陀之譯未弘。延昌紀年。流支之義多舛。朕虔思付囑。情切紹隆。以久視元年歲次庚子。林鐘紀律炎帝司辰。于時避暑箕峰。觀風潁水。三陽宮內。重出斯經。討三本之要詮。成七卷之了教。三藏沙門于闐國僧實叉難陀大德。大

福先寺僧復禮等。並名追安遠。德契騰蘭。襲龍樹之芳猷。探馬鳴之秘府。戒香與覺花齊馥。意珠共性月同圓。故能了達沖微。發揮奧賾。以長安四年正月十五日。繕寫云畢。自惟菲薄言謝珪璋。顧四辯而多慚。瞻一乘而罔測。難違緇俗之請。強申翰墨之文。詞拙理乖。彌增愧惡。伏以此經微妙。最為希有。所冀破重昏之暗。傳燈之句不窮。演流注之功。湧泉之義無盡。題目品次列於後云。【107】

上述序文先闡釋《入楞伽經》，是通達諸佛心量的玄機；明瞭一切經教義理的關鍵。廣為喻說幽微旨趣，洞明大乘深遠義理。不生不滅，非有非無。沒有來去，也沒有斷見、常見的執著。以第一義諦，得最上妙的珍貴法寶。體解萬象都是虛假不實，知目前一切境相如化如幻；混假名之分別，等生死與涅槃。由於大慧菩薩的啟問，引出了法王的妙旨。以一百零八句的問義，請世尊說實相法而擺脫世俗的纏縛。以三十九門，彼斥邪見而宣說正法。使知名相皆假，撤除妄想的迷惘。依正智慧而悟入真如自性，得知緣起的妙理。境風既得以止息，識浪且歸於平靜。於是了知三自性皆空，也就沒有人無我、法無我之說。得入如來藏之性海，解脫自在。【108】接著再說明詔譯此經乃因自己受佛授記囑託紹隆佛教。

在武后詔譯的四經中，《大方廣佛華嚴經》和《大乘入楞伽經》兩部都是實叉難陀奉詔翻譯，武后並為之立序，為何武后獨尊實叉難陀？他們之間有什麼特殊因緣關係嗎？

在上述《大乘入楞伽經》序中，武后曾作了說明，乃因武后所選的三藏沙門于闐國僧實叉難陀、大先福寺僧復禮等，都是一時龍象，與道安、慧遠齊名；德行學養，不下於竺法蘭與迦葉摩騰；

---

【107】唐・實叉難陀，《新譯大乘入楞伽經序》，T16，p587ab。

【108】圓香（1996），《經論指南》（高雄：佛光出版社），頁41。

繼龍樹菩薩的芳蹤，得馬鳴菩薩的祕傳；戒行高潔，智慧淵深；心性圓通，無所窒礙。所以能夠通達玄微，發揮奧義。再者，宋讚寧《高僧傳》卷二說他「智度恢曠，風格不群，喜大小乘，旁通異學」。【109】由此可見實叉難陀是一位知識淵博的學者。實叉難陀於景雲元年（710年）逝世，終年五十九歲。逝世後，屍體火化，傳說其舌根猶存。朝廷派他的弟子悲智和使者哥舒道元護送他的骨灰回於遁安葬，又在他火化之處建塔作紀念，世稱「華嚴三藏塔」。【110】

本經雖是禪宗自菩提達摩依止印心的一部經，但在四祖道信傳給五祖弘忍（652年）之後，弘忍即改以《金剛經》印心，本經就不再流傳。後來由於武則天詔譯本經，才使得此經弘傳開來。趙宋之後，《楞伽經》的影響日漸擴大，其時，儒典與佛乘並用，本經與《心經》、《金剛經》等三經，並稱為治心之法門，被視之為「迷途之日月，苦海之舟航」。【111】其影響已越出佛教界，成為與心學相互發明，以化成天下的重要佛教典籍。

在這段與佛教法寶結緣長達二十年的過程當中，武則天早在垂拱元年（685年）就詔中印度地婆訶羅等十位大德譯《方廣大莊嚴經》於西太原寺，並親為作序。嗣聖6年（689年），武則天進一步假借薛懷義和東魏國寺僧法郎等作《大雲經》注解，於翌年嘗到了篡位成功的滋味和佛教法寶的威力。此經驗對武則天往後陸續詔譯佛經並為之立序，應該具有再催生的作用。由沙門明佺等七十名高僧於武后天冊萬歲元年（695年）奉詔撰輯成的《大周刊定眾經目錄》，還是假明佺之手完成立序的。直到實叉難陀於聖曆2年（699

---

【109】 參閱宋・贊寧，《宋高僧傳》卷一，T50，p719a。

【110】 參閱宋・贊寧，《宋高僧傳》卷一，T50，p719a。

【111】 詳見唐・法藏，《入楞伽經玄義》，T39，p425a。

年）奉詔所譯的《華嚴經》，武后才再開始親製御序。翌年於久視元年（700年），義淨詔譯《入定不定印經》繕寫完成，武后亦為之作序。之後實叉難陀於長安4年（704年）完成《大乘入楞伽經》的繕寫時，武后則是應緇俗的請求，為文作序，此時已為武后執政末年。

　　武則天最早在垂拱元年（685年），為《方廣大莊嚴經》造序，署名「皇太后御製」，到了聖曆2年（699年）為《新譯華嚴經》寫序時，立序人名已改為「天冊金輪聖神皇帝」。接著於久視元年（700年）為《入定不定印經》作序，及於長安4年（704年）為《大乘入楞伽經》寫序時，就不再掛頭銜，只寫「御製」。此種轉變和武則天的篡位登基執政的過程有絕對的關係。一方面因為武則天繼位後，為進一步神化其統治，強調其君權神授，更是利用佛教做為工具，不斷改元的年號如「天授」、「如意」、「長壽」、「延載」、「證聖」、「天冊」、「萬歲」、「通天」、「神功」、「聖曆」、「久視」和「大足」等，【112】都有佛教政治內容。另一方面武則天在登基前為逞篡位的夢想，早就開始不斷地自封尊號，登基後尤甚。如垂拱元年（685年）高宗在位23年駕崩，中宗即位，武則天以皇母而稱皇太后，乃至專決政事，但尚未稱帝，故序前的署名為唐「武則天」製。垂拱4年（688年）5月，武則天加尊號「聖母神皇」，已現篡位的野心。嗣聖7年（690年），武則天登基，改名「周則天武后」，長壽2年（693年）武后自加尊號「金輪聖神皇帝」，明確地以「轉輪王」自居，長壽3年，加「越古金輪聖神皇帝」，證聖元年（695年）1月，加「慈氏越古金輪聖神皇帝」，「慈氏」即彌勒，此時又進一步以彌勒自居。所以在聖曆2年（699年）為《新譯華嚴經》寫序時，署名「天冊金輪聖神皇帝」。

【112】星雲（1987），《佛教史年表》（高雄：佛光出版社），頁95-96。

武后為《入定不定印經》和《大乘入楞伽經》立序署名「御製」，已是執政的末年。

由武后所自立的三部經序（《大方廣佛華嚴經》、《入定不定印經》和《大乘入楞伽經》）的筆法來看，武后習慣在序文開始先讚歎經義的深奧，中間則自述與佛教的因緣，文末才陳述譯經的緣由。與明佺代撰的《方廣大莊嚴經》序筆法不同，該序一開始即盛讚武后的菩薩行，後半部才說明編輯《大周刊定眾經目錄》的因緣和成果。由此可見武則天在天冊萬歲元年（685年）立《方廣大莊嚴經》序至久視4年（704年）完成《大乘入楞伽經》序期間，對佛陀的教法是推崇備至的，但序文也一再強調自己登基的合法性、對護教弘法的使命感。

由《方廣大莊嚴經》、《大方廣佛華嚴經》、《入定不定印經》和《大乘入楞伽經》等四部經的經題也可窺知武則天即帝位之後，重視佛法，尤喜大乘。從本章所述八項，足以證明武則天熱衷佛法、勘定藏目、造字譜偈、寫經立序，尤其立的經序都是大部頭的佛經，如《大方廣佛華嚴經》、和《大乘入楞伽經》等，可見其佛學造詣廣及華嚴宗、法相宗和禪宗等，對佛教在當時的發展，佔有舉足輕重的地位。

# 肆、武則天與佛教僧伽的互動

武則天對佛教的熱忱，除了上述造字寫經立序等護法行動外，終其一生與佛門僧人也有很頻繁的互動，對高僧的禮敬供養、資助弘護的建寺事蹟不勝枚舉，分述如下：

## 一、僧尼列首位

唐代從高祖、太宗以來，都是尊奉老子為祖先，將道教置於

佛教之上；但武則天即位次年即天授2年（691年），即下詔僧道齊
行並集將僧尼列於道士、女冠之上。【113】以佛教五戒教育世人，以
佛法輔助治國。武后不僅崇信佛法，廣度僧眾，【114】更敬重高僧。
如：

　　1、華嚴宗三祖法藏受武后皈依，後依止在太原寺宣講新譯
《華嚴經》經旨，口中放光，深得武后賞識，敕賜「賢首大師」尊
號。【115】他一生講述《華嚴經》三十餘遍，著有《探玄記》、《五
教章》、《華嚴經傳記》等三十餘部六十多卷，在武后的護持下大
揚華嚴宗風，華嚴宗更加興盛普及。長安元年（701年），武后召請
法藏法師在洛陽佛授記寺開講《華嚴經》，講到天帝網義、十重玄
門、海印三昧、六相和合的時候，武后茫然不解其旨，法藏於是以
鎮殿的金獅子為譬喻，解說華嚴法界緣起的妙理。武后聽聞之後，
豁然開解，敦請法藏把這些奧妙的佛理撰述成文，這就是華嚴教理
中備受推崇的《金師子章》。自此，武后對法藏更加服膺，特尊他
為「康藏國師」。【116】

　　2、五祖會中的上首神秀，曾是武則天時代的國師。神秀相貌
好，學問好，修行好，福報也好，曾得到武則天的禮敬，武則天把
他迎入宮內供養，並親自行跪拜禮。

---

【113】王洪軍，《唐大詔令集》：「以釋教開革命之階，令釋教在道法之上，僧
　　　尼處道士、女冠之前。」《全唐文》（上海：商務印刷，1959）。

【114】日本元開撰，〈唐大和上東征傳〉，《遊方寄抄》卷一云：「大和尚諱鑑
　　　真。揚州江陽縣人也。俗姓淳于。齊辯士髡之後也。其父先就揚州大雲
　　　寺智滿禪師。受戒學禪門。大和尚年十四。隨父入寺。見佛像感動心。因
　　　請父求出家。父奇其志許焉。是時大周則天長安元年有詔。於天下諸州度
　　　僧。便就智滿禪師出家為沙彌。」T51，p988a。

【115】元・念常，《佛祖歷代通載》卷十二，T49，p585b。

【116】宋・志磐，《佛祖統紀》卷四十，T49，p370a。

3、六祖大師生當佛教興隆的盛唐時代，尤其自從在黃梅五祖座下悟道得法以後，雖然人在南方，但在京城的則天女皇與中宗皇帝曾經數度派遣使者，要迎請大師進京供養。

4、萬歲通天2年（697年）7月，則天敕天冠郎中張昌期，往資州得純寺請詵禪師，詵禪師授請赴京內道場供養。

5、至久視元年（700年），使荊州玉泉寺請秀禪師、安州受山寺請玄蹟禪師、隨州大雲寺請玄約禪師、洛州嵩山會善寺請老安禪師、則天內道場供養。【117】則天問何得有慾？詵答曰：生則有慾，不生則無慾。則天言下悟。又見三藏歸依詵和上，則天倍加敬重。詵禪師因便奏請歸鄉，敕賜新翻華嚴經一部、彌勒繡像及幡花等、及將達摩祖師信袈裟。則天云：「能禪師不來，此代袈裟亦奉上和上，將歸故鄉永為供養。」【118】

上述武則天迎請供養的僧人，有華嚴宗三祖法藏，也有北宗禪神秀、南宗禪慧能，和各地的禪師，可見則天皇朝和佛教僧人的關係十分密切。【119】武則天虔禮高僧如此，以致使佛教在唐代進入全盛時期，延載元年（694年），全國統計有僧尼十二萬六千餘人，有寺院五千三百五十八所。

## 二、護法濟貧

武后護法不遺餘力，如禮請法師翻譯經典、資助供養譯經道場、譯經完成親製御序、資助淨土祖師建寺和改隸司賓為隸祠部等，茲舉例如下：

1、武后獎掖華嚴，曾經禮請實叉難陀法師翻譯《華嚴經》

---

【117】《歷代法寶記》卷一，T51，p184b。

【118】《歷代法寶記》卷一，T51，p184b。

【119】《歷代法寶記》卷一，T51，p184a。

等。長安元年（701年），華嚴宗三祖法藏大師講《華嚴經》，深獲武后賞識，賜號「賢首大師」，後來法藏大師更以鎮殿「金獅子」詮釋華嚴深奧的義理，令武后更加佩服，特賜「康藏國師」之號，華嚴宗由於她的護持，更加興盛。

2、對於譯經道場的護持，效法過去朝廷對鳩摩羅什、玄奘大師的譯經道場，給予資助供養。所以，武則天不但親臨譯場，並且供養法師飲食資用，譯經工作完成時，還親製御序。

3、唐高宗開耀元年（681年），淨土宗祖師善導的塔在香積寺建成，武則天以「傾海國之名珍供養」。【120】

4、垂拱元年（685年）正月初一，因平息徐敬業反叛，改元垂拱，大赦天下。二月初七，武太後下詔：「朝堂所置肺石及登聞鼓不預防守。有上朝堂訴冤者，禦史受狀以聞。」十一月，武太後作《方廣大莊嚴經序》，撰《臣規》兩卷，普賜臣僚，以教為臣之道。【121】

5、延載元年（694年），敕天下僧尼舊隸司賓（即鴻臚寺）今改隸祠部（以佛教有護國救人賜福解厄之）。即將國家的僧政管理，由鴻臚寺轉移到祠部，一直到安史之亂後，再移轉到功德使。【122】是武則天對唐代佛教制定的一個重大政策。

她對國際佛教的交流也很重視，例如：

1、從印度來的沙門菩提流志，則天武后優厚禮遇他，安排他住洛陽佛授記寺，並且請他說法。

2、天后證聖元年（695年），義淨大師從天竺返國時，帶回近四百部的梵本經、律、論及佛舍利三百粒，武后親自到東門外京郊跪迎。

---

【120】宋・志磐，《佛祖統紀》卷四十，T49，p370a。

【121】元・念常，《佛祖歷代通載》卷十二，T49，p585c。

【122】宋・志磐，《佛祖統紀》卷四十，T49，p370a。

此外，武后宅心仁厚、體恤貧困，設立了多種救濟措施：

1、武后學習佛陀慈悲的精神，設立悲田養病坊，幫助貧病之人。

2、如意元年（692年），更敕斷天下屠釣。【123】

武則天為篡奪王位、鞏固政權，曾經排除異己、殺人無數，如今卻敕斷天下屠釣、為貧病者設立悲田養病坊，能有如此大的轉變，其背後動機為何？難道是佛教的第二位阿育王嗎？還是再次證明武后為彌補其殺人的罪業而做的。

## 三、禮敬國師

武后臨朝當政時，定僧官，延攬國師如：

1、詔請嵩嶽慧安禪師入宮，親自行跪拜禮，朝夕問道，並尊慧安禪師為「國師」。慧安國師入滅後，武后將他的舍利迎到宮中供養。【124】

2、詔請北宗神秀禪師入宮，親自行跪拜禮，朝夕問道，深受武后尊崇，受賜「兩京法主，三帝國師」的尊號。【125】神秀禪師示寂時，武后為他輟朝五日，親自送葬。

3、天冊元年（695年），義淨三藏自天竺取得梵本經論約四百部，共有五十萬匣，佛陀舍利三百粒，回到中國，武后親自到上東門外京郊跪迎佛經，詔以所奉金剛座佛真容舍利梵經。置佛授記寺道場，集眾翻譯。【126】

---

【123】宋・志磐，《佛祖統紀》卷四十，T49，p369c。

【124】元・念常，《佛祖歷代通載》卷十二，T49，p584c。

【125】元・念常，《佛祖歷代通載》卷十二，T49，p370a。

【126】元・念常，《佛祖歷代通載》卷十二，T49，p370c。

　　武后身為一國之尊，卻尊敬厚待僧人至此田地，在慧安國師入滅後，武后將他的舍利迎到宮中供養。神秀禪師示寂時，武后為他輟朝五日，親自送葬。義淨三藏自天竺取經回到中國，武后親自到上東門外京郊跪迎佛經等。在在都可以感受到武后對佛教三寶的信仰是很虔敬和投入的。

　　然而，武后錯亂身份，還真把自己當做菩薩再來，擅自授記新出家僧，一出家就有三十年僧臘。【127】嚴重違犯了佛教的大妄語罪，令人詬病。

## 四、 造寺鑄鐘

　　武后除了開鑿龍門石窟外，亦不惜資財，興建了不少的寺廟和鑄鐘警世，還將母親榮國夫人楊氏宅邸改作東都太原寺，武后稱帝後，將洛陽上陽宮敕為大福先寺，提供與日本「遣唐使」居住，並遣僧赴日傳布戒律等。依時間先後分述如下，

　　1、太原寺原系武則天的母親榮國夫人楊氏宅邸，在洛南毗鄰西苑的教義坊，於唐高宗上元2年（675年）改作東都太原寺。【128】

　　2、垂拱元年（685年）修故洛陽的白馬寺，武后敕任僧懷義為寺主。

　　3、垂拱2年（686年）雍州新豐縣臨潼境內有山湧出，武則天命名為「慶山」，並在那裡建慶山寺。

---

【127】宋・志磐，《佛祖統紀》卷四十云：「洛陽弘道觀主杜乂乞為僧。賜名玄嶷。賜夏三十臘。敕住佛授記寺。嶷撰甄正論以尊佛教述曰。佛制受戒以先後為次序。今玄嶷以新戒而居三十夏僧之上。雖曰國恩實違佛制。厥後劉總賜五十夏。梁令因加三十臘。皆本於此日之非法也。」T49，p370b。

【128】武則天研究會／洛陽市文物園林局（1988），《武則天與洛陽》，頁11。

4、垂拱2年（686年）於泉州建立寺；翌年於溫陵建立蓮花寺，武后敕置放光二菩薩像於內道場。【129】又在長安4年（704年）於越州建立大善寺等。

5、武后登基之初天授元年（690年），在諸州各建大雲寺一座，以藏《大雲經》，且使高僧登堂升座，講經解道，讓天下人人都學習《大雲經》，明白《大雲經》。

6、武后稱帝，將洛陽上陽宮敕為大福先寺，去西域取經的義淨，於長壽元年（692年）回國後也曾居此譯經。開元年間，日本「遣唐使」成員容睿、普照居此寺受戒深造五年之久，並懇請寺僧道璇赴日傳布戒律。【130】

7、武則天時在都城內舍宅立寺或新建的佛寺，據《唐兩京城坊考》所記的還有在宣風坊的安國寺、在觀德坊的景福寺、在道光坊的昭成寺、在歸義坊的太平寺、在殖業坊的衛國寺、在教業坊的天女尼寺、在興義坊的麟趾尼寺等。【131】

可見當時洛陽確是佛寺彌繁，法教興隆。

8、鑄大周二教鐘：於天和5年（690年）歲次攝提五月庚寅。造鐘一口。鐘銘曰：

> 皇帝製冶昆吾之石。練若溪之銅。郢匠鴻爐化茲神器。雖時屬實。而調諧夷則。故春秋外傳曰。所以詠歌九則平民無二。弘宣兩教同歸一揆。金石冥符天人咸契。九宮九地遙徹洞玄。三千大千遠聞邊際。銀閣應供。延法侶而尋聲。金闕降真。候仙冠而聽響。式傳萬古。迺勒銘云實際遐曠。通玄洞微。化緣待業。造理因機。靈圖降采。慧日垂暉。金河霧集。銀澗雲飛

---

【129】星雲（1987），《佛教史年表》（高雄：佛光出版社），頁94。

【130】星雲（1987），《佛教史年表》，頁94。

【131】星雲（1987），《佛教史年表》，頁94。

（其一）九霄仙籙。五岳真文。智炬遐照。禪林普薰。金鼓入夢。瓊鍾徹雲。音調冬立。響召秋分（其二）二教並興。雙鑾同振。遠赴天霜。遙虧地鎮。陝河浮影。漢溪傳韻。聽響弘法。聞聲起信（其三）波若無底。重玄有門。長開久暗。永拔沈昏。不求正覺。莫會天尊。唯令智海。先度黎元。【132】

自薛懷義寵衰被誅以後，武則天對佛像營造就不如往昔那麼熱心，並能接受群臣諫止造像之言。【133】

對僧人的高度虔敬和護持，與她曾在唐太宗貞觀23年（649年）駕崩後，出宮入感業寺為尼兩年，體驗過清苦得僧伽生活有關。

## 五、促進大乘宗派叢林的建立

則天皇帝對佛教最大的貢獻，就是間接促進大乘八宗【134】叢林【135】的建立，奠定了後來中國佛教八宗蓬勃發展的基礎。宗派的成立，起源於思想發展的不同，而思想的開發需要在一個開放和包容的環境下，並有賴大量經典的漢譯。武后推崇佛教，長期致力於推動經典的翻譯，並予立序，所譯經典涉及了數個宗派，如華嚴

---

【132】唐・道宣，《廣弘明集》卷二十八，T52，p329c-330a。

【133】參見饒宗頤〈從石刻論武后之宗教信仰〉，《中央研究院歷史語言研究所集刊》，45（3），頁397-418。

【134】八宗為律宗、天台宗、三論宗、淨土宗、禪宗、華嚴宗、法相宗、密宗。其中密宗成立較晚。

【135】「叢林」指僧眾聚居之寺院。昔時印度多於都城郊外選擇幽靜之林地，營建精舍；故僧眾止住之處，即以蘭若（空閒）、叢林之語稱之。星雲（1988），《佛光大辭典》（高雄：佛光出版社），頁6552。

宗主要依據經典《八十華嚴》、禪宗和法相宗共同依止的《大乘入楞伽經》等。此外，武后全力護持從事譯經的僧眾和各宗的祖師大德們，讓他們能安心譯經，甚至講經或弘法，如實叉難陀、義淨、菩提流支、玄奘、法藏、神秀和惠能等，而玄奘就是法相宗的創始者、法藏為華嚴宗第三祖、惠能是禪宗的第六祖。再者，武后帶動龍門石窟阿彌陀佛像等的雕塑，對淨土宗的弘揚也發揮不少的助力，因此也間接促進了中國佛教八宗的蓬勃發展。

## 六、制定《三教九流圖》

《三教九流圖》反映了武周時期多種文化走向融合的歷史。「三教」是老子創立的道教、孔子創立的儒教和釋迦牟尼創建的佛教。「九流」是指中國春秋戰國時期文化學術中的九大流派（道家流、儒家流、陰陽家流、名家流、法家流、墨家流、縱橫家流、雜家流、農家者流）。秦以前，道家位列儒家之上。至漢武帝，「罷黜百家，獨尊儒術」，儒家思想一躍而成為正統，東漢以後，佛法西來，對中國的傳統文化帶來挑戰，儒、道、佛三家一直處于衝突和融合的交織中。先是儒道聯合反佛。佛家為了獲得立足之地，便依附道家，拉攏儒家。到魏晉南北朝，三教鼎立的局面逐漸形成，佛教不再試圖服膺於儒道，而是要求包容於儒道而成為三教之首。北周武帝崇尚儒學，親自召集群官、沙門、道士等，對三教正式排位；以儒教為先，道教次之，佛教最後。到了隋文帝，由於他自幼生養在尼姑庵，很是親佛，便將佛教定為「國教」，予以大力扶持和積極利用。佛教的地位由此發生根本變化，一躍而成為三教九流之首。

# 伍、武則天與佛寶的關係及晚年去佛向道

嗣聖7年（690年），武則天撰寫《大雲經注》以彌勒自居而成功地登基，到了晚年卻突然去佛向道，極具諷刺性和爭議性。她在這二十年間是如此積極推崇仰慕諸佛菩薩，如開鑿洞窟鑄造佛像、推動彌勒思想、促進十一面觀音像之盛行及開啟地宮瞻仰佛骨等，分述如下：

## 一、開窟造像

中國佛教雕塑藝術在唐代能光芒四射，武后的提倡，功不可沒，尤以龍門石窟奉先寺盧舍那佛的開鑿，最負盛名。咸亨3年（672年）4月，武則天以皇后身份，助脂粉錢二萬貫，在龍門造奉先寺修建盧舍那大佛，【136】像成之後並親率朝臣參加盧舍那佛開光晚會。大佛呈現的宏偉氣魄，正是武后與當時大唐盛世的精神寫照。

繼大盧舍那佛像雕塑之後，朝野僧俗為高宗、武后發願造像者摩肩接踵，如儀鳳4年（679年）龍門西山火燒洞南側，有高光復等人造阿彌陀佛像一龕。【137】

久視元年（700年）還詔斂天下僧尼日與一錢，於白馬阪鑄造大像。【138】是年武則天鑄像之費將具，李嶠上疏諫請將造像錢17萬

---

【136】《寺沙門玄奘上表記》卷一，〈請御制大般若經序表〉，T52，p826c。

【137】武則天研究會／洛陽市文物園林局（1988），《武則天與洛陽》（西安：三秦出版社），頁22。

【138】元・念常，《佛祖歷代通載》卷十二，T49，p584c。

絹，轉施廣濟貧窮。若每人與一千尚濟17萬戶，武則天不接納，是冬像成，率百僚禮祀。【139】

其他佛像陸陸續續被鑄造供人禮拜，佛教雕塑藝術因之發揚光大。

## 二、推動彌勒思想

彌勒信仰屬於佛教的一環，應該也會隨著佛教的大勢興衰而受波動，那麼它會受到政治影響也是必然的。但是除了武后利用彌勒下生的口實奪取帝位為唐代第一件大事，而為史家所重視外，其他帝王對彌勒信仰的態度少有明確的記載。

武后與彌勒信仰的關係，是武后利用彌勒信仰卒踐帝祚一事，於《新、舊唐書》、《資治通鑑》等史籍中均有記載。載初元年（690年）「懷義與法明等造《大雲經〔疏〕》，陳符命，言則天是彌勒下生，作閻浮提主，唐氏合微，故則天革命稱周。」【140】

武后之所以必須假託彌勒下生以取得大位，主要是用來掩蓋其篡奪政權的惡名，賦予新地位合理的名目，以便於向民眾宣傳。因

---

【139】元・念常，《佛祖歷代通載》卷二二：「是年則天鑄像之費將具。納言李嶠上疏諫曰。臣聞。佛法慈愍菩薩護持。唯志利益群生非假修崇土木。伏聞。造像稅非戶口錢出僧尼。非假州縣祗承不能濟辦。且天下編戶貧弱者眾。或傭力客作以濟餱糧。或賣田貼舍以供王役。今造像錢數已有一十七萬緡。若以散施廣濟貧窮。人與一千尚濟一十七萬戶。拯飢寒之弊。省勞役之勤。順諸佛慈悲之心。廣人主停毒之意。則人神胥悅功德無量。則天不納。是冬像成。率百僚禮祀」，T49，p585c。

【140】《舊唐書》卷一八三，〈薛懷義傳〉。其事並見於《資治通鑑》卷二〇四，天授元年。

為在中國傳統的社會向來以儒家經典為政治思想的主流，而儒家經典不許婦人與聞國政，因此武后革唐為周，彌勒信仰卻也因之盛行一時。【141】

## 三、十一面觀音像之盛行

觀世音菩薩是男性抑女性，是長久以來探討的熱門議題，淵源於印度婆羅門教的十一面觀音（Ekādaśamukha），是六觀音之一。觀音菩薩信仰傳入中國，的確轉性成女性形像。但觀音傳入中國，於什麼時候轉為女性，此問題學者有不同的主張。

1.戴安那保羅（Diana Y. Paul）主張，唐朝密宗傳入中國，密教修行中，觀音菩薩在蓮花部裏，常和白度母結合，於是觀音在中國，便出現與白度母形象相同的女性觀音菩薩。【142】陳觀勝也認為，觀音的轉性，是受密教白度母信仰的影響，於八世紀開始轉變為女性。【143】

2.于君方則主張，觀音的轉化，乃是受到中國西王母信仰的影響，而流行起來。【144】

---

【141】汪娟（1991），〈唐代彌勒信仰與政治關係的一側面——唐朝皇室對彌勒信仰的態度〉，《中華佛學學報》，4，頁288-296。

【142】Diana Y. Paul (1979). *Women in Buddhism: Images of the Femine in Mahayana a Tradition.* California：Asia Humanities Press, p.251.

【143】Kenneth Ch'en (1964). *Buddhism in China: A Historical Survey.* Princeton: Princeton University Press, pp.341-342.

【144】Chun-fang Yu (1995). *Kuan-yin: the Chinese Transformation of Avalokitesavara.* N.Y.: Columbia University Press, pp.31-92.

3.小林太一郎則認為，於八世紀，觀音受到女媧信仰的影響，使觀音傳到長江流域後，變成女性形象。【145】

4.古正美主張，觀音菩薩會轉為女性形象，乃是受唐朝武則天女主信仰的影響有關。【146】

筆者認為，以武則天一生的神異事跡、種種預言，和佛教又有深遠的因緣，又是中國前無古人、後無來者的女皇帝，極有可能是觀音菩薩信仰傳入中國，轉性成女性形像的助緣之一。比較上述四位學者的論點，古正美的看法是極有可能的，更何況趙克堯與孫修身等則以敦煌莫高窟的觀音造像為證據，認為觀音變性為女性，是始於六朝，發展於隋唐，而定形於宋元時期。【147】

## 四、開啓地宮瞻仰佛骨

久視元年（700年）7月，武則天幸三明宮，有胡僧奏請她開啟地宮瞻仰佛骨。恃郎同鳳閣鸞台平章事狄仁傑力諫，陳述胡僧詭惑和供養佛骨的弊害，供養佛骨暫且停止。時過不久狄仁傑當年死去。

過了四年，武周長安4年（704年），武則天派遣鳳閣待郎崔玄日韋、沙門法藏、文綱等前往法門寺迎奉佛骨。佛骨行至京師長安，正逢古曆元日除夕，西京留守會稽王率所屬五部官員前往迎

---

【145】松本文三郎與佐藤泰舜的著作收入涑水侑，《觀音信仰》（東京：雄山閣出版株式會社，1985），頁3-17，18-38。

【146】古正美（1987），〈從佛教思想上轉身論的發展看觀世音菩薩在中國造像史上轉成女像的由來〉，《東吳大學中國藝術史集刊》，15，頁41-55。

【147】孫修身、孫曉崗（1995），〈從觀音的造形談佛教的中國化〉，《敦煌研究》，1，頁8-12。

接，在崇福寺停留。年節中在此禮拜供養後，起程奉送東都洛陽，供養在東都宮中明堂。萬乘焚香，千官拜慶，盛況空前，靡費無算。

這是武則天第二次迎佛骨，第一次當然以高宗為主，這一次以她自己為主。但是，神龍元年（705年），武則天病重，宰相張柬之乘機發動宮廷政變，恢復唐朝，武則天也於當年死去。

武則天死後，中宗李顯即位，信佛教和他母親一樣。在宮中供養佛骨三年，才于景龍2年（708年）派沙門文綱，送奉佛骨歸還法門寺。佛事費用彩帛達三千匹，對法門寺殿塔樓進行了一番工程浩大的重修。景龍4年（710年）李顯旌表法門寺為「聖朝無憂王寺」，題舍利塔為「大聖真身寶塔」，增度僧49人。

武則天迎佛骨的特點：

1. 武則天兩次迎佛骨，一次以皇后身份，一次以皇帝身份。

2. 迎請佛骨的時間最長，前次三年，後次四年，累計七年。以後迎請佛骨，一般以兩三個月為主。

3. 賞賜供養最多。

後來，考古學家在法門寺地宮前室，發現大批繡金織錦和武則天獻佛的繡裙與金袈裟。而中室發現高164公分的白玉靈帳，其上即有銘文：「大唐景龍二年戊申二月己卯朔十五，沙門法藏等造白石靈帳一鋪，以其舍利入塔，故書記之。」【148】此銘文是在唐中宗景龍2年（708年），沙門法藏等供奉。

武則天到了晚年冀求長生，對佛教信仰和興趣轉移於道教，故於聖曆3年（700年）五月，「上以所疾康復，大赦天下，改元為久視，停金輪等尊號。」【149】「金輪」係採自佛經中轉輪聖王的七寶

---

【148】參閱桂林（1994），〈我國現存佛舍利〉，《法音》，1；《澳門佛教》，43。

【149】《舊唐書》卷六，〈則天皇后本紀〉。

之一,而「久視」則取自《老子》中的「長生」。除去佛教的尊號而改用道家的年號,即可看出武后信仰的轉移。【150】

　　基於此點,對武后過去信仰佛教的虔誠度不免令人懷疑,從撰寫《大雲經注》做為登基的藉口開始,武后很可能基於政治考量,繼續以佛教做為治國的工具而已。如今年老體衰,已不需要再繼續利用佛教。再者,武后造經立序無數,佛學造詣深厚,居然不解佛法生命不死的究竟義,到了晚年為冀求長生,轉向佛道的追求,更證明其佛教信仰不真。此外,由於武后晚年的信仰轉變,更足以推翻武則天是彌勒再來的說法,因為彌勒已是不退轉菩薩,當來下生就要成佛了,再來怎麼可能會去佛向道?

# 陸、結論

　　武則天從小即與佛教結下了不解之緣,終其一生,和佛教佛、法、僧三寶的互動關係都相當密切,到了晚年突然又去佛向道,更增添其生平的傳奇性與戲劇性。

　　然而在這錯綜複雜且頻繁的來往當中,武則天到底是在弘揚佛法、利益佛教?抑或在利用佛教、損害佛教?綜觀其生平事跡,武則天對中國佛教在唐朝的發展是既有功亦有過,其功如造經立序、護法濟貧、開鑿石窟、造寺塑像、推動彌勒思想、促進中國佛教宗派的成立等等。然而此種功卻令人質疑,從心理學的角度來看:武則天或許因一生殺業過重,而借重佛門的功德修行,以作為心理之補償。

---

【150】 汪娟(1991),〈唐代彌勒信仰與政治關係的一側面──唐朝皇室對彌勒信仰的態度〉,《中華佛學學報》,4,頁291-292。

　　至於其過則是偽撰《大雲經注》自稱彌勒下生，利用愚民政策來順利登基。為達到佛教的政治意義，興建大雲寺、興造大佛像來象徵「皇帝佛」彌勒下生而統治世界，並以之作為大周國的立國之本。武氏的佛教信仰，從其生平對佛教的護持及參與來說，是真心誠意的嗎？還是利用佛教而已？如果武則天對佛教真是真心誠意，為何到了晚年放棄對佛教的信仰，興趣轉移於道教呢？既自稱是當來下生的彌勒慈氏，為何心狠手辣，殘害王皇后、蕭淑妃至死，死又斬之。貶死元老忠良之臣、廢中宗而自立，恣為淫虐，誅殺唐宗室幾無孑遺。雖骨肉親屬，也絕無恩情存在。且又重用酷吏，羅織無辜，以防反側等惡行，實嚴重違犯了佛教基本五戒的殺生罪，且褻瀆三寶傷害佛教至極。

　　另一方面，佛教確實提供了武則天登基治國的藉口，卻同時使得她誤用佛教而犯下了大妄語罪和嚴重的殺生罪。雖然武后改寫《大雲經》為登基的助緣是事實，但是從小即被預言為女主，及隨後陸續發生在她身上的種種神異事跡，這些無數聚合的因緣，讓她深信自己就是彌勒再來，且身負弘揚佛法、救度眾生的使命，倒不如說是願力也是業力帶著她走向中國唯一女皇帝的不歸路。

　　綜合上述，可將武則天和佛教的互動關係分為四類：第一階段為武則天最初受學佛母親楊氏的薰習和感業寺為尼兩年的因緣，前者為在家後者為出家身份；第二階段與佛教法寶結緣的二十年（685-704年）期間，偽造《大雲經注》一部、立序五部，有正有負；第三階段與佛教僧伽互動的時期，幾乎涵括了武則天的大半生，尤其在即位次年（691年）下詔僧道齊行並集將僧尼列於道士、女冠之上之後，對僧人的護持不遺餘力，卻妄授僧人僧臘而犯大妄語戒；第四階段為武則天與佛寶結緣到其晚年的去佛向道，此階段從偽撰《大雲經注》以彌勒自尊順利登基開始，至晚年背佛向道，實是諷刺性的轉變。

　　（本論文完成後，投稿《新世紀宗教研究》，2007/11/14審查通過，已刊載於《新世紀宗教研究》2008年3月第六卷第三期期刊，頁41-98。）

# 參考書目：

## 一、古籍

唐・地婆訶羅譯，《方廣大莊嚴經》，《高麗藏》冊9。

唐・地婆訶羅譯，《方廣大莊嚴經》，《國譯一切經》本緣部，冊9、10。

唐・地婆訶羅譯，《方廣大莊嚴經》，《大正藏》冊3，第187號，台北：新文豐出版公司，1987。

東晉・佛陀跋陀羅譯，《大方廣佛華嚴經》卷六十，《大正藏》冊9，第278號。

唐・實叉難陀譯，《大方廣佛華嚴經》卷八十，《大正藏》冊10，第279號。

北涼・曇無讖譯，《大方等無想經》，《大正藏》冊12，第387號。

元魏・瞿曇般若流支譯，《不必定入定入印經》，《大正藏》冊15，第645號。

唐・達摩流支譯，《佛說寶雨經》，《大正藏》冊16，第660號。

唐・實叉難陀譯，《大乘入楞伽經》，《大正藏》冊16，第672號。

唐・般若蜜帝，《大佛頂如來密因修證了義諸菩薩萬行首楞嚴經》，《大正藏》冊19，第945號。

唐・澄觀述，《大華嚴經略策》，《大正藏》冊36，第1737號。

唐・法藏撰，《入楞伽經玄義》，《大正藏》冊39，第1790號。

宋・志磐撰，《佛祖統紀》，《大正藏》冊49，第2035號。

元・念常集，《佛祖歷代通載》，《大正藏》冊49，第2036號。

宋・贊寧等撰，《宋高僧傳》，《大正藏》冊50，第2061號。

唐・法藏集，《華嚴經傳記》，《大正藏》冊51，第2073號。

《歷代法寶記》，《大正藏》冊51，第2075號。

唐・道宣撰，《廣弘明集》，《大正藏》冊52，第2103號。

唐・道宣撰，《集古今佛道論衡》，《大正藏》冊52，第2104號。

宋・法雲編，《翻譯名義集》，《大正藏》冊54，第2131號。

唐・明佺等撰，《大周刊定眾經目錄》，《大正藏》冊55，第2153號。

梁・傅大士《梁朝傅大士頌金剛經》，《大正藏》冊85，第2732號。

日本・元開撰，〈唐大和上東征傳〉，《遊方記抄》，《大正藏》冊51，第2089號。

王洪軍（1959），《唐大詔令集》，《全唐文》，上海：商務印刷。

司馬光（1956），《資治通鑑》。上海：古籍出版社。

後晉・沉呴（1977），《舊唐書》，洪北江《舊唐書・本紀第六》，台北：洪氏出版社。

宋・歐陽修、宋祁（1977），洪北江《新唐書・本紀第四》，台北：洪氏出版社。

孔安國注（1991），《尚書》卷十一〈周書・牧誓〉，台北：中央圖書館。

劉呴等撰（1975），《舊唐書》卷六〈則天本紀〉，北京：中華書局。

宋・歐陽修、宋祁撰（1975），《新唐書》卷七六〈后妃列傳〉，北京：中華書局。

# 二、中文書目

## （一）、中文專書

王國維（1959），《唐寫本大雲經跋》，《觀堂集林》冊4，台北：中華書局。

王安家（1993），《武則天》，北京：漢風文化公司。

司馬（1985），《武則天別傳》，舊金山：漢牛書店。

古本小說集成編委會編訂（1992），《武則天四大奇案》，上海：古籍出版社。

印順（1988），妙雲集下篇之十《華雨香雲》，台北：正聞出版社。

任士英（2005），《正說唐朝二十一帝》，上海：聯經出版。

李唐（1963），《武則天》，香港：宏業書局。

杜綱／陳曉林合著（1987），《武則天演義》，台北：風雲時代出版社。

佛光山宗務委員會發行（1997），《佛教》叢書之五《教史》，高雄：佛光出版社。

林語堂（1993），《武則天正傳》，海口：海南國際新聞出版中心。

胡戟（1986），《武則天本傳》，西安：三秦出版社。

洛陽市文物園林局／武則天研究會（1987），《武則天與洛陽》，西安：三秦出版社。

南懷瑾（1994），《金剛經說什麼》，台北：老古文化。

宮大中（1981），《龍門石窟藝術》，上海：人民出版社。

鈕海燕（1994），《武則天傳奇》，台北：國際村文庫有限公司。

雷家驥（1985），《狐媚偏能惑主──武則天的精神與心理分析》，台北：大方文化事業公司。

圓香（1996），《經論指南藏經序文選譯》，高雄：佛光出版社。

雒啟坤、吳龍輝（1999），《中國書法全集參，王知敬·薛稷·武則天》，北京：九洲圖書。

霍必然（1985），《武則天傳》，台北：國際文化事業有限公司。

遲嘯川·謝哲夫（1997），〈《古文觀止》──《為徐敬業討武曌檄》題解〉卷七，六朝，唐文8，台北：台灣實業文化。

蔡孟源（1951），〈個人在歷史上的作用〉，《歷史教學講座》，北京：大眾出版社。

蘇童（2000），《武則天》，台北：麥田出版公司。

星雲（1987），《佛教史年表》，高雄：佛光出版社。

星雲（1988），《佛光大辭典》，高雄：佛光出版社。

松本文三郎、佐藤泰舜收入涷水侑（1985），《觀音信仰》，東京：雄山閣出版株式會社。

劉後濱（2000），《巍巍無字碑：武則天的治國謀略》，北京：華夏出版社。

## （二）中文期刊

古正美（1987），〈從佛教思想上轉身論的發展看觀世音菩薩在中國造像史上轉男成女像的由來〉，《東吳大學中國藝術史集刊》，15。

包暐棱（2005），〈探討國中生之歷史理解——以「武則天」小故事為例〉，台北：東吳大學歷史學系碩士論文。

汪娟（1991），〈唐代彌勒信仰與政治關係的一側面——唐朝皇室對彌勒信仰的態度〉，《中華佛學學報》，4。

李荷光（1985），〈武則天研究的歷史回顧與探索〉，《魏晉南北朝隋唐史》雙月刊，北京：中國人民大學書報資料社。

李樹桐（1977），〈武則天入寺為尼考辨〉，張曼濤主編，《中國佛教史論叢》冊6，台北：大乘文化出版社。

林世田（2002），〈武則天稱帝與圖讖祥瑞——以S.6502《大雲經疏》為中心〉，《敦煌學輯刊》，2。

孫修身、孫曉崗（1995），〈從觀音的造形談佛教的中國化〉，《敦煌研究》，第1期。

陳美專（2002），〈武則天的女性形象——以史傳記載中心的考察〉，彰化：彰化師範大學國文學系碩士論文。

陳寅恪（1977），〈武瞾與佛教〉，收入張曼濤主編，《現代佛教學術叢刊》第六冊，台北：大乘文化出版社。

堀謙德（1912），〈卍字之變遷及分布〉，《東亞之光》，6（3）。

梁效（1974），〈有作為的女政治家武則天〉，《北京大學學報》，4。

楊富學（2006），〈回鶻文佛傳故事研究——以Mainz 131（T II Y 37）《佛陀傳》為中心〉，《中華佛學研究》，10。

潘先梅（Phuah Sin Buol）（1988），〈武則天評價問題的探討〉，新加坡：新加坡國立大學中文系學士論文。

饒宗頤（1974），〈從石刻論武后之宗教信仰〉，《中央研究院歷史語言研究所集刊》，45（3）。

# 三、英文書目

Ch' en, Kenneth (1964). Buddhism in China: A Historical Survey. Princeton: Princeton University Press.

Paul, Diana Y. (1979). Women in Buddhism: Images of the Feminine in Mahayana a Tradition. California: Asia Humanities Press.

Yu, Chun-fang (1995). Kuan-yin: the Chinese Transformation of Avalokitesavara. New York: Columbia University Press.

# 四、網站

史天元（2002），〈武則天的頭銜〉，新華網
http://big5.xinhuanet.com/gate/big5/news.xinhuanet.com/st/2002-04/08/content_349019.htm。

國家圖書館出版品預行編目資料

佛教人性與療育觀／釋永東 初版.--
　臺北市：蘭臺出版社 2009.4 台灣宗教與社會叢 B021

　15*21 公分　含參考書目
　ISBN　978-986-7626-84-4(平裝)

　1.　佛教　2.生命教育　.3.宗教療法 .4 文集.
220.7　　　　　　　　　　　　98006320

台灣宗教與社會叢書 B021

# 《佛教人性與療育觀》

著　　者：釋永東 著

執行主編：張加君

執行美編：康美珠

封面設計：JS

出 版 者：蘭臺出版社

地　　址：台北市中正區開封 1 段 20 號 4 樓

電　　話：(02)2331-1675　　　傳真：(02)2382-6225

劃撥帳號：18995995

網路書店：http://w.w.w.5w.com.tw
　　　　　　博客來網路書店、華文網路書店、三民書局

E-mail：books5w@gmail.com或lt5w.lu@msa.hinet.net

香港總代理：香港聯合零售有限公司

地　　址：香港新界大蒲汀麗路 36 號中華商務印書館大樓

電　　話：(852)2150-2100　傳真：（852）2356-0735

出版日期：2009 年 4 月初版

定　　價：新台幣 320 元


ISBN：978-986-7626-84-4　　　　版權所有　翻印必究